多元文化理念下的英语教学策略研究

甘文婷◎著

时代文艺出版社
SHIDAI WENYI CHUBANSHE

图书在版编目（CIP）数据

多元文化理念下的英语教学策略研究 / 甘文婷著
. -- 长春 : 时代文艺出版社, 2024.1
ISBN 978-7-5387-5391-2

Ⅰ. ①多… Ⅱ. ①甘… Ⅲ. ①英语－教学研究 Ⅳ.
①H319.3

中国国家版本馆CIP数据核字(2023)第215787号

多元文化理念下的英语教学策略研究
DUOYUAN WENHUA LINIAN XIA DE YINGYU JIAOXUE CELUE YANJIU
甘文婷　著

出 品 人：吴　刚
责任编辑：曾艳纯
装帧设计：文　树
排版制作：隋淑凤

出版发行：时代文艺出版社
地　　址：长春市福祉大路5788号　龙腾国际大厦A座15层　(130118)
电　　话：0431-81629751（总编办）　0431-81629758（发行部）
官方微博：weibo.com/tlapress
开　　本：710mm × 1000mm　1/16
字　　数：272千字
印　　张：19
印　　刷：廊坊市广阳区九洲印刷厂
版　　次：2024年1月第1版
印　　次：2024年1月第1次印刷
定　　价：76.00元

前　言

随着经济全球化的发展，各国人民交往日益频繁，语言起到了更为重要的沟通作用。成功沟通的保障是准确合理地使用语言，而成功沟通的关键是掌握不同文化的差异，以便在具体的文化环境中规范、灵活并且得体地运用对象国语言。英语是全球通用语言之一，学习者须真正提升英语的运用能力。

文化的多样性和平等性不仅成为人们关注的焦点，也是我国大学英语教学中的必要元素。在高度重视文化与教育的现代社会，多元文化教育全面展开。多元文化教育对大学英语课堂教学提出了新要求，教师要贯彻多元文化教育理念，在多元文化教育思想的指导下，不断利用新的技巧，丰富教学内容，改革教学方法，开展课堂活动，拓展校园文化，实现教学效果的最佳化。

本书首先介绍多元文化的理论内容，然后探讨多元文化教育和大学英语教学的关系，接着就英语教学现状以及“三教”改革背景下的英语教学展开详细探究，通过理论和实践教学相结合的研究思路，希望为大学英语教学起到促进作用。

由于编写时间和水平有限，书中难免存在不足或错误之处，敬请广大专家、学者、读者批评指正。

目　录

第一章　多元文化与多元文化教育

第一节　何谓文化

一、英汉中的文化

何谓文化？从广泛意义上来说，文化是指人化的自然，即人类通过思考所创造的一切。具体来说，文化是人类存续发展过程中对外在物质世界和自身精神世界的不断作用及其引起的变化。文化是人类生活的反映、活动的记录、历史的沉积，文化是人们对生活的需要和要求、理想和愿望，文化是人们认识自然和思考自己的行为框架。对于“文化”一词的定义，在汉语和英语的语言系统中都有记载。

1. 汉语中的文化

在汉语中，“文化”一词古已有之。“文”原本是指“各色交错的纹理”，有纹饰、文章之义。《说文解字》称：“文，错画也，象交文。”这里的“文”就是指各种象征符号以及文物典章、礼仪制度等。“化”原意是“交易、生成、造化”，如《周易·系辞下》中的“万物化生”；“化”的引申义是“改造、教化、培育”等。

最早将“文”与“化”合在一起使用的古代典籍是《周易·贲卦·象

传》:“观乎天文、以察时变。观乎人文，以化成天下。”这句话中的“天文”，是指自然天体的构成及其规律;“人文”则指人类社会的构成及其规律，包括文明礼仪、人伦道德在内。整句话的意思是：治理国家者既要观察天文，掌握自然发展规律，以明耕种渔猎之时序；又要观察人文，把握社会中的人伦秩序，使天下之人均能遵从文明礼仪，并进而推及天下，以成大化。这句话中的“人文”与“化成天下”相结合，其实已经有了“文化”一词的基本含义，即通过人伦教化使人们自觉行动。

西汉以后，“文”与“化”真正合并成一个词语。西汉刘向的《说苑·指武》中记载:“圣人之治天下也，先文德而后武力。凡武之兴，为不服也；文化不改，然后加诛。”这里的“文”和“诛”是两种根本不同的治理社会的手段。这段话的意思是：圣人治理天下，先施以文德教化，如不奏效，再施加武力，亦即先礼后兵的意思。此后,“文化”一词的用法延至后世，并进一步引申出多种含义，分别与“自然”相对，或者与“质朴”“野蛮”相对，取其人伦、人文之义。

综合以上论述，我们可以得出，汉语中的“文”“化”两字联用具有下面两种含义：一是用作名词，是人类的精神、智慧、意识及其创造成果的总称；二是用作动词，是一个过程，指以“文”化之，即使用一定的方法将文明礼仪普及教化。

2. 英语中的文化

英语中的culture来源于拉丁文cultura，原意是“耕作、培养、教育”。culture（文化）一词的基本含义包括两个方面：在物质活动方面，意味着耕作；而在精神修养方面，则涉及宗教崇拜。随着社会以及近代科学的不断发展，尤其是文艺复兴、地理大发现和宗教改革的推动，人们对形形色色文化的区分以及对文化内涵和外延的研究产生了浓厚的兴趣，并赋予“文化”新的内涵，使其成为一门为人们专门探讨的学问。

国外诸多学者对“文化”一词做了多种多样的定义。在众多观点中，人们比较推崇英国文化人类学家爱德华·伯内特·泰勒（Edward Burnett Tylor，1832—1917）和马林诺夫斯基（Malinowski，1884—1942）的定义。泰勒在《原始文化》一书中首次把文化作为一个概念提出来，并且将它的含义表述为包括全部的知识、信仰、艺术、道德、法律、风俗以及作为社会成员的人所掌握和接受的任何其他的才能和习惯的复合体。马林诺夫斯基则认为文化是一种具有满足人类某种生存需要功能的“社会制度”，是“一群利用物质工具而固定生活于某一环境中的人们所推行的一套有组织的风俗与活动的体系”。

随后，其他社会学家、文化人类学家对泰勒的定义进行了修正，补充进了“实物”，可以看出，文化的辐射范围十分广泛，凡人类所创造的一切知识、经验、感知、科学技术、理论以及财产制度、教育、语言等都是文化现象。小则如衣食住行、婚丧嫁娶，一切社会生活方式、语言方式、行为方式、思维方式、等级观念、道德规范等；大则如宇宙观、时空观、人生观、价值观，都属于文化的范畴。这里强调精神方面的文化，当然，还未做到更为全面的解释，即文化不仅包括精神方面，还应该包括物质方面。

社会语言学家戈德朗夫（Goodenough）和美国当代著名文化人类学家鲁思·本尼迪克特（Ruth Benedict，原姓 Fulton）在对跨文化语言交际进行研究时，指出了更为准确且直接的文化定义。戈德朗夫认为：“文化是由人们为了使自己的活动方式被社会的其他成员所接受、所必须知晓和相信的一切组成的。作为人们不得不学习的一种有别于生物遗传的东西，文化必须由学习的终端产品‘知识’组成。”本尼迪克特则指出：“文化是通过某个民族的活动而表现出来的一种思维和行动方式，一种使这个民族不同于其他任何民族的方式。”这两种解释均说明文化具有民族性，但是前者突出的是民族内部的规范，后者突出的则是民族之间的差异。

总的来说，文化是人们所觉、所思、所言、所为的总和，在不同的生态环境下，不同的民族创造了不同的文化，也被自己的文化所塑造。

二、文化的含义

1. 文化的定义分析

文化属于人类创造的精神财富和物质财富，人性具有的共性使得人们能共享这些财富。然而，正如孔子所说，“性相近，习相远”，人性固然相通，但“习相远”导致了文化的差异。因此，克服文化差异所产生的障碍就显得很重要，这意味着在达到有效交际之前，我们必须了解别人的文化。

在文化学或文化人类学中，“文化”一词通常指人类社会区别于其他动物的全部活动方式以及活动的产品。就这一概念的核心内涵而言，它的意义是明确的，然而在实际研究中，专家们给的定义却五花八门。美国人类学家克鲁伯曾搜罗并列举了西方近现代一百六十多位学者对“文化”所下的不同定义，并从下定义的方法角度进行了分类和研究。在众多的关于文化的定义中，文化人类学家泰勒和马林诺夫斯基两人的定义比较受人推崇，泰勒的定义着眼于文化的整合性和精神性，马林诺夫斯基的定义着眼于文化的功能性和制度性。

从跨文化语言交际研究视角来看，戈德朗夫和鲁思·本尼迪克特关于文化的定义或许更准确、更直接。他们都强调文化的民族性，前者突出了民族内部的规范，后者突显了民族之间的差异。

2. 广义文化和狭义文化

一般认为，“文化”作为一个专门概念，有广义和狭义两种理解。

（1）广义文化。

广义文化与自然相对，指人类社会、历史生活的全部内容，也称为“大文化”。这一文化领域最简单的分法是两分法，即物质文化与精神文化。

物质文化就是实体文化，是指人类用各种材料对自然加工造成的器物的、技术的、非人格化的、客观的东西，如城池、宫殿、祠庙、长城、桥梁、器皿、工具、服饰、饮食等。

精神文化又称为虚体文化，是指人类对自然进行加工或塑造自我的过程中形成的用语言或符号表现出来的精神的、人格的、主观的东西，如文字、语言、宗教、哲学、音乐、绘画、书法、风俗、制度等。实体文化与虚体文化组成文化统一体。比如，建造宫殿，先设计后建造。设计建筑物时，表现为精神文化；当建成这一建筑时，表现为物质文化。同时，这个建筑物体现了设计师的建筑思想。建筑是工程，又是艺术。所以说，建筑是物质文化与精神文化的统一体。影视先是实体，后是虚体，最终成为欺骗眼睛的艺术。

从文化形态学的角度，我们把广义的文化分为四个层次。

第一，物态文化层。它是由人类加工自然创制的各种器物，即“物化的知识力量”构成的。它是人的物质生产活动及其产品的总和，是可感知的、具有物质实体的文化事务，构成整个文化创造的基础。比如服饰文化、饮食文化、建筑艺术文化均属于物态文化层，世界大学生运动会上有传统服饰表演，展示的是中国传统物态文化。物态文化以满足人类最基本的衣食住行等方面的生存需要为目标，直接反映人与自然的关系，反映社会生产力的发展水平。

第二，制度文化层。它是由人类在社会实践中建立的各种社会规范构成的。它包括社会经济制度、婚姻制度、家族制度、政治法律制度、家族、民族、国家、经济、政治、宗教社团、教育、科技、艺术组织等。它规定了人们必须遵循的制度，反映出一系列处理人与人相互关系的准则。科举制度也属于制度文化层。中国古代的三公九卿、三省六部、一夫多妻均属于制度文化层。

第三，行为文化层。它是由人类在社会实践，尤其是在人际交往中约定俗成的习惯性定式构成的。它以民风民俗形态出现，见之于日常起居动作之中，是具有鲜明的民族、地域特色的行为模式。

比如，宋代至清代的聘礼，男方给女方送茶，用“茶不能移植”来寓意“一女不嫁二夫”。行为文化有三个特征：一是集体约定俗成，并反复进行，如中国的春节、五月初五端午节、八月十五中秋节等，西方的复活节、圣诞节、情人节。二是形式类型化、模式化。比如，春节要贴对联、放鞭炮、包饺子，端午节包粽子，八月十五吃月饼。三是时间上代代相传。好的风俗会随着时间的推移逐步扩展开来，有些陋风则随着社会的发展被逐渐淘汰掉，如开始于宋朝的妇女缠足的习惯，到了近代被彻底废除了。

第四，心态文化层。它是由人类社会实践和意识活动中长期孕化出来的价值观念、审美情趣、思维方式等构成的。它是文化的核心部分，还可分为以下两部分：

一是社会心理，指人们日常的精神状态和思想风貌，是没有经过理论加工和艺术升华的流行的大众心态。社会心理是暂时的，有流动性和变化性，如要求、愿望、情绪、风尚，如唐代以胖为美，魏晋时期以清瘦为美，古代诗词中有“楚王好细腰，宫中多饿死”，这些都反映了某种社会心理。

二是社会意识形态，指经过系统加工的社会意识，它们往往由文化专家对社会心理进行理论归纳、逻辑整理、艺术完善，并以物化形态，通常是著作、艺术作品固定下来，播之四海，传于后世。比如，儒家的四书五经、道家的《道德经》《南华经》等都深刻、持久地影响了中国文化的发展。

（2）狭义文化。

狭义文化是指文化排除人类社会、历史生活中关于物质创造活动及其结果的部分，它专注于精神创造活动及其成果，也称为“小文化”。观念文化的核心是价值观，价值观有时决定一个民族的命运，具有强大的惯性力量。如今，人们在提到“文化”一词时，首先想到的是它的狭义方面，即文化的精神形态方面。本书中所说的文化，也侧重于文化的狭义概念。

需要强调的是，狭义文化与广义文化有着不可分割的关系，二者是对立统一的。我们在研究精神文化现象时，不能忽略物质文化的基础和决定作用；在研究有关心态文化的问题时，也不能忽略物质文化、制度文化、行为文化对于心态文化的影响、制约作用。不能把“小文化”与“大文化”割裂开来，不能把物质文明与精神文明割裂开来。

3. 文化定式

世界上大多数社会中都可能存在若干群体或社团，这些群体或社团共享地域、历史、生活方式以及价值观等，使其成员形成、发展并强化了自己独特的文化及与之相适应的交际文化。当然，要形成自己的文化，任何一个群体必须首先界定自己群体的边界。根据很多学者的观点可知，群体概念的形成可能以民族、种族、地域、职业、性别、社团、组织，乃至具体的社会活动或生活形态的共享为基础。一旦一个群体形成了，相应的文化也就应运而生。比如，中国文化和美国文化、东方文化和西方文化、强环境文化和弱环境文化、群体主义取向和个人主义取向等都是属于国家、民族或更大范围的地域，为边界所定义的文化。在进行跨文化交际研究时，学者们往往倾向于把某一文化群体的每一个成员都当作该文化定式的代表，或当作整体文化形象，这种整体式文化趋向通常被叫作文化定式。

当然，在跨文化的过程中，文化会因具体情境、场合不同而表现出种种差异。在社会化的过程中，由于环境、情境等时空的不断变化，人们通过交际确认、建立、维持和强化各种文化身份，习得了不同的交际文化。当他们长大成人时，他们掌握了成套的在各种不同的情境中与人交往的规则，在不同时间、不同场合、不同情境，在与不同群体的交往中，习得了不同的交际规范。也就是说，在社会化的过程中，人们习得了各种不同的群体文化、地域文化，形成了不同的社会关系和角色关系。

在文化学研究领域，学者通常把文化分为上流文化和亚文化。也就是说，文化的概念具有层次性，一种整体文化中往往包含各种不同的范畴“变体”，形成某种文化圈内的亚文化圈。亚文化产生于亚群体，亚群体是某个民族内部的群体分化，他们在亚群体中享有共同的信仰、价值观、行为准则、交往规范以及认知模式。不同的亚群体在所觉、所思、所言、所为等方面存在一定的差异，因此，亚文化与主流文化之间既有"大同"的一面，也有"小异"的一面。中国是一个多民族的国家，加之地域辽阔、人口众多，亚文化现象非常明显，长江以北的地区属于传统的中原文化，东南沿海地区表现为典型的海派文化，西南地区呈现出多元民族文化特色，这些差异常常导致一种文化内部不同群之间的交际出现失误、冲突。

三、文化的特征

对文化的广义和狭义定义有了了解之后，还可以从文化的特征来理解文化。文化具有如下特征：

1. 民族性

文化总是植根于民族之中，并与民族的发展相伴相生。文化是特定的人群长期共同生活、劳动和交往的产物，特定的人群在特定的地理环境与自然条件下长期一起生活，逐渐形成了一定的世界观、价值观、交往方式、行为准则、思维模式、社会习俗乃至生活方式完全相同的民族或种族，在此基础上产生了某一社会群体区别于其他社会群体的文化特质。由此可见，文化是以种族或民族为中心的。也就是说，每个种族或民族都有自已独特的、值得骄傲的文化。

2. 社会性

文化是一种普遍的社会现象，因此文化也具有社会性。文化的社会性主要包含两个方面的含义。首先，文化是人们通过创造性活动而形成的结果，是相对于自然而言的。比如，冰块、树根、贝壳等自然物经过人们的加工之后可以变成冰雕、树雕和贝雕，这样的艺术品便成了文化物品。其次，文化对于人的行为有着十分重要的规范作用。人作为一个个体，其言谈举止受到特定环境中的社会文化规则的约束。一个人从小到大会受到文化的熏陶，在文化的轨道中前进并掌握成套的、形形色色的处事交往规则。因此可以说，人既是社会中的人，又是文化中的人。

3. 系统性

文化具有系统性，这种系统性指的是一种文化就是一个自成体系的文化系统。一个文化系统又可分为三个层次：物质文化、制度文化和心理文化。物质文化属于外显文化，多指可感知的、有形的物质精神产品，属于表层文化，如饮食文化、服饰文化、建筑文化等，是文化的基础。制度文化属于中层文化，是指人类在社会实践活动中建立的各种社会组织、规范和制度，是文化的关键。心理文化又称为“心态文化”“观念文化”，属于深层文化，是指人类在社会实践和意识活动中长期形成的价值观念、思维方式、宗教信仰、社会心态以及审美情趣等，是文化的主导与核心。文化的这三个层次是相互联系、相互作用的，进而形成一个完整的文化统一体。

4. 学习性

从文化与人类社会的关系来讲，文化是人类所特有的现象，是将人类和动物区别开来的重要标志。但文化作为一种社会遗产，并不是通过遗传天生具有的，而是通过后天学习习得的。众所周知，动物的很多行为都是出于本能，人也是动物，所以人也有许多动物的本能。比如，没有人照料和监督的婴儿出自本能会吃、喝、哭、笑、睡等，只是吃什么和在何处吃是需要后天习得的，这就是人生下来最早接触并学习的文化。每个人生下来就有许多基本需求，这些需求包括生成和规范自己言语的需求，如何满足这种需求以及培养人类的行为规范则要靠后天的学习。所以说，学习是文化的重要性质之一。

5. 符号性

文化不是与生俱来的，而是通过符号被人们习得和传授的知识。任何文化都表现为一种象征符号的系统，也表现为人们在创造和使用这些符号的过程中的思维和行为方式。人是一种“符号的动物”，符号化的思维和符号化的行为是人类生活中最富代表性的特征，人类创造文化的过程，就是不断发明和应用文化的过程。人类创造了文化世界，其实质是创造了一个“符号的宇宙”。在文化创造过程中，人类不断把对世界的认识、对事物和现象的意义及价值的理解转化为一定的具体可感的行为方式，从而使这些特定的行为方式转化为一定的象征意义，构成文化符号，成为人们生活中必须遵循的习俗或法则。于是，人们就生活在这些习俗或法则的规范之中，生活在自己创造的充满文化符号的世界之中，一方面，承受着文化的制约；另一方面，又通过对文化制约的承受而表现其人生的意义和价值。比如，在中国古代封建等级制度的规范中，服装的颜色是有等级规定的：帝王服饰为明黄色，高级官员和贵族服饰为朱红或紫色，中下层官员服饰为青绿色，衙门差役服饰为黑色，囚犯服饰为赭色。于是，服饰颜色就成为特定身份的象征符号。在等级观念淡薄的今天，服饰颜色的等级象征已不复存在，但在对服饰的色彩或款式与年龄、性别、身份、行业、环境、习俗协调一致的追求中，人们又为色彩和款式赋予丰富的审美意义；而在某些必要标明的社会角色（如军警、执法人员等）身上，服装颜色和款式仍具有身份的符号作用。再如，我们在宴请、婚礼、葬礼以及各种庆典中司空见惯的一切，包括环境、服饰、道具、程序等，无不具有符号性。以婚礼为例，西方国家在教堂举行婚礼，牧师主婚，新婚夫妇宣誓，交换戒指，亲朋好友陪伴，显得简朴、庄严、和谐；中国传统婚礼则程序烦琐，道具繁杂，禁忌繁多，大宴宾客，大闹洞房，感觉铺张、热闹、喜庆。

文化的符号性导致文化和交际具有同一性。交际是文化的编码、解码过程，语言是编码、解码的工具，也是它的传承和储存系统。我们可以把文化概括为“符号和意义的模式系统”。模式指文化的规则性和稳定性；符号指代表现实的语言、非语言或其他什么东西；而意义指人们赖以生存的文化是一个意义系统，是人们对所处社会的文化取向、价值观念、社会规范等方面的诠释。只有当交际双方对同一符号的解释完全一致时，或者在很大程度上相近时，交际才有可能有效进行；否则误解、冲突就在所难免。这意味着，在交际过程中，差异是潜在的危险。文化是符号和意义的模式系统，也意味着交际行为的解释活动或译码活动是由文化的特定规则或规范制约的。也就是说，只有在双方共享一套社会期望、社会规范或行为准则时，交际才能得以有效进行。

6. 整合性

文化是群体行为规则的集合，可以被理想化地推定可能出现在某一社会或群体的所有成员的行为之中，这样我们就有了诸如中国文化、美国文化或东方文化、西方文化等提法。这意味着社会组织、社会结构、社会关系、社会地位等都属于文化范畴。历史所衍生及选择的传统观念，尤其是世界观、价值观念等文化核心成分尽管不属于行为范畴，但也会像电脑一样为人们编制行为和思维程序，规定交际行为的内容和方式以及编码过程，因此世界观、价值观等常被称为“文化实体”“民族性格”。可见，文化是一个由多方面要素综合而成的复杂整体，是一定区域内的一定文化群体（通常表现为民族）为满足生存需要而创造的一整套生活、思想、行为模式。在这个整体模式中，各组成要素互相补充、互相融合、互相渗透，共同发挥塑造民族特征和民族精神的功能。

同时，整个民族文化有一个或少数几个以价值选择结果为出发点的“文化内核”，这样的文化内核就像遗传因子一样无所不在地渗入该民族的所有文化细胞之中，发挥着整合文化的潜在作用，从而使整个文化产生一种保守性、内聚性、排异性和对外来文化要素的同化力。文化的整合性是一种文化得以自我完善和形成独特面貌的动力。它可以保证文化在随时间变迁的同时，在一定限制内维持稳定的秩序。比如，在中国延续了两千余年的传统文化中，建立在学院根基上的宗法意识形态，融自然哲学、政治哲学和伦理哲学为一体的“天人合一”世界观，以“经国济世”为目的的实用理性等精神元素，作为中国文化的“内核”，一直在文化传统的形成中发挥着“整合”作用。经过这种整合而形成的中国文化，是一个迥异于欧美文化的独特模式，而跨文化交际的误会、冲突正植根于此。由于不同文化有着不同的“内核”，必然导致价值观念、认知模式、生活形态上的差异，这种差异在交际方面必然会形成文化的碰撞，于是交际双方如果不能理解对方的文化，就会产生与交际预期的反差，结果当然是不能令人满意的。

7. 传承性

文化可以习得，文化也可以传承和延续下去。文化之所以具有可传承性，首先是因为文化具有可传承的内在需求和价值。正如布瑞斯林所说：“如果某些价值观已存续多年并被认为是社会的核心理念，则这些价值观一定会代代相传下去。”无论是知识文化还是交际文化，无论是物质文化还是精神文化，都具有某一民族思想的结晶和经验的总结，对后人有着巨大的意义，是人类的一笔巨大精神财富，文化的这种重要性使其有了可传承的可能性。此外，文化具有可传承的途径。文化是通过符号来表示和表达的，也是通过符号来传递的。从人类交际过程的中介来看，人类交际的传递媒介主要有语言符号和非语言符号两类。其中，语言符号包括口语和书面语。文化传承的口语传递是通过一代又一代人的亲身实践或口口相传实现的，至于书面语言的文化传递，世界上几乎所有国家或民族的文化传统都以书面语的形式记录在竹简、羊皮纸上，这些介质易于存放，便于保存，所以我们今天才能借助浩瀚的历史文献和书籍来了解和学习各国文化。非语言符号指的是语言以外的各种信息传达形式，如人们的手势、姿态、面部表情等，这些非语言符号都具有特定的文化内涵。此外，诸如绘画、雕塑、照片等一些物化的文化载体，以及戏剧、电影的表演部分，也都属于非语言符号，因为它们都以某种方式传达着某种文化内涵，表达着某种世界观和价值观。也正是借助这些符号，文化才得以不断延续。

第二节　多元文化发展历程

一、多元文化的提出

从文化本身发展来说，长期以来，以达尔文的“进化论”为基础，学者们认为文化是精英成员活动的总体象征，更是从野蛮到高度文明的发展历程。这一观点自20世纪50年代以来受到质疑和批判，文化被认为是不同时间和地点的人们以不同的方式集体所做的事情，文化就是一定的时空条件下的一定的人类群体的生活方式、习俗、秩序与生存样态。这种建立在相对论基础上的文化相对论，认为文化具有历史的特殊性，其意义取决于特定的情境，这一文化理念成为现代多元文化主义的基础。

除此之外，被称为“多元主义的赞歌”的后现代理论对多元文化也提出了自己的阐释。这一理论认为人类发展知识的方式和人类求知的手段都有了革命性的改变，所有的观念、意义、价值全部都可以从过去的固定结构中区别出来，应该尊重文化的差异。

多元文化概念本身是针对传统的单一（单元）文化概念而言的。以往的文化发展定式是在一定的区域、地域、社会、群体和阶层中存在的某一种单一文化。而多元文化是指在一个区域、地域、社会、群体和阶层等特定的系统中同时存在的、相互联系且各自具有独立文化特征的多种文化。它不同于以往的文化存在方式，在空间上具有多样性，在时间上具有共时性。在这个概念的提出过程中，蕴含着对文化的几个基本假设，具体如下：

（1）文化的平等性。

多元文化观点认为，社会是由不同民族、不同群体所组成的，社会成分的多元化决定了文化的多元化，各种文化都有其独特的价值，并无优劣贵贱之分，因而各种文化都有平等的生存权和发展权。

（2）文化的交往性。

多元文化必须是指在一个区域联合体、社会共同体和集体群体等系统内共存的，并在系统结构中存在一定的相互联系的文化。文化间的交流和交往是多元文化形成的必要条件，也是它存在的基础。

（3）文化的差异性。

各民族或集团在长期的历史发展中，通过其独特的生产和生活过程而逐渐确立起自己的文化，不同民族或集团的文化各具特色，表现出多元发展的特性。即使是在同一性质的群体、集团的社会内，由于区域发展的不平衡，社会各阶层在社会中的地位和作用不同，文化的自我更新、创造、变革的内在机制不同，使得同一性质的文化在同一社会的不同区域、不同社会阶层、不同历史时期表现出一定的差异性，从而形成文化的多样性发展。

（4）文化的内聚性。

不同的文化之所以能共存于一个共同体内，一个重要原因是各种文化不仅承认了彼此的差异性，更重要的是它们也发现了彼此的共性，即各种文化之间存在相互借鉴的可能。从这个意义上说，多元文化的实质目的不是要突出某一种文化，而是提供处理两种以上文化间相互关系的态度和方法。

二、多元文化的发展

进入21世纪，随着经济全球化进程的加快，世界各国经济联系的加强，在资本、贸易、金融、投资等方面的相互联系和相互依赖程度达到前所未有的水平。经济领域的联系扩大到社会生活的各个领域，各国之间相互依存，从而打破了国家与地域之间的界限，打破了人们的观念、文化上的界限，“全球化的进程……把各民族的文化都卷进了大交流、大融合的浪潮，使人类文化发展的大趋势沿着相互补充、相互接近和相互吸取的轨迹前进，从而使各种文化在交流的规模和深度上都远远超过以往任何一个历史时代”。随着现代科学技术的迅速发展，以电脑、电视和卫星为主体的现代化信息网络已把世界联结为一个整体，形成了全球性信息一体化趋势，导致全球性信息同步。信息成为主导社会发展的力量，人类社会进入信息社会。信息技术的极大发展为各国之间的信息交流提供了条件，也为教育的国际交流带来广阔的发展前景。一方面，世界一体化进程日益加快，国际合作更为密切，国际竞争更加激烈，任何国家都无法游离于世界之外而独自进行经济、政治、文化改革；另一方面，知识的价值和重要性日增，高素质人才成为提升国家综合竞争力的核心因素。

信息社会的到来使得每个国家、社会集团和个人越来越处于一种开放的状态之下，各种文化不断渗透与融合。在这种竞争与比较的格局中，每个社会与个人都在寻求新的突破，于是各民族纷纷走出自己的模式，开始接触其他民族的文化模式，各种文化相互渗透。一方面，任何一种文化都不可避免地影响其他文化；另一方面，任何一种文化也都不同程度地吸收着其他文化从而求得自身更完善的发展。当前，世界已经成为一个巨大的信息网络，身处这个网络的人与人、地区与地区、国家与国家、文化与文化之间的关系呈现出鲜明的全球化特点。

第三节 多元文化教育全面展开

一、多元文化教育的内涵

1. 多元文化教育的含义

多元文化教育的确切含义应如何阐释，至今学术界仍争论不休，其中比较有代表性的有如下几种：

美国多元文化教育理论有建树的学者当推西雅图华盛顿大学的班克斯教授，他对多元文化教育概念的阐述获得许多学者的认可。他认为："多元文化教育……其目的是改变教育的环境，以便让那些来自不同的种族、民族、性别与阶层群体的学生在学校获得平等受教育的权利。多元文化教育理论假设，与其让那些来自不同种族、民族、性别与阶层群体的学生仅属于和保持本群体的文化和性别特征，莫不如让他们在教育领域获得更多的选择权，从而在社会化过程中获得成功。"

美国教育人类学家葛阮德对多元文化教育的概念做了如下的定义："多元文化教育是基于针对所有人的多样性力量、社会公正以及不同生活选择基础上的人性概念。"并认为："多元文化教育不仅仅是对不同文化的一种理解，它认识到不同文化作为彼此区别的实体而存在的权利，并了解到它们对社会的贡献。"他还指出："多元文化教育强调发展能够加强跨文化分析以及应用技巧，它同时强调优先发展作为可靠性决策等的能力，以及获取和实现政治权利的能力。"

美国学者盖伊认为："一种明确的多元文化教育哲学的阐述对于学校课程发展过程是十分重要的。它提供了一个概念化的参考框架。多元文化教育哲学认为民族多样性和文化多元主义应该是美国教育的一个重要组成部分和不间断的特征。"

英国多元文化教育理论家詹姆斯·林茨认为："多元文化教育就是在多民族的社会中，为满足各少数民族群体和个体在文化、意识、自我评价方面的需要而进行的一场教育改革运动，其目的是帮助所有不同文化的民族群体学会如何在多元文化社会中积极和谐地生活，保持群体间教育成就的均衡，以及在考虑各民族差异的基础上促进相互尊重和包容。"

中央民族大学教育系教授滕星等人认为，多元文化教育就是以尊重不同文化为出发点，在各集团平等的基础上，为促进不同文化集团文化的相互理解，有目的、有计划地实施的一种共同平等的“异文化教育”。

华东师范大学基础教育改革与发展教育研究所郑金澜教授认为：“多元文化教育是以教育中存在的文化多样性为出发点，使具有不同文化特征的学生都享有同等机会的教育；这种教育是在尊重不同文化且依据不同的文化背景、文化特征的条件下实施的，目的在于帮助学生形成对待自身文化及其他文化的恰当方式及参与多元文化的能力。”

除上述表述外，20世纪90年代以来，我国学者对多元文化教育的理解趋于一致的表述是：多元文化教育应使所有学生（不仅是少数民族学生），不论性别、种族、宗教、语言、社会经济地位的差别，认识和理解社会中的各种文化，包括学生自身所属的文化，以及具有普遍性的为各民族共享的国家主流文化。

2．多元文化教育的层面

班克斯认为多元文化教育主要由内容整合、知识建构、平等教学、消除偏见和增能的校园文化及社会结构五个层面组成。

内容整合指教师在教学过程中使用来自不同文化和群体的例证和内容来阐释本学科的关键概念、原理和理论知识，丰富课堂教学，体现公平。教师将文化内容整合到学科中，一方面可以使学生容易理解学科知识，另一方面则可以让学生体会文化的多样性。知识建构指教师在教学过程中让学生了解知识产生，以及学科中的文化假设、观点与偏见如何影响知识建构的过程。平等教学指教师使用的教学方法能让来自不同性别、不同团体的学生都能取得成功，所有人都能理解课程内容，所有人都能均衡地接受教育。平等是多元文化教育的核心概念，多元文化教育坚信，不同族群的学生具有相同的发展潜能。消除偏见侧重教师使用的课堂材料和活动有助于帮助学生发展出对不同民族、人种和文化团体的积极态度。同时，环境的熏陶和学生之间的交往也能有效减低偏见带来的影响。增能的校园文化及社会结构指通过分组、标记、课外活动和师生互动来创造健康的校园文化，使不同文化背景的学生各得其所。增能是给予个体肯定自我能力的一种信念，也是多元文化教育的一个主要目的。

二、多元文化与教育的关系

1. 多元文化为教育提供了新的发展空间

多元化教育为我国教育注入了新鲜的血液，从以前我国以传统中国式教材为中心到现在逐渐融合其他文化的教材，从而产生一种新的东西。自改革开放以来，我国努力接受国外的先进文化和制度，我们既要坚持发展民族文化教育，尤其要坚持自己的民族特色，弘扬民族文化的优良传统，又要大力发展民族教育，敢于接纳新思想、新文化。

2. 多元文化促进了教育民主化的发展

教育民主化有三层含义，首先，教育民主化指教育机会均等，多元文化教育的理念是强调教育权利平等，即所有的受教育者不论种族、民族、语言、社会经济地位有何差别，都应享受平等的受教育的机会，包括入学机会的均等、教育过程中享有教育资源机会的均等和教育结果的均等。

其次，教育民主化是指师生关系的民主化，平等的教学氛围是师生民主化的体现。

最后，教育民主化指教育活动、教育方式、教育内容等的民主化，为学生提供更多的自由选择的机会。

3. 多元文化促进了教育思维方式的变革

不同的时代需要不同的教育，不同的教育具有不同的文化知识、教育观念、思维方式，因此在多元文化背景下进行思维的革新，也是人类进步的动力之一，这要求我们变革陈旧的思维方式，培育新的思维方式。多元的思维方式是从多角度、多层次、多变量思考问题，从时间、空间等角度不断变换思维视角，从矛盾的复杂性中认识事物。

教育改革是一个渐进的过程，不是一下就能做到的，因为教育改革涉及教师教学理念和思维方式的深层变革。如果教师仅仅满足于教学技能和模式层面的转变，而不转变教学理念和思维方式，那么，带给我们的就是一个封闭、僵化的课堂。一味地压抑课堂，不仅教学难以进步，而且教师的创造智慧很难被激发，教师的生命发展也会窒息。

4. 多元文化利于提倡个性化教育

从教育公平角度看，学生文化背景差异不应该成为学生学习的障碍。多元文化教育充分尊重学生的这种差异性，从学生的不同文化背景角度出发，考虑个人的生理、心理、年龄特点，考虑个人的天赋、特长，尊重人和人的个性，突出学生在整个教育过程中的主体地位，培养主体意识和主体能力。

学生的学习积极性、学生个性的和谐发展和全面发展都是教育中应该解决的问题，我们的教育应努力引导孩子朝向这方面发展。同时，要引导学生独立思考问题，实现德智体全面发展，努力适应社会发展。这种理念体现在课程上，就是要通过多元文化课程的建构来适应不同文化背景学生的学习需要，为他们创造平等的学习和发展机会。

5. 多元文化利于创新型人才的培养

创新型人才往往是在多元文化背景下成长起来的。春秋战国时期是我国的百家争鸣时期，孔子、老子等学者为了宣传自己的政治学说，都曾游走于各诸侯国；文艺复兴时期是欧洲文化的一个繁荣时期，先后产生了但丁、莎士比亚等思想巨人，文艺复兴同时是由于印刷在艺术、诗歌、建筑等领域中应用而导致的知识爆炸。马克思与恩格斯在指导和推动无产阶级解放事业的理论与实践的发展上都做出过开拓性的历史贡献。鸦片战争后，在马克思主义理论的指导下，中国人开始探求救国救民的道路，改革开放以来，我国开创了有中国特色的社会主义道路。历史充分表明，多元文化和创新型人才的成长有着内在的本质联系，创新型人才往往产生于一定的多元文化中。

三、多元文化教育的发展

多元文化在世界范围内的不断发展对教育研究也产生了重要影响。多元文化教育的发展走向如下：

1. 促进教育从一元走向多元

纵观人类文化发展历程，可以看出其经历了一个由文化一元隔阂，到文化多元并存，再到文化多元互动的过程。教育因与政治、经济、文化有着密切的关系，面临新的国际境遇带来的挑战。教育应当成为和平以及国际理解的促进者；教育应当承担起培养年轻一代具有宽容、鉴赏、公平、尊重以及思考自由的品质和责任；教育不仅要宣传文化历史与传统对于当代社会多种文化的重要意义，更要致力于对文化的过程性、连贯性与变化性的理解与把握，促进文化认同。教育应当成为引导学生尊重与理解其他文化，促进人类文化平等与和谐，推动世界稳定与发展的重要手段。多元文化教育包括为全体学习者设计的计划、课程或活动，而这些计划、课程或活动在教育环境中又能促进尊重文化的多样性，增强对于可以确认的不同团体的文化的理解。这种教育能够促进整合，增进国际理解，并使其同各种排斥现象做斗争成为可能，其目的应是从理解自己人民的文化发展到鉴赏邻国人民的文化，并最终鉴赏世界性文化。

自 1937 年至今八十多年的时间里，联合国教科文组织在其组织召开的一系列国际教育大会中均体现出对世界上多元文化的承认、对各个民族文化的尊重以及对民族传统文化的保护、传承与创新的重视，表现出国际社会与国际舆论对多元文化教育的关注及其所采取的教育措施的一致性与坚定性。世界各国、各民族自古以来的多元文化教育系统及其实践各具特点，为改进、提高、相互学习借鉴提供了巨大的潜能和丰富的资源，成为教育改革、教育创新的巨大资源库，对这些资源的充分利用，不仅为教育提供了丰富的内容，也为教育成效的取得提供了丰厚的沃土。因此，当下的教育应当从多种文化中吸取养分，向学生展示世界不同文化间的异同，并为促进多种文化的生存与发展做出努力。

2. 促进教育从隔离走向理解

当今世界，人类活动范围逐渐扩大，人类社会由封闭、半封闭与隔阂的状态转变为半开放、开放与相互交往的状态，社会经济由地方性、自给自足向全球化转变。历史的进程要求过去的文化孤岛被文化多元所替代，文化的排他性被文化的包容性所替代。不同人类群体间的交流也越来越频繁，越来越密切，文化间的关系由相互疏远到相互接近，由相互孤立到相互依赖。这种世界文化格局及其所带来的文化怀乡的愁绪以及对民族文化的追思，引导人们从一个更新、更高、更远的视角去思考教育所培养的人的品格，去重新审视人类的文化与各民族文化，去建构新的世界文化图景。与此同时，文化人类学的研究成果揭示了文化差异背后的人类的相似性与相通性，为不同文化民族的相互尊重、相互沟通提供了人类学的启示。

文化的变迁要求教育培养的人具备跨越文化边界，与不同文化背景的人进行交流、沟通与理解的能力，以及在多元文化场景中的适应力。具体而言，跨文化人才的培养应从以下几方面着手：

第一，培养开阔的文化视界。多元文化教育通过对世界各民族文化的传播，开阔学生的文化视野，让他们了解、鉴赏本民族文化的历史渊源与文化精粹，同时了解、鉴赏世界文化的起源、发展及精神实质。

第二，树立开放的世界文化观。多元文化教育在传递世界各民族文化知识的同时，应进行文化观的渗透，培养跨文化意识。

第三，倡导积极的跨文化情感。多元文化教育的过程，也是一个与本民族文化及世界文化进行情感交流的过程。所以，应注重对学生进行跨文化情感的熏陶，使学生既不沉醉于本民族文化而盲目排外，也不羡慕其他民族文化而崇洋媚外，养成自尊、自爱、平等、开放、互尊的文化态度。

第四，提升全面的跨文化能力。多元文化教育要注重让学生掌握文化间对话、交流、理解的能力，养成参与民主决策的社会与政治能力，提高在多元文化碰撞与冲突的局面下敏锐把握文化动向，调整自身观念与行为的跨文化适应力。教育通过对文化进行选择、组织和重构，使文化得以再生和继承；教育通过对文化进行传递、传播、融合，使原有文化发生性质、功能等方面的变化，衍生出新的文化，带领人类超越器物的束缚和生命的有限而达到精神的自由无限。当代教育被赋予前所未有的文化重任。通过多元文化教育提高世界文化的发展力，是多元文化教育的重要特质和当代使命。

3. 促进教育从封闭走向开放

多元文化教育倡导跨越地理疆界与文化边界的樊篱，正视由于文化自身的张力带来的文化交流与碰撞，并将其视为文化多样性发展的动力；多元文化教育立足于对不同文化的相互尊重与交流以及对不同文化的理解与平等对话，强调文化间的互动；多元文化教育通过对跨文化人才的培养，推动世界文化的进步，促进人类和平事业的发展。历史表明，人类只有具备了更广阔、更开放的视野，才能了解世界各民族在各时代中相互影响的程度及其对人类历史进程的重大作用；人类也只有具备了全球的和全人类的宽阔视野以及更强的跨文化适应力，才能促进全球范围内各民族的和谐相处与共同进步。

第二章　多元文化教育与大学英语的关系

第一节　大学英语教学是实现多元文化教育的有效途径

一、贯彻多元文化教育理念

现行《大学英语课程教学要求》中指出："英语的教学目标是为了培养学生的英语综合应用能力……提高学生的综合文化素养，更好地满足我国社会发展的快速步伐以及国际交流中的需要。英语教学不仅是一门教育课程，也是拓展知识、了解和认识世界文化的一门教育课程，具备了工具性以及人文性，英语教学的设计应充分考虑到要时刻培养学生文化素质和传授国际文化知识。"这说明，多元文化教育已潜移默化地融入英语学科中，并且成为英语教学中的主题思想之一，体现了通过大学英语教学来贯彻实施多元文化教育的理念。

二、传递多元文化

语言不仅是文化的载体，也是文化的重要组成部分。以传递多元文化为目的的教学，教师应做到以下两点：

1. 加强文化知识的传授

教师在强调学生基础知识积累的同时，应贯穿英语交际能力的培养。例如：在课堂上讲授有关文化的知识，鼓励学生利用课堂、课外进行练习和巩固，积极举办英语“沙龙”活动或进行英语演讲比赛、话剧表演，开展英语讲座、听报告、听广播、看录像等，培养学生在实际中运用语言的能力和技巧，提高学生的听、说、读、写能力，增加学生的知识积累。

2. 利用教材

在教材的处理上，教师可以结合课本内容，不断拓展、引出相关文化信息。词汇是语言中最活跃的成分，也是最大的文化载体。因此，在平时的教学中，教师应注意介绍英语词汇的文化意义。英语中有许多词汇来自神话、寓言、传说，或是与某些名著有关。了解这方面的文化知识，有助于学生对英语词语的理解和掌握。例如：在英语中，dog（狗）是人们生活中的重要伙伴，甚至有时直接泛指人。于是，就有了“Every dog has his day”（凡人皆有得意日），“You are a lucky dog”（你是个幸运儿）。而在汉语里，用狗比喻人多带贬义，如“癞皮狗”“走狗”“狗腿子”等。另外，由于环境、历史和文化不同，在表示相似的比喻或象征意义时，英语和汉语会使用完全不同的颜色词，如 blue Pictures（黄色电影）、green hand（没有经验的人）等。

在语法教学中，教师也可以结合多元文化进行讲授。教师可以通过适当的英汉语言对比，启发学生讨论，增强学生的学习兴趣，增加信息量，扩大知识面，帮助学生牢固地掌握英语语法，提高学生运用英语的能力。例如：在总结名词复数形式时，变化规则中以“辅音 +o”结尾的名词，一般情况下在词尾加 -es 构成，但是，英语词汇中有很多外来词汇，某些外来词（tobacco，piano 等）则在词尾加 -s。

三、参与多元文化社会

英语学习的最终目的是使用英语，英语教学的最终目的是培养学生对英语的综合运用能力，让学生参与多元文化社会活动。在教学过程中，教师要培养学生能够运用所学语言知识在不同的场合、对不同的对象进行有效得体的交际的能力。具体来说，教师在教学过程中需要注意以下两个方面：

1. 将英语作为一种交际工具来教

英语是一种交际工具，英语教学的目的是培养学生使用这种交际工具的能力。使用交际工具的能力是在使用当中培养的，因此教师要把英语作为一种交际工具来教，而学生要把英语作为交际工具来学，教师和学生在课上课下都要积极使用英语进行交流。

在英语教学中，教师或学生并不是单纯地教知识或学知识，而是通过操练培养或形成用英语进行交际的能力。教师要尽量利用教具为学生创设适当的情境，协助学生进行以英语进行交际的真实的或逼真的演习。这样学生不仅学得有兴趣、有成效，而且能真正学到英语的应用场合，学了就会用。

2. 在教学中灵活创设交际情境

要想让学生具备使用英语进行交际的能力，使学生能够在适当的地点和时间、以适当的方式对适当的人讲适当的话，就应该在英语教学中创设情境，开展多种形式的交际活动。众所周知，利用语言进行的交际总是发生在特定的情境之中。情境包括时间、地点、参与者、交际方式、谈论的题目等要素，在某一特定情境中，某些因素，如讲话者所处的时间、地点以及讲话者的身份等都制约他说话的内容、语气等。而且，在不同的情境中，同样的一句话也可以表达不同的意义和功能。例如："Can you tell me the time ?”这句话可能表示的意思有两种：一是向别人询问时间，是一种请求的语气；二是表示对他人迟到的一种责备。因此，在英语教学中，要把教学的内容置于一种有意义的情境之中，这样才有可能让学生充分理解每一句话所表达的意思。

在一定的情境之中进行的英语教学，还可以使学生身临其境，提高学习英语的兴趣。因此，教师在教学过程中要充分结合教材内容，利用现有的教具开展各种情境的交际活动，这样对学生和教学都会产生有利的影响，收到不错的教学效果。此外，教师还可以设计任务型活动，让学生通过完成特定的任务来获得和积累相应的学习知识与经验。需要注意的是，这些活动需要具有交际的性质，如此才有利于交际目标的完成。

第二节　多元文化教育对大学英语教学的影响

一、多元文化教育与大学英语教学

1. 多元文化对英语教学的影响

文化与语言之间有着密切的联系，学生在进行英语学习时，必要的文化背景知识的学习是提高英语能力的重要方面。但在传统的英语教学中，教师只注重教学生学习语法知识、单词量积累等理论知识，对于英语文化、风俗的教学却十分有限，从而导致学生在英语学习的文化层面上出现障碍，说中国式英语。

（1）语音差异使得学生的英语学习存在障碍。

我国的母语是汉语，一个字一个音节，在英语中却不是这样，英语中一个词有可能是一个音节，也可能是两个或三个音，甚至是多音节，中西语言在音节方面的差异使得中国学生在学习英语时能否正确发音成为问题。

此外，在发音问题上还有一个很重要的因素值得注意，那就是语调。我国的汉语有四个声调，但是英语的发音规则里却没有单调的区分，学生正确发音存在很大困难，不能用中国式的音调来表达自己的正确意思。英语中虽然没有音调的划分，却有重音，而汉语却没有，这也是重要的区别之一。因而，在我国的具体的英语教学实践中，教师应注意对每个学生进行音节、重音等方面的培养与训练，注意教学生重音、句子结构等，让学生正确地发音。当然，教师还可以通过一些英语活动让学生进行口语的练习，学唱英文歌曲、朗诵诗歌等形式都是很不错的练习方法。

（2）词汇差别使得理解产生分歧。

中国与西方国家之间的差异有很多，说话方式、问候方式、风土人情等方面都有明显的差别。比如，在语言词汇的学习中，有一些词表现很明显，如“freeze”这个词的基本含义是“冰冻”“结冰”，在一些英语教材中也只介绍了这个含义；但是在美国，“Freeze!”却是人人皆知的日常用语，是“站住”“不许动”的意思。又如“狗”这个词，在中国它是忠实的象征，但在具体的语言应用中，如果一个中国人说“你是个像狗一样活着的人”，就是一种贬义，是对其人格的侮辱。“狼心狗肺”“狗咬吕洞宾，不识好人心”中的“狗”也一样，它们大多为贬义。但是在西方国家里，人们却对狗十分友好，如果有人说：“You dog.”那么其意思是说“你很可爱”，并没有骂人。在日常生活中，人们也经常将那些幸运的人称为“lucky dog”。对于这些词汇上的用法，教师应对学生进行必要的训练与扩充，使得学生在具体的英语对话中能够充分了解其语义，从而更好地与西方人进行沟通。

（3）语法结构与句子构成导致出现中国式英语。

如果学生不能充分理解英语句子的构成，英语写作与阅读能力的提高就会非常困难。在日常的英语学习中，很多学生由于不能掌握英语语法与句式，因而出现很多中国式英语句子，如“hours read English everyday”“My English level high”。这样的句子是用汉语的思维写下来的，它完全不符合英语母语国家的表达要求。虽然这只是英语语法表达方面的错误，但究其根源，是中西方不同的文化特点导致的，中国学生在中国式思维下对英语句子进行组合与书写，使得中国式英语现象一直大量存在。因而，在具体的英语教学中，教师应对学生进行西方思维习惯的培养，使得学生在语法结构与构成方面能对英语有一个更好的认识，从而保证英语能力的提高。

2. 多元文化教育对英语教学的启示

（1）激发学生对文化差异的学习兴趣。

学生无论学什么，只有在自己真正感兴趣的情况下，才会充分发挥自己的主观能动性。学习英语也是如此。因此，在传授跨文化知识时，培养学生对文化差异的学习兴趣是英语教学必须考虑的一个方面。教师只有不断地改进教学方法，增加新的教学内容，将趣味性贯穿于教学过程之中，才能调动学生的兴趣，激发学生学习的热情。

教师可以通过教学方法、教学内容的对比激发学生学习文化差异的兴趣。介绍文化背景，比较文化差异，最好的方法是透过语言看文化，通过所学的语言材料了解其中包含的民族文化语义。通过这种方法，教师可以把枯燥无味的词语解释、语法讲解等变得形象生动，使学生在活跃的气氛中不仅学到英语语言知识，还领略到了英语民族文化，更重要的是，能引起学生对文化差异的学习兴趣。

教师是教学的主导者，而学生是教学的主体。学生在教学中处于中心地位，教师传授的知识最终要由学生加以理解、吸收，而学生跨文化交际的能力主要由实践来培养。英语教师应根据教学内容和学生特点，在课堂上采用灵活多样的教学方法和教学手段，帮助学生树立坚持不懈、持之以恒的英语学习态度。在培养学生的学习兴趣的同时，教师应当帮助学生养成良好的学习习惯，也就是要教会学生学习方法。如果学生只会整天抱着课本死记硬背，就很难掌握英语交际能力。教师在教学中一定要结合教学对象的实际情况采取行之有效的教学方法。英语是一种工具，英语学习是一个漫长的过程，文化信息需要日积月累，并且只有通过持之以恒的学习和大量的实践训练，才能做到活学活用，形成驾驭英语语言的跨文化交际能力。

英语教学要把讲解语言知识和介绍文化背景知识、比较中英文化差异有机地结合起来，充分发挥文化背景在教学中的积极作用，培养学生对文化差异的敏感性。

（2）培养学生的跨文化意识。

跨文化意识十分重要，教师在教学中必须重视对学生跨文化意识的培养。在英语教学中，教师要充分利用现代化的教学手段，介绍英语国家的文化背景，让学生最大限度地接触英美本土文化信息。

对跨文化的敏感性主要来自两种途径：一是直接途径，也就是通过在外国文化中生活、体验的方式来获取文化信息。这对于我国国内学生来说显然是不可能的。二是间接途径。间接的方法有很多，包括课堂学习、课外阅读、收听英美广播、观看一些英文图像资料等。但是英语课堂教学毕竟有一定的局限性，因此课外学习活动是培养学生跨文化意识的有效途径。教师应该鼓励并指导学生开展形式多样的课外学习活动，特别是要借助先进的现代化教学手段，加强学生的语言听说训练，直接在英语学习中为学生导入英语文化背景知识。教师还应该鼓励学生观看英文原版电影、录像。由英语母语国家的人演绎的英文原版电影、录像都具有浓厚的英语文化气息，观看英文原版电影、录像是提高文化差异敏感性的一种非常有效的手段。对于缺少英语语言环境的我国英语学习者而言，最大的困难就是从课本里学来的英文知识往往与现实生活中的语用实际脱节，而观看英文录像不仅可以帮助学生增加词汇，提升听说能力，还能让学生从中学到很多文化知识。动态的电影录像情境，往往会让学生更容易理解外国文化，对外国文化印象更为深刻。

（3）增强学生的跨文化感悟力。

通过文化差异的比较，学生在头脑中形成一种潜在反应能力，这种能力是通过语言这一载体对英语反映的文化内容的综合性的理解能力，也就是我们常说的文化感悟力。

在英语教学中，教师应注重对英语国家文化背景的介绍，使学生了解英美等国家的文化，通过比较英汉文化的差异，让学生明白不同的语言以及语言背后的不同文化，让学生学会在适当的场合用适当的英语表达自己的思想，实现培养和提高学生用英语进行跨文化交流的能力。

增强学生的跨文化感悟力，需要教师引导学生接触、理解文化差异。教师可以在课堂中教授文化知识，教材中有不少关于英语国家的生活方式、行为规范、历史地理、文化艺术、风土人情、传统习俗等方面的对话和课文，教师应该让学生注意这些文化知识，增强对英语国家文化的感悟力。英语教师还可以通过指导学生开展课外活动学习西方文化知识，如带领学生多读一些英语报刊、多听一些英语广播、多看一些原版影视资料来广泛接触和逐步丰富英语文化背景知识，还可以通过指导学生开展英语角、英语晚会、专题讲座以及课外实践活动使学生在不断接触英语文化的环境中比较中英文化的差异，培养跨文化意识，增强跨文化感悟力。学生增强了跨文化感悟力，就容易理解交际中出现的文化差异，如一见到“black tea”，头脑中会立刻明白这是中国人常喝的“红茶”。

总之，只有在教学中充分挖掘课程中的文化内涵，引导学生在课外了解英语文化知识，才能使学生认识到中西文化的差异，认识到世界文化的多元化，增强跨文化感悟力。

二、多元文化教育下的大学英语教师角色定位

多元文化教育对大学英语教师提出了新的要求和挑战，教师不再只是知识权威和真理的传授者，他们扮演的角色需要重新定位和完善。

1. 多元文化教育对教师提出的要求

（1）具备多元文化教育的知识与技能。

知识是教师专业素质的基础。多元文化教育视域下的教师应该要掌握双语，具有双语教学能力。

（2）具备多元文化教育的教学能力。

多元文化教育不同于传统教育，教师必须了解学生的文化背景，掌握学生的心理状态，具有多元文化教育实践能力。这些能力主要包括：多元文化教学策略、双语教学能力、在课堂教学中对学生要有积极的期待、创造文化多元的教室环境。由于学生的文化背景不同，学生对待学习的态度以及学习方法肯定有所差异。因此，教师在教学中应注意统一教学与个别教学相结合，既要按照国家标准统一教学，又要做到因材施教。

2. 大学英语教师的角色定位

（1）教师是多元文化的驾驭者。

教师驾驭多元文化知识的能力直接影响英语教学实施的好坏，直接影响学生的学习情况。多元文化英语教师应具备多元文化教育观。随着信息技术的发展，世界变得越来越小，面对文化矛盾，增进各种文化之间的相互理解至关重要。

（2）教师是本土知识的传授者。

教师不仅要对其他族群文化有相当的了解，也应该是本土知识专家，对本土文化中蕴含的文化特色、价值观和思维、行为方式等要有深刻的认识。作为知识的引导者和文化的传承者，英语教师有责任以一个真诚的面孔面对学生，将自己的本土文化知识融入课堂教学中，与学生进行平等的交流，为课堂教学提供更大的空间，同时有利于构建良好的师生关系。

（3）教师是多元文化教学环境的创建者。

教师要致力于创设多元文化教育环境。首先，英语教师要与学生建立信任关系。师生间的人际关系是影响学生成绩的主要原因，文化间的差异和英语教师的偏见易造成相互间的误解和隔阂。一旦这种疏离的关系形成，势必对弱势群体学生的自我观念产生负面影响，使学生感到孤立和受挫。其次，英语教师要营造一种积极的家庭式氛围。英语教师要致力于提供英语关怀和尊重的教育环境，以确保学生的家庭语言和英语文化。英语教师要充分理解学生的文化背景，不断寻找英语相关信息，将其自然地整合到教学氛围和课程中。只有英语教师成为多元文化者，才能了解学生所处的英语文化环境，理解学生的文化价值观。教师只有从多种英语视角来理解文化，才能提供适合每个学生的英语教学策略、动机模式和内容。

3. 大学英语教师的角色完善

多元文化教育背景下，英语教师角色发生了变化。如何完善教师角色转换是多元文化教育的重要任务。这不仅是教师个人的不懈追求，也需要学校的努力和政府的支持。

（1）教师的追求。

教师角色完善的最终落脚点在教师个体身上。作为个体，每位教师都要追求卓越，树立角色意识，充分理解多元文化中教师角色的多样性，加强学习，主动实践，提升素质。

教师角色意识是指教师对自身角色地位、角色行为规范及角色扮演的认识、理解与体验，不仅包括动态的教师对角色进行认识、理解的过程，也包括静态的教师对角色认识、理解的结果。树立角色意识是自觉完善角色的先导，角色意识影响教师的教育行为，对教师角色成熟具有重要价值。明白角色地位和相应的角色行为规范，可以引导教师理解多元文化中教师角色多样性的自觉，使其主动在多元文化的语境中审视自身，要求自己，规范行为，同时养成自觉学习和主动实践的习惯。

学习是教师提升专业化水平和走向角色成熟的必由之路。教师学习主要指在一定人为努力或外部干预下的教师专业知识、能力的生长变化。因此，教师应该在政府、学校政策和制度的保障下，加强学科专业知识、教育教学知识、人文知识的学习。不单单向书本学习，还要向同行学习，更要在实践中学习；不但学习书本知识，还要学习实践性知识，积累经验，提升专业能力。

教学实践是教师角色实现的途径，同时又是教师成长的途径。教师的理论知识在实践中才能发挥作用，得到检验。教师的实践知识、个人知识通过教学实践才能获得，教师的教育教学能力在实践中得到发展，教师的智慧在实践中得以养成。可见，实践既是目的，也是手段。多元文化境遇中的教师要敢于实践、善于实践、勤于实践，在实践中完善角色，在实践中增长智慧。

（2）学校的努力。

学校教育是由专职人员和专门机构承担的有目的、有计划、有组织、系统的，以促进受教育者的身心发展为目标的教育活动。教师是学校教育的第一资源，离开教师或者缺乏优秀教师的学校难以肩负起培养人才的重任。为了培养高素质的教师，更新观念、营造氛围、完善制度是学校应当做出的不懈努力。

学校要不断更新观念，树立教师是第一资源的理念。虽然教师历来被认为是学校教育基本的三要素之一，但是长期以来许多学校决策者深受工具理性主义思想影响，把教师当成实现教育目的的工具，功利性地一味追求教育效率和成果，不理会教师的情感和自我实现的需要，漠视教师的精神追求，如此导致教师陷入盲目的竞争之中，疲于应付各项指标任务，淡化了教师应有的角色职责，最终消弭了教育的应有之义。改变功利观念，树立以人为本的理念，把教师当作学校发展的第一资源，关心教师成长，满足教师的精神需求，是促进教师角色完善的第一步。

学校文化氛围于无形间影响教师的意识，在潜移默化中转化成教师的行为，其力量虽难以量化描述，却极其强大。但是，部分学校忽视校园文化建设，以应试为导向，让学校成为一个偏执的竞争场所，教师的职责难以有效履行，致使教育失去本真。为了改变此种状况，学校应重视文化建设，让日日身处其间的教师受到应有的尊重。

制度是要求学校内部人员必须共同遵守的规章或准则。制度具有指导性、程序性、规范性、约束性，同时具有鞭策性和激励性。学校制度规定教师的权利和义务，指导教师履行职责，规范和约束教师行为，激励教师发展。可见，制度建设是完善角色的重要保障。学校必须完善各项制度，特别是教师培训制度、评价制度、奖励制度，而且要加大制度的执行力度，让教师行为有章可循、有法可依，权益得到保护。

（3）政府的支持。

政府是主流文化的倡导者、文化建设的主导力量，加强文化建设，推动文化事业发展成为政府的不二职责。

推动文化发展历来是我国政府矢志不渝的追求，我们“始终把文化建设放在党和国家全局工作的重要战略地位”。

无论教师、学校，还是政府，在完善多元文化教师角色的使命中都发挥着不同的作用，三者缺一不可。教师是角色完善的具体体现者；学校是政策的实施者，是具体制度的保障者；政府是大政方针的制定者，是有力的保障。三者形成合力，承认多元文化，理解多元文化，吸纳多元文化，发展多元文化，实施多元文化教育，才能使教师真正成为多元文化的驾驭者、本土知识的传授者、多元文化环境的创建者和教育公平的实施者。

三、多元文化教育与大学生能力培养

在多元文化教育视角下，大学生应做好跨文化交际能力的培养。跨文化交际能力是指在特定的交际情境中，具有不同文化背景的交际者使用同一种语言（母语或目的语）能够顺利进行交际的能力。大学生跨文化交际能力的培养可以参考下列方法：

1. 学会自我观察和自我了解

（1）自我观察。

交际中的双方通常不会向对方询问自己的交际风格如何，或要求对方对此做出评价。在这种情况下，想要了解自己的交际风格与情感态度，就需要采取自我观察的方法。通过自我观察，交际者不仅可以对自己的交际风格、情感态度形成一个正确的认识，还可以通过对方的反应来进行印证，并在以后的交际中发扬好的方面，改正或避免不好的方面，逐渐提升跨文化交际能力。

（2）了解自身文化。

每个人都生活在一定的文化环境之中，这些文化影响着人们对周围事物的评判标准。当人们接触到其他文化时，用本民族的价值观、社会规范和行为模式来加以衡量是一种习惯性的反应。因此，应了解自身文化的特点，尤其是本民族文化的优点与缺点，从而提升跨文化交际能力。

（3）了解自己的交际风格。

交际风格是指交际者在交际过程中体现出来的自身特点，具体包括以下几个因素：一是交际渠道，如言语的交际渠道、非言语的交际渠道等。二是交际形式，如巧妙对答的形式、仪式化的形式、辩论形式等。三是交际者感兴趣的话题种类，如股票、商务、艺术、家庭、职业、文学。四是交际者希望交际对象参与的程度。五是交际者赋予信息的实际内容和情感内容的多少。在交际过程中，人们通常很快就能察觉出对方的交际风格。一个不容忽视的现象是，人们往往很少留意自己的交际风格，这就对交际的顺利开展带来障碍。例如：一个交际者自认为是一个开放型的人，但交际对象却认为他是内向型的人，在这种情况下，交际很容易出现问题。所以，了解自己的交际风格对交际的顺利开展大有裨益。

（4）了解自己的情感态度。

在交际前，人们往往会产生一种由预先印象或定式带来的情感态度。

这种情感态度易干扰交际者的态度，使交际者戴着有色眼镜看人处事，从而导致误解，或使交际者难以做出客观的判断。可见，交际者自身的情感态度也会对交际的质量产生重要影响。若能事先意识到这一点，交际者就可以尽量避免这种先入为主的情感态度，从而降低负面情绪对交际的影响。

（5）掌握目的文化的信息系统

跨文化交际的顺利进行首先需要交际者掌握该种文化的信息系统，包括学习语言、认识语言和文化的关系以及掌握非语言交际系统。

①学习目标文化的语言。

语言是交际的工具，也是熟悉对方文化的重要途径。因此，要培养跨文化交际能力，首先要让交际者熟悉目标文化的语言。当然，世界上语言的种类很多，我们不可能全都学会，但学会世界上通用的语言、了解目的地的日常用语还是很有必要的。英语作为一种国际通用语言，不仅是大多数国家学校教育中的主要外语，还是国际会议、商务往来的官方语言和通用语言。因此，学习英语是提高跨文化交际能力的一个重要砝码。

②认识语言和文化的关系。

语言承载文化，同时反映文化，这一点在习语和谚语上表现得尤为明显。英语习语的特点是字面意思与习语本身的意思不同，只有了解习语的文化内涵，才可能正确理解和使用习语，才能促进交际。另外，交际者的成长环境、教育背景也是影响其理解和使用词汇、习语的一个重要因素，因此交际者必须时刻注意这一点，从而选择合适的词句表达和交际策略。

③正确理解和使用非语言符号。

除语言符号外，人们在交际中还经常使用大量的非语言符号，如目光、体态、气味等。这些非语言符号在不同的文化中有着不同的含义，误用或误解非语言符号很容易引起误会或矛盾。因此，跨文化交际者必须正确理解和使用目标文化中非语言符号的含义，以促进交际的顺利进行。

2. 学会处理冲突事件

交际中难免发生冲突，而跨文化交际由于文化之间的差异更容易产生冲突。要想使跨文化交际顺利地进行下去，交际者就必须学会处理冲突。其中，退避、竞争、和解、折中、合作是处理冲突事件比较好的方法。

（1）退避。

退避是避免冲突的一种常用的、简单的方式。这里所说的退避，不仅包括心理上的退避，如沉默不语或在预感可能发生冲突时绕开话题等，还包括身体上的退避，如远离冲突之地。

（2）竞争。

竞争也是处理冲突的一种方法，但这种方法较为强硬，常表现为交际者通过威胁、言语侵犯、胁迫或剥削等方式将自己的意志强加于对方，从而使对方认同、接受自己的行为、观点、价值观等。

（3）和解。

和解和竞争正好相反，是指交际者放弃自己的立场、观点，接受他人的思想，从而与对方达成一致。这种方法在处理冲突时十分有效，却意味着交际者本身较为软弱，或要求交际者本身对“谁胜谁负”持无所谓的态度。

（4）折中。

折中介于竞争与和解之间，是指交际双方为解决冲突而找到一个双方都能接受的途径。这种方法虽然能使交际双方都感到满意，但同时意味着双方都要做出一定的牺牲或让步。

（5）合作。

合作是通过富有建设性的方法来满足交际双方的需要和目的的一种处理方法。合作不同于折中，它是以积极的态度看待冲突、解决冲突，以实现交际关系的融洽。

3. 注意物理、人际环境因素

(1) 习俗。

习俗是文化的一部分，入乡随俗是跨文化交际的一项重要能力。如果不了解目标文化中的某些习俗，跨文化交际就会出现各种各样的困难。在出国之前，了解当地的习俗有助于我们更快地适应陌生环境，更顺利地实现交际目的。

(2) 时间概念。

时间是交际活动中的一个重要因素。不同文化背景下的人对时间的取向不同，交际风格、过程也有所不同。例如：单一时间取向文化背景下的美国人通常严格守时，迟到者有必要向他人表示歉意，做事也很讲究效率，交际风格较为直接。多向时间取向文化背景下的人则不那么严格守时。例如：商务合同在二至三小时的午餐休息时间内签署，在会议快结束时才开始谈生意等现象经常发生。

(3) 物理环境。

不同文化背景下，相同的交际活动有着不同的交际规则。如在美国，商务谈判通常在会议室举行，谈判双方面对面坐着，气氛比较紧张。阿拉伯人则倾向于避免这种正面冲突，因此多采用圆桌会议或席地而坐的方式来进行谈判，使谈判气氛较为缓和。了解非言语交际中的时空语，有助于交际者明了目的文化中的交际规则和交际风格，从而使举止更加得体，使交际行为更加有效。

4. 培养移情能力

“移情能力是情感能力的重要组成部分，主要指摆脱民族中心主义的束缚，不以本民族的价值观念看待和评判其他文化，设身处地为他人着想。”沙莫瓦（Sam-ovar）曾将移情的过程分为以下六个步骤：

(1) 承认世界的多元性和文化的差异性；

(2) 认识自我；

（3）悬置自我；

（4）以他人的角度看问题；

（5）做好移情的准备；

（6）重塑自我。

此外，还可以通过营造跨文化语言文化环境，转变学生长期形成的由本民族思维方式和认知模式带来的思维定式的影响，在多元文化交流和沟通中进行自觉的文化移情。

第三章　当代英语教学现状

第一节　当代英语教学的内容

一、英语教学的概念理解

1. 教学的概念

在了解英语教学的内涵之前，需要先对教学这一概念进行了解与掌握。由于对教学的关注点不同，不同学者对教学下的定义也有所差异。

学者胡春洞认为，“教学”应该包含两个层面的关系：教与学是一种并列的关系；教学是一种教授学习的使动关系。从两个角度出发，能够看出教学的辩证关系和双向关系。教与学是息息相关的，教应该以学为基础，从学的角度出发，并以学为目标。教的规律和学的规律在一定程度上是统一的。

《英汉双解·现代汉语词典》(2002）给出的教学的定义是：教师把知识、技能传授给学生的过程。该定义是一种狭义的理解，把“教学”当作一个术语来理解。

《朗文词典》(*Longman Dictionary of Contemporary English*，2003）将“teaching”定义为：work,or profession of a teacher，也就是教书、教学的意思。

此外，它还对"teachings"进行了阐述：that which are taught, esp. the moral, political, religious beliefs taught by a person of historical importance. 也就是"教导、学说、教义"的意思。可见，"teaching 与 teachings"是两个完全不同的概念。但是，这两个定义都没有全面覆盖"教学"的真正含义。

综合上述关于教学的定义，教学应该包含三层含义，即教学（teaching）；"教"与"学"（teaching and learning）；教如何学习（teaching how to learn）。

2. 英语教学的概念

英语在我国缺乏一定的语言使用环境与使用对象，这就对英语教学带来挑战。可以说，英语教学能够直接影响学习者的英语水平和语言运用能力。

英语教学是一种教育活动。对于教师而言，教学是引导学生学习的教育活动；而对于学生来说，教学则是在教师的引导下的学习活动。学生是否得到发展是教学能否实现其目标的关键。教学是一个师生互动的过程，是教师教和学生学，共同完成预定任务的双边统一的活动。具体来说，英语教学的内涵主要体现在以下三个方面：

（1）英语教学是有目的的活动。英语教学的不同阶段有着不同的目标，而教学目标又具体分为不同的领域与层次。

（2）英语教学带有系统性和计划性。这种系统性主要体现在其制定者主要为教育行政机构、教研部门和学校的教学管理者等。英语教学的计划性指的是对英语基础知识的计划性教学，如英语语音、词汇、语法、写作、阅读等具体知识和技能的传递。

（3）英语教学需要采取合理的教学方法和教育技术。英语教学经过深厚的历史积淀，形成了大量有效的教学方法。现代科学技术，尤其是信息技术的发展，为英语教学提供了可以借助的多种教育技术。

综上所述，我们可以将英语教学的内涵概括为：教师依据一定的英语教学目的与教学目标，在有计划的系统性的过程中，借助一定的方法和技术，以传授和掌握英语知识为基础，促进学生整体素质发展的教与学相统一的教育活动。

3. 英语教学的本质

英语教学不仅是一种语言教学，也是一种文化教学。下面对这两个方面进行分析。

（1）英语教学是一种语言教学。

英语是一种重要的国际交际语言，因此对其进行教学便是一种语言教学。语言教学的目的是培养学生使用语言的能力。对于中国人来说，英语作为一门外语，英语教学也就是外语教学。从人类外语教学的发展历史来看，外语教学离不开外语知识教学，以外语知识为基础的外语教学有利于学生运用外语能力的培养。因此，英语教学作为语言教学，其本质应该是培养学生综合运用英语的能力。

需要特别指出的是，一些以学习语言知识而进行的专门研究的语言教学并不是以运用语言为目的，因此对其进行教学并不属于语言教学的范畴，如古希腊语的研究、古汉语的研究等。这些语言在当今社会几乎不再使用，因此应该将这种语言学习和语言教学区分开来。

（2）英语教学是一种文化教学。

文化孕育语言，语言反映文化，二者有着密切的联系。在进行英语教学的过程中，不仅需要学习者了解基本的语言知识，也需要培养和提高学习者的英语思维能力，从而便于日后使用语言。从这个意义上说，英语教学也是一种文化教学。

二、英语教学的内容及要求

我国幅员辽阔，各地区、各高校之间差异较大，大学英语教学应贯彻分类指导、因材施教的原则，以适应个性化教学的实际需要。大学阶段的英语教学要求分为三个层次，即一般要求、较高要求和更高要求。这是我国高等学校非英语专业本科生经过大学阶段的英语学习与实践应当达到的标准。一般要求是高等学校非英语专业本科毕业生应达到的基本要求；较高要求或更高要求是为有条件的学校根据自己的办学定位、类型和人才培养目标选择的标准而推荐的。各高等学校应根据该校实际情况确定教学目标，并创造条件，使那些英语起点较高、学有余力的学生能够达到较高要求或更高要求。

1. 一般要求

（1）听力理解能力：能听懂英语授课，能听懂日常英语谈话和一般性题材的讲座；能听懂语速较慢（每分钟130~150词）的英语广播和电视节目；能掌握其中心大意，抓住要点；能运用基本的听力技巧。

（2）口语表达能力：能在学习过程中用英语交流，并能就某一主题进行讨论；能就日常话题用英语进行交谈；能经准备后就所熟悉的话题做简短发言，表达比较清楚，语音、语调基本正确；能在交谈中使用基本的会话策略。

（3）阅读理解能力：能基本读懂一般性题材的英文文章，阅读速度达到每分钟70词，在快速阅读篇幅较长、难度略低的材料时，阅读速度达到每分钟100词；能就阅读材料进行略读和寻读；能借助词典阅读本专业的英语教材和题材熟悉的英文报刊文章，掌握中心大意，理解主要事实和有关细节；能读懂工作、生活中常见的应用文体材料；能在阅读中使用有效的阅读方法。

（4）书面表达能力：能完成一般性写作任务，能描述个人经历、观感、情感和发生的事件等；能写常见的应用文；能在半小时内就一般性话题或提纲写出不少于120词的短文，内容基本完整，中心思想明确，用词恰当，语义连贯；能掌握基本的写作技能。

（5）翻译能力：能借助词典对题材熟悉的文章进行英汉互译，英汉译速为每小时约300个英语单词，汉英译速为每小时约250个汉字；译文基本准确，无重大的理解和语言表达错误。

（6）推荐词汇量：掌握的词汇量应达到约4 795个单词和700个词组（含中学应掌握的词汇），其中约2 000个单词为积极词汇，即要求学生在认知的基础上，能够在口头和书面表达两个方面熟练运用的词汇。

2. 较高要求

（1）听力理解能力：能听懂英语谈话和讲座；能基本听懂题材熟悉、篇幅较长的英语广播和电视节目，语速为每分钟150~180词；能掌握其中心大意，抓住要点和相关细节；能基本听懂用英语讲授的专业课程。

（2）口语表达能力：能用英语就一般性话题进行比较流利的会话；能基本表达个人意见、情感、观点等；能基本陈述事实、理由和描述事件，表达清楚，语音、语调基本正确。

（3）阅读理解能力：能基本读懂英语国家大众性报纸杂志上一般性题材的文章，阅读速度为每分钟70~90词，在快速阅读篇幅较长、难度适中的材料时，阅读速度达到每分钟120词；能阅读所学专业的综述性文献，并能正确理解中心大意，抓住主要事实和有关细节。

（4）书面表达能力：能基本上就一般性主题表达个人观点，能写所学专业论文的英文摘要；能写所学专业的英语小论文；能描述各种图表；能在半小时内写出不少于160词的短文，内容完整，观点明确，条理清楚，语句通顺。

（5）翻译能力：能摘译所学专业的英语文献资料；能借助词典翻译英语国家大众性报刊上题材熟悉的文章，英汉译速为每小时约350个英语单词，汉英译速为每小时约300个汉字，译文通顺达意，理解和语言表达错误较少；能使用适当的翻译技巧。

（6）推荐词汇量：掌握的词汇量应达到约6 395个单词和1 200个词组（包括中学和一般要求应该掌握的词汇），其中约2 200个单词（包括一般要求应该掌握的积极词汇）为积极词汇。

3. 更高要求

（1）听力理解能力：能基本听懂英语国家的广播电视节目，掌握其中心大意，抓住要点；能听懂英语国家人士正常语速的谈话；能听懂用英语讲授的专业课程和英语讲座。

（2）口语表达能力：能较为流利、准确地就一般或专业性话题进行对话或讨论；能用简练的语言概括篇幅较长、有一定语言难度的文本或讲话；能在国际会议和专业交流中宣读论文并参加讨论。

（3）阅读理解能力：能读懂有一定难度的文章，理解其主旨大意及细节；能阅读国外英语报纸杂志上的文章；能比较顺利地阅读所学专业的英语文献和资料。

（4）书面表达能力：能用英语撰写所学专业的简短的报告和论文；能以书面形式比较自如地表达个人的观点；能在半小时内写出不少于200词的说明文或议论文，思想表达清楚，内容丰富，文章结构清晰，逻辑性强。

（5）翻译能力：能借助词典翻译所学专业的文献资料和英语国家报刊上有一定难度的文章；能翻译介绍中国国情或文化的文章，英汉译速为每小时约400个英语单词，汉英译速为每小时约350个汉字，译文内容准确，基本无错译、漏译，文字通顺达意，语言表达错误较少。

（6）推荐词汇量：掌握的词汇量应达到约7 675个单词和1 870个词组（包括中学、一般要求和较高要求应该掌握的词汇，但不包括专业词汇），其中约2 360个单词为积极词汇（包括一般要求和较高要求应该掌握的积极词汇）。

上述三个要求是各高等学校在制定该校大学英语教学文件时的参照标准。各高等学校可以根据该校的实际情况，对三个要求中的听力、口语、阅读、写作、翻译以及词汇量的具体要求与指标做适当的调整，但要特别重视对听说能力的培养和训练。

第二节　当代英语教学的方法

一、当代英语教学的主要方法

当代英语教学中，出现了一些主要的教学方法，这些方法各有优点与缺点。

1. 直接法

直接法于19世纪末在欧洲产生。它包含三个方面的意思：直接学习、直接理解和直接应用。其主要特点是：不允许使用母语，用动作和图画等直观手段解释词义和句子。

直接法的基本原理是“幼儿学语”论。从语言文字产生和发展的历史来看，人类是先有口语而后有文字的。文字符号是在语言（口头语言）产生很久以后才产生的。口头语言是第一性的、根本的，而书面文字是第二性的、派生的。直接法便是仿照幼儿学习母语的自然的基本过程和方法来设计外语教学过程和基本教学的方法。

使用直接法进行教学的过程应体现如下几项基本原则：

（1）直接联系原则。每教一个新词语，应把该词语所代表的事物、意义及客观表象直接联系起来。

（2）模仿为主原则。不是先学习语言规则，而是先听周围的人说话，模仿着说，以模仿多练为主，语言理论为辅。

（3）归纳途径教语法规则原则。让学生先实际掌握语言材料，再从他们积累的感性语言材料中总结出语法规则，用以指导以后的学习。

（4）以口语为基础原则。先口头实际掌握语言，然后再学习文字符号的识记和书写。

语言学家及心理学家认为：

（1）语言是一种熟能生巧的技能或习惯，习惯的养成主要靠大量的重复练习和模仿。

（2）语言是一种技艺，而不是科学。精通一项技艺，全在于刻苦多练，如学游泳。使用直接法进行外语教学的途径一般为言语—语言—言语。也就是说，从用外语进行听说读写四种言语活动入手，从学习言语的单位——句子开始，实际掌握外语，然后再通过归纳途径，学习一些语言理论知识，用以进一步指导今后的语言实践，即语言的实际使用，也就是言语。采用此法的教师要在一定程度上实际掌握外语，并领会直接法的实质。所任课班级的人数以 20 人为宜，人数太多影响教学效果。课时要充足，最好每天都有让学生接触外语的机会。

直接法有以下几点不足：

（1）在外语教学中偏重经验、感性认识，而对人的自觉性估计不足。

（2）对母语在外语教学中的作用，只看到消极的一面，不善于利用，一味排斥。

（3）在中小学外语教学条件下，偏重掌握语言，而对发展智能方面则注意不够。

（4）使用这种方法培养学习，实际掌握外语（特别是口语）虽然一般不错，可是文学修养浅薄，对许多语言现象知其然而不知其所以然，对难度大、结构复杂的语句只能凭语感猜测，不免出错。

直接法的优点是：

（1）采用各种直观教具，广泛运用接近实际生活的教学方式，激发学生的学习兴趣，使学生积极参与课堂教学活动。

（2）有利于培养学生的语音语调，特别是在培养学生的活动能力方面效果明显。

（3）强调直接学习和应用外语，促进学生使用所学语言在课内外广泛开展交际。

（4）注重实践练习，培养语言习惯。

（5）为外语学习提供了一种生动活泼的学习方法。

直接法比较适合于以纯实用为目的的外语训练班。在外语专业的打基础阶段，特别是入门阶段，也比较有效。直接法在外语教学法史上起到积极的促进作用，它的语法翻译法是教学史上的一大进步，并成为以后教学法现代改革派的发端。

2. 翻译法

翻译法最早是在欧洲用来教授古典语言希腊语和拉丁语的外语教学方法。到18、19世纪，英语、法语兴起，学校开始开设英语、法语等现代语言课程。由于找不到新的教学方法，语言教学就自然沿用教授希腊语、拉丁语等古典语的翻译法。

翻译法最简单的定义是：用母语教授外语的一种方法。它的特点是：在外语教学过程中母语与所学外语经常并用。例如：老师说“apple”，学生马上说出“苹果”。

翻译法是外语教学的原始方法，它是历史的产物，它的产生是外语教学发展的必然。它培养了大批符合当时社会需要、掌握一定外语能力的人才。

翻译法在外语教学法方面的主要成就包括：

（1）创建了外语教学中利用母语的理论，在教学实践中把翻译既当成教学目的，又当成教学手段。

（2）主张讲授语法知识，重视理性，注意磨炼学生的智慧，强调在教学中发展学生的智力。

（3）主张通过阅读外语名著学习外语，进而培养学生阅读外语的能力。

翻译法遵循的教学基础原则包括：

（1）语音、语法、词汇教学相结合。

（2）阅读领先，着重培养阅读与翻译能力，兼顾听说训练。

（3）以语法为主，在语法理论指导下读译课文。

（4）依靠母语，把翻译既当成教学手段，又当作教学目的。

在课堂教学中，使用翻译法教学的教师，不必有流畅的外语口语，一般只要按照课文逐词逐句地进行翻译讲解，用母语解释清楚所学语言的准确意思即可。课堂教学过程比较好控制，选择对学生进行测试方法也比较容易。

用这种方法训练学生的弱点是：学生外语口语表达能力弱，语音语调较差。虽然学生学了大量的语法规则，但是只要用于实践，如写作、口头交谈，便会频频出现错误。不难看出翻译法的缺点是：

（1）未能恰当地发挥母语在外语教学中的积极作用，过分强调语言知识的传授，忽视语言技能的培养，语音、语法、词汇与课文的阅读教学脱节。

（2）过分强调用翻译法进行教学，容易养成学生在使用外语时依靠翻译的习惯，不利于培养学生用外语进行交际的能力。

（3）强调死记硬背，教学方式单一，课堂教学气氛沉闷，不易引起学生的兴趣。

翻译法的优点是：

（1）在外语教学中利用文法，利用学生的理解力，以提高外语教学效果。

（2）重视阅读、翻译能力的培养，重视语法知识的传授以及对学生智慧的磨炼。

（3）使用方便。只要教师掌握了外语基本知识，就可以拿着外语课本教外语，不需要什么教具和设备。

（4）在外语教学里创建了翻译的教学形式，对建立外语教学法体系做出了重大贡献。

随着科学的进步，教学经验的不断丰富，翻译法吸取了其他教学法的一些优点，不断修正和完善自己，在以阅读为主的情况下，兼顾听说和写作能力的培养，因而教学形式也变得多样，方法较为灵活，活跃了课堂教学。

3. 听说法

听说法于20世纪40~60年代盛行于美国。二战爆发后，美国需要派大量的士兵出国作战，士兵们需要掌握所去国家的语言，政府临时抽调语言学专家以及有经验的外语教师成立了外语训练中心，研究外语速成教学方法，以6~8个月为一期，培训士兵，其训练方法就是听和说，听说法就这样产生了。听说法吸收了直接法的许多优点，又受结构主义语言学和行为主义心理学影响，认为外语学习是习惯的形成，采取模仿机械练习和记忆的方法强化学生的反应；课堂上学生做大量的句型操练，不考虑意思和语境。

听说法具有如下特点：

（1）重视听说，兼顾读写。语言，首先是有声的，书面语只是记录语言声音的符号，所以口语是第一性的，文字是第二性的。听说练好了，有利于读写能力的培养。因此，学习外语首先要掌握听说，在学习语言的初级阶段尤应如此。语言材料首先要经过耳听、口说，然后再进行读写。要严格地按照听说读写的顺序教学，没听的不说，没说的不读，没读的不写。

（2）强调变换操练，反复实践，养成语言习惯。听说法强调语言学习要靠大量的“刺激—反应—强化”的反复操练，通过模仿、记忆、重复、交谈等实践练习，形成自动化的习惯。听说法还主张从一开始就让学生确切地理解、准确地模仿、正确地表达，尽量避免错误，发现错误及时纠正，以避免错误形成习惯。

（3）以句型为中心。句型是从无数句子中归纳出来的一定数量的句子模式。句型是表情达意的基本单位，也是外语教学的中心。在外语教学中，教材的安排、知识的讲授、技能的操练主要是通过句型教学进行的，通过句型操练发展综合运用语言的能力。句型的教学顺序主要是通过母语与外语结构的对比，采用由易到难进行训练的方法，这有利于对重点句型和复杂句型的掌握。

听说法的基本原则表现在以下7个方面：

（1）听说领先。注重口语，听说领先、听说是一切言语活动的基础，口语是第一位的，读写是在听说的基础上派生出来的。初级阶段先练口语，以培养口语能力为主，以读写为辅。

（2）反复操练，用模仿、重复、记忆的方法去反复实践，形成自动化的习惯。

（3）以句型为中心。句型是语言教学的基础，也是外语教学的中心，通过句型操练，能自动化地运用每一个句型，掌握目的语。

（4）排斥或限制使用母语和翻译，尽量用直观手段或借助情境、语境，直接用目的语理解和表达。

（5）对比语言结构，确定教学难点，把外语教学的主要力量放在攻克难点上。语言结构对比包括母语同目的语结构的对比分析和目的语结构内部的对比分析。

（6）能及时、严格地纠正学习者出现的错误，培养学习者正确的语言习惯。

（7）广泛利用现代化教学技术手段，如幻灯、录音、电影、电视等，通过多种途径进行强化刺激。

听说法具有如下优点：

（1）以口语为中心，以培养听说能力为主。

（2）强调句型的训练，创造了一套通过句型操练进行听说读写的基本训练方法。

（3）限制使用母语，但不排斥母语的作用。

（4）通过母语和外语对比确立教学重点和难点。

（5）运用现代化视听手段进行教学。

听说法具有如下缺点：

听说法过分重视机械性训练，忽视语言规则的指导作用，过分强调机械性的句型操练，脱离语言内容和社会场景，忽视语言内容和意义，不利于培养学生运用语言恰当地交际的能力。有些学生能把句型背得滚瓜烂熟，但在交际场合不会运用，或用得不恰当。而且机械性的语言操练比较单调，容易使学生感到枯燥乏味，造成课堂气氛沉闷。

4. 情境法

情境法吸取了直接法和听说法的许多优点，充分利用幻灯机、录音机、投影仪、电影和录像等视听教具，让学生边看边听边说，身临其境地学习外语，把看到的情境和听到的声音自然地联系起来，强调通过情境操练句型，在教学中只允许使用目的语。

纵观现代外语教学法的主要流派，可以看出情境教学的运用和发展。19 世纪 90 年代出现在德国、法国的直接法主张用实物、动作来培养外语思维能力。20 世纪 50 年代产生在法国的情境法主张广泛利用幻灯、电影等手段来进行外语教学。20 世纪 60 年代产生在美国的认知法也要求广泛运用电化教具创设视听情境，组织听说操练，促使外语教学意义化、情境化和交际化。20 世纪 70 年代初产生的功能法（交际法）认为语言交际活动总是在特定的情境中进行和完成的。1997 年，由美国克拉中和泰勒倡导的习得、监控理论的自然法，主张在此时此地的情境中进行交际。20 世纪 80 年代中期，Long、Cookes、Wiuis 和 Nunan 提出的任务型教学法也要求在尽可能真实的情境中完成学习语言的任务。

情境法的优点是：

（1）情境的创设能够加速外语与事物的联系，有助于学生理解所学语言。

（2）重视整体结构的对话教学，使得课堂变得生动活泼，学生对话自然，表达准确。

情境法的缺点是：

（1）完全排除母语，不利于对语言材料的彻底理解。

（2）过分强调整体结构感知，使学生对语言项目缺乏清楚的认识。

把情境法运用到英语语法教学当中是语法教学过程中的一个新突破。它使抽象的语法教学具体化，使条条框框的语法规则形象化，使枯燥的语法课生动化，因此必将把语法教学带入一个新境界。

5. 交际法

交际法是20世纪70年代根据语言学家海姆斯（Hymes）和韩礼德（Halliday）的理论形成的，是全世界影响较大的外语教学法流派。交际学派认为，语言教学的目的是培养学生使用目的语进行交际的能力，语言教学的内容不仅要包括语言结构，还要包括表达各种意念和功能的常用语句。交际法重视培养学生的语言能力，采用真实、地道的语言材料，主张采用句型加情境来学习语言，鼓励学生多多接触和使用外语。

越来越多的语言教师认识到，外语教学的过程就是语言交际能力的习得过程，学生在交际中不断地掌握语言技能、语言知识以及异邦文化的特点。在用交际法进行教学的过程中，首先，课堂教学活动应是任务型的。要让学生的注意力主要放在怎样利用语言作为媒体实现交际目的、完成交际任务上，而不只是关心自己所说句子的结构是否完全正确。其次，在选择和设计课堂交际活动时，要让参与交际的双方存在信息沟。也就是说，双方都不知道各自所拥有的信息，以使交际活动更真实。

交际法旨在发展学习者的交际能力，以有别于那种纯粹的“语言”能力。交际法的特点是将语言的结构与功能结合起来进行交际教学。它要求我们不仅要培养学生听、说、读、写等方面的语言技能，还要教他们将这些语言技能灵活地运用到英语交际中去。

交际法遵循的教学基础原则是：

（1）强调学生的主动性和相互作用，而不只是以教师为中心，最大限度地保证学生的练习时间和练习量。

（2）使用的教材需要反映语言应用的广度。

（3）课堂采用的程序要有利于学生间的相互交流，如教室的布局要适合成对儿或小组活动。

（4）课堂教学应体现以任务为中心，而不是以练习为中心。

交际法的根本点是，它采取的一套方法能促使语言学习者用正在学习的语言来进行语言活动，这些活动是有目的性、有交际意义的。教学要为用语言进行有效实践创造条件，要把学习手段与其最终目的——交际目的和掌握运用语言的能力——紧密结合起来。

交际法的优点是：

（1）注意语言的运用能力，培养学生学以致用的意识。

（2）有利于激发学生的学习兴趣、钻研精神和自学能力。

（3）强调学生的主动性和相互作用。

（4）交际法仅传授有关而且必需的语言，比那些试图教给学生整个语言体系的方法更节省时间和精力。

（5）从长远的观点看，交际法教给学生的是实际生活中应用语言的适当技巧，因为它是建立在与这些实际用法十分接近的基础上的。

交际法存在的问题是：

（1）以功能为主编写教材，打乱语法本身的系统，增加了学习语法的难度。

（2）在起始阶段，交际法让习惯于其他方法的学生感到困惑。

（3）同一功能可用多种形式表达，如何选择和取舍，没有客观标准。

（4）交际法比提到的其他方法更难评估和测试。

（5）交际法看上去与传统方法相悖，因此它容易遭到反对，尤其是遭到年长的教师和学习者的反对。

交际法还存在潜在的问题：交际法对教师的专业培训和能力有更高的要求。教师主导地位的减弱并不等于不再发挥作用。在备课方面和纯专业技能方面，对于如何把握时机和方法加以有效地干预，交际法要求教师具备更强的能力和适应性。教师还必须在外语方面具有极强的能力。另外，交际法不对教师提供使用教材的安全感。如果采用比较传统的方法，教师只要按照教材提供的规定进行讲解就足够了。而在交际法中，教师有必要选择、改写和自编自己所用的教材。

6. 任务型教学法

任务型教学是指教师通过引导语言学习者在课堂上完成任务来进行的教学。这是20世纪80年代兴起的一种强调“在做中学”的语言教学方法，是交际教学法的发展，在世界语言教育界引起了人们的广泛注意。近年来，这种“用语言做事”的教学理论逐渐引入我国的基础英语课堂教学。

该理论认为，掌握语言大多是在活动中使用语言的结果，而不是单纯训练语言技能和学习语言知识的结果。在教学活动中，教师应当围绕特定的交际和语言项目，设计出具体的、可操作的任务，学生通过表达、沟通、交涉、解释、询问等语言活动形式来完成任务，以达到学习和掌握语言的目的。任务型教学法是吸收以往多种教学法的优点而形成的，它和其他教学法并不互相排斥。

任务型教学法具有如下原则：

（1）真实性原则。此原则是指在任务设计中，任务所使用的输入材料应来源于真实的生活。同时，履行任务的情境以及具体活动应尽量贴近真实的生活。当然，“真实”只是一个相对概念，任务设计的真实性原则也不完全反对非真实语言材料出现在课堂任务中，但有一点是肯定的，就是要尽量创造真实或接近于真实的环境，让学生尽可能多地接触和加工真实的语言信息，使他们在课堂上使用的语言和技能在实际生活中同样能得到有效应用。

（2）形式 / 功能原则。传统语言练习的最大不足之处便是语言脱离语境，脱离功能，学生可能知道不同的语言形式，但不能以这些形式得体地表达意义和功能。形式 / 功能原则就是在真实性原则的基础上，将语言形式和功能的关系明确化，让学习者在任务履行中充分感受语言形式和功能的关系以及语言与语境的关系，增强对语言得体性的理解。

（3）连贯性原则。这一原则涉及任务与任务之间的关系，以及任务在课堂上的实施步骤和程序，即怎样使设计的任务在实施过程中达到教学上和逻辑上的连贯与流畅。任务型教学并非指一堂课中穿插了一两个活动，也并不指一系列活动在课堂上毫无关联地堆积。任务型教学是指教学通过一组或一系列任务的履行来完成或达到教学目标。在任务型教学中，一堂课的若干任务或一个任务的若干子任务应相互关联、具有统一的教学目的或目标指向，同时在内容上相互衔接。

（4）可操作性原则。在任务设计中，应考虑到它在课堂环境中的可操作性问题，应尽量避免那些环节过多、程序过于复杂的课堂任务。必要时，教师要为学生提供任务履行或操作的模式。

（5）实用性原则。任务的设计不能仅注重形式而不考虑它的效果。课堂任务总是服务于教学的，因此在任务设计中，要避免为任务而设计任务。任务设计者要尽可能为学生的个体活动创造条件，利用有限的时间和空间，最大限度地为学生提供交流的机会，达到预期的教学目的。

（6）趣味性原则。任务型教学法的优点之一便是通过有趣的课堂交际活动有效地激发学习者的学习动机，使他们主动参与学习。因此，在任务设计中，很重要的一点便是考虑任务的趣味性。机械的、反复重复的任务类型可能使学生失去参与任务的兴趣，因而任务的形式应多样化。需要注意的是，任务的趣味性除了来自任务本身之外，还可来自多个方面，如多人的参与、多向的交流和互动，任务履行中的人际交往、情感交流，解决问题或完成任务后的兴奋感、成就感等。

任务型教学法的优点是：

（1）完成多种多样的任务活动，有助于激发学生的学习兴趣。

（2）在完成任务的过程中，将语言知识和语言技能结合起来，有助于培养学生综合的语言运用能力。

（3）促进学生积极参与语言交流活动，启发想象力和创造性思维，有利于发挥学生的主体性作用。

（4）在任务型教学中有大量的小组或双人活动，每个人都有自己的任务要完成，可以更好地面向全体学生进行教学。

（5）活动内容涉及面广，信息量大，有助于拓宽学生的知识面。

（6）在活动中学习知识，培养人际交往、思考、决策和应变能力，有利于学生的全面发展。

（7）在任务型教学活动中，在教师的启发下，每个学生都有独立思考、积极参与的机会，易于保持学习的积极性，养成良好的学习习惯，帮助学生获得终身学习的能力。

任务型教学法的缺点是：

（1）课堂效率低，难以保证大班课堂教学任务的完成。

（2）课堂的组织和任务的设计与实施过分依赖教师的教学能力和教学水平，故在目前来说，难以保证大面积的教学质量的提升。

（3）课堂中学生的个体活动难以有效监督和控制，反馈效率低。

二、当代英语的文化教学方法

随着教学目标对文化越来越重视，我国的大学英语教学也在进行不断改进。其中，常见的文化教学方法有如下几种：

1. 显性文化教学法

（1）显性文化教学法的特征。

第二次世界大战之后，外语教学受到了人类学和社会学的影响，文化教学也不例外。

（2）显性文化教学法的优势。

显性文化教学法是培养跨文化交际能力的基础。多数学生是在汉语的环境下学习外语的，因此显性文化教学法省时、高效的优点是显而易见的。而且，这些相对独立于语言教学之外的自成体系的文化知识材料可以很方便地供学生随时自学。

（3）显性文化教学法的缺陷。

学习者始终扮演着被动的、接受的角色，与目的语文化之间构成一种静态的关系，这忽略了学习者实际面临异文化时的主观认识、思维过程和行为能力，忽略了学习者自己进行文化探究的能力和学习策略。

（4）显性文化教学法的运用。

中国对显性文化教学法的运用大致可以分为两种模式：一种是在语言课程之外开设专门的文化课程，另一种是在语言课程中“导入”与“语言点”相对的“文化点”。

2. 隐性文化教学法

（1）隐性文化教学法的理论基础。

诞生于欧洲并迅速盛行全球的“交际教学法”给外语教育中的文化教学带来了新思路。海姆斯的“交际能力”概念的提出，进一步加强了外语教学必须教授外国文化的思想。

威尔金斯以语言学习者的交际需求作为出发点提出的意念大纲对交际教学法产生了深远的影响。意念大纲不只注重语言形式，还注重语言的交际功能，认为语言内容必须置于一定的社会文化背景下才有意义。这种从语言形式向语言内容的转变使语言教学的主要目标由用法转向了使用，也促进了文化教学与语言教学的自然结合。

专门用途英语（ESP）也是基于语言学习者的交际需求应运而生的，它也是交际教学法的一个重要组成部分。专门用途英语考虑学习者个人具体的学习需求，随之发展起来的是学习者需求分析、各种水平的个人学习材料、分级语言测试等，以适应各种情况的学习者。专门用途英语清晰明白的“实用目的”为文化教学开拓了一个重要的思路，使外国文化的学习从文化全貌缩小到科技、商务等某些领域。

（2）隐性文化教学法的优势。

隐性文化教学法的优势主要体现在以下四个方面：

①注重语言的社会功能和交际功能的培养，使语言教学与文化教学真正有机地结合起来。

②提倡“通过实践来学习”似乎可以填补如何教授外国文化的隐形内涵这一空白，尤其是隐含在语言使用中的文化知识和话语规则。

③课堂的各种交际活动为学习者提供了一个认识和感知异文化的机会，并注重学习者自主探究异文化的主观能动性和思维的过程。

④关注学习者个体的交际需求能够更加有的放矢地定义课堂文化教学的内容，在有限的课堂时间内最大限度地提高文化教学的有效性。

（3）隐性文化教学法的缺陷。

隐性文化教学法的缺陷主要包括两个方面：

①无法满足语言学习者的交际需求的文学变得不再像以前那么流行了。

②缺乏系统性。

（4）隐性文化教学法的实践运用。

由于隐性文化教学法是与语言学习融合在一起的，因此在英语课堂教学中的应用也比较普遍。

比如，在学习“Would you like something to eat/drink?”这一句型时，教师引导学生思考：在我们日常生活中，我们会推托或谦让一番，而在英语中，我们只需说“Yes，Please.”或“No，thanks.”就可以了。

3．文化旁白教学法

文化旁白教学法是教师在课堂上最常用的方法。一般来说，教材所选的课文都有特定的文化背景，可以是作者背景，也可以是内容背景或者时代背景。如果学生不了解或缺乏相关的背景知识，就会影响他们对文章的正确理解，也就不能对阅读理解的问题做出准确的推理和判断。

例如：在《21世纪大学英语》第一册第十单元的Cloning：Good Science of，Bad Idea中有一句话："Faster than you can say Frankenstein,these accomplishments, triggered a worldwide debate."（不等你说出弗兰克斯坦，这些成果就已经引发了世界范围的大辩论）初读这样的句子，如果没有相关的文化背景，学生很难理解它的内涵和社会意义。因此，教师在讲授时，要以文化旁白的形式进行文化背景介绍。这里需要进行介绍的主要内容包括以下三点：

（1）"Faster than you can say Frankenstein" 源于英语成语 "before you can say Jack Rob in son"，意为"开口讲话之前"。

（2）Frankenstein是英国女作家Mary.W.Shelley同名科幻小说中的主人公，是一个创造怪物而最终被它毁灭的年轻医学研究者。

（3）提及此人物有其社会意义，它能使读者将克隆技术与小说情节联系在一起，表达出作者担心克隆技术会使人类作茧自缚、玩火自焚的心情，这种担心又与世界上已经掀起的大辩论不谋而合。了解这些文化背景之后，学生就能轻松地理解文章了。

文化旁白除了教师的解说以外，还可以借助图片或实物等实现。例如：对于具有特定文化蕴涵的词汇，用语言讲解有时候未必能让学生明白。利用图片，加上旁白，或放映一段影片，既能吸引学生的注意力，又有助于丰富学生的感性认识，促进理解。例如：当涉及美国历史上的"西进运动"时，会有很多描写西部边疆恶劣自然环境的词汇，如frontier，Death alley，canyon，grizzly bear等，这些词汇的文化蕴涵是中国学生比较陌生的，这时教师就可以借助相关图片，辅以简单的文字介绍，让学生很快明白这些词汇的含义，同时有助于理解拓荒精神的含义。

在听力教学中也可随时引入文化旁白。在听力理解的过程中，听者的社会文化背景知识与语用学知识和语言方面的知识同样重要，如果缺乏对中西文化差异的了解，就会影响对话语深层次内容的理解。

4. 外国文学作品的鉴赏法

这种方式是指在教师的指导下，对文学作品进行多角度的剖析，了解人物的情感和不同文化背景人物间的交流和文化冲突。

5. 角色扮演教学法

角色扮演教学法可以利用微型戏剧的表演模式。微型戏剧一般只包括3~5幕，每一幕都有1个或2个反映文化冲突的典型事例。让学生通过观察体验剧幕情景，亲历文化休克、困惑和尴尬的情境，寻找造成交际障碍和文化冲突的原因。在设计角色扮演的脚本时要注意，脚本应该清楚简洁，具有趣味性和戏剧的张力，而且结局最好是开放式的，语言尽量采用日常生活、工作或社交场景中使用的语言。

角色扮演活动中真正的表演时间一般只有5~7分钟，而准备的时间通常很长，有时可以达到一个小时。角色扮演的主题可以是与来自其他文化的人第一次见面、进行国际谈判、在某一个你不熟悉的文化场景中拒绝别人等。

角色扮演的实施过程如下：

（1）向学生说明角色扮演的目的是使他们练习使用某一策略，鼓励他们尝试新活动；向学生介绍角色扮演发生的情境。

（2）确定参演的学生，给参与的学生提供背景知识，让他们有足够的时间做准备。参与的学生既可以是老师指定，也可以是学生自荐。老师最后还要指导参与表演的学生的准备工作。

（3）教师给观看角色扮演的学生分配学习任务，让他们协助布置表演场地。

（4）表演过程中要做笔记，记录下表演者说的内容的要点，以便之后开展讨论。

（5）表演结束后，请观看的学生思考：在相似的情境中有没有其他解决问题的方法。

（6）请学生回答一系列问题，目的在于让学生能够描述角色扮演中出现的问题，给学生思考其他策略的机会。

类似这种角色扮演的戏剧活动，能够使学生在演绎或观赏的过程中体验到一种真实的使用英语的语言环境，形成一种互动的学习氛围。在这样的活动中，既培养了学生语言的流利感，同时，这种双向的、即时的、应景的语言输入与输出，保证了语言习得过程的真实性与有效性，使得语言学习与文化活动相结合，体现了语言学习的实用性。

6. 文化感受法

文化感受法是指在给学生补充外语文化内容的同时，对两种不同文化进行对比，从而培养学生对母语文化和外语文化差异性和相关性的认识。

随着英语教学的发展，还会有新的文化教学方法不断涌现。教师在课堂教学的过程中，要结合学生的实际情况和教学内容选择适合自己的教学方法，真正提高学生的跨文化交际水平。

第三节　当代英语教学面临的问题与挑战

一、当代英语教学面临的主要问题

1. 教学模式被动

在实际教学过程中，教师依然是阐述的主体，是教学活动单方面的策划者和操纵者，学生只是被动地接受教案，没有真正的语言体验、训练和实践的机会，在教学中的主动性与选择性极其有限，从而导致教学双方供求不一致，不利于学生积极性的充分发挥。课堂上，多数教师仍然将教学设计的注意力集中于陈述性知识与展示性元素，且目前由于网络多媒体辅助大学英语教学的推广应用，有些教师的备课重点过于侧重电脑设备及操作软件工具的准备，反而忽略了课程内容的丰富性和课堂互动的准备，而走入另一个误区，导致教学效率低下，教学效果不理想。

2. 教学效果差

受到传统教学观念的影响和现实教学条件的限制，大多数高等院校的公共英语教学以阅读教学为重点，以语言知识的讲解为内容，以通过各种英语考试为目标，学生不能用英语进行交际，所学内容基本与将来工作缺少直接关联，不能达到学以致用。目前大学英语教学的应试倾向严重，难以培养学生的英语综合能力，教师也不知道如何培养学生的综合能力，只能沿袭传统的教学方法，基本以讲解语言知识为主，不涉及培养学生的语用能力、跨文化交际能力、自主学习能力等。

3. 教学体系不完善

多年来，中国英语教学存在严重的地区差异和发展的不平衡性，且多数大学英语教师对中学教学的实际情况了解不够，在一定程度上造成大学英语教学与高中英语教学脱节，其结果可能导致在大学阶段的教学中教师低估了学生的英语水平，课堂内容简单，满足不了学生的知识需求；或者是对学生的水平期望过高，授课内容难度大，使得学生的自信心受挫，没有成就感，因而失去学习英语的兴趣。

二、当代英语教学面临的挑战

我国高等教育的快速发展，使得当代英语教学面临严峻的挑战。

1. 改革教学模式

大学英语教学模式应遵循“双基”和“双主”原则，即以计算机和课堂为基础，以学生为主体、以教师为主导的原则。教育部颁布的《大学英语课程教学要求》规定：各高等学校应充分利用现代信息技术，采用基于计算机和课堂的英语教学模式，改进以教师讲授为主的单一教学模式。同时指出：教学模式的改变不仅是教学活动或教学手段的转变，而且是教学理念的转变，是实现从以教师为中心、单纯传授语言知识和技能的教学模式，向以学生为中心，既传授一般的语言知识与技能，又注重培养语言运用能力和自主学习能力的教学模式的转变。因此，大学英语教学的改革重点在于通过网络多媒体技术辅助课堂教学，在教学活动中发挥教师的引导作用，突出学生的主体地位，从根本上调动教师教学的积极性和学生学习的主动性，实实在在地提高课堂教学效率，从而使学生的语言能力从“应试型”转变为“应用型”，这也是现阶段摆在每位教师面前的一个非常严峻的问题。

2. 实现传统教师角色转变

大学英语教师是实施教学的执行者，但是以不同的理念为指导，采取不同的措施，会产生不同的结果。由于教学对象在变、教学环境在变、教学设施在变、教学需求在变，因此教师的教学观念必须改变。正如夏纪梅教授所说，教师的角色应该从“语言知识的灌输者”“语言点的示范者”“语法知识的测试者”“语言教材的讲解者”转变为“语言交际环境的营造者”“语言自主学习的促进者”“学生应用效果的评价者”和“学生学习潜能的挖掘者”。大学英语教师转变观念是大势所趋，我们必须尽快适应这些新教学角色。此外，教师角色的转变不仅要适应新时期大学英语教学改革的要求，而且要适应未来信息化教育的基本需要。终身学习是21世纪的生存理念，对于教师这一职业而言尤其如此。因此，教师在关注本学科专业知识的同时，要注意“相近学科的知识体系；要广泛涉猎经济、技术、文化等领域，关注自然环境和社会发展；努力掌握现代教育技术，确立应用信息技术进行教学的意识，并具有将信息技术和信息资源整合于教学的能力；掌握科学研究的一般方法和相关知识，提高自身的科研素质。

3. 完善英语教学体系

大学英语教学是在中学英语教学基础上的教学，大学阶段的英语教学应与中学英语教学合理地衔接起来，必须进一步明确每个阶段的目标和任务，将整个英语教学作为一个完整的系统工程来考虑。不管信息技术如何发达，网络资源如何丰富，教学设备如何先进，改革步伐如何加大，教师所面对的主体始终是学生，学生才是改革的参照，是提高大学英语教学效率和教学水平的出发点。因此，大学英语教师进行备课授课的首要任务应是了解学生进入大学之前的英语学习情况。当然，不同省份不同地区对学生英语学习的重视程度及教学情况参差不齐，必然会导致大学阶段同一班级学生之间英语水平差距的存在。只有清楚学生以前学过什么，才能更加合理地设计方案、调整速度，从而以最高效的方式达到目的。当前，中学英语新课程标准正在进行改革，大学英语课程教学要求也应在此基础上进行拓宽和加深。只有这样，大学阶段的英语教学才能够知己知彼，从真正意义上把教学目标定位于提高学生英语综合应用能力的培养上，将大学英语教学与专业教育紧密结合，培养学生的专业英语表达能力，使我国高等院校的毕业生真正成为不仅能够听得懂、看得懂外文资料，而且能够在本专业领域用英语进行口语和文字交流的高层次专业人才，以适应我国社会的发展和国际交流的需要。

第四章 “三教”改革与英语教学

第一节 高职英语教学理论基础与基本原则

一、高职英语教学理论基础

面对经济社会发展和高职教学改革不断深入的新挑战以及素质教育的全面推进，作为高职英语教师，必须熟知基本的外语教学理论，并充分利用好相关教学理论，对高职英语的教与学进行更深入的研究，从而推动高职英语教学改革的不断深化和教学质量的不断提高。本章主要介绍高职英语教学改革中应用比较广泛的一些英语教学基础理论。

1. 认知语言学理论

认知语言学兴起于20世纪80年代初，是认知科学与语言学相结合形成的新兴边缘学科。自20世纪90年代以来，认知语言学在中国得到快速发展并对第二语言习得和教学等领域产生广泛影响。认知语言学的主要概念和研究对象包括理想化认知模型、基本范畴、原型、图式、辐射范畴等，其中被应用于英语教学的主要有基本范畴、隐喻、相似性、图式等。

（1）基本范畴。

客观事物纷繁复杂，人们为了记忆这些事物，就必须对它们进行判断、分类和储存，这就构成了许多范畴。在同一范畴中总有一些事物能够被人类非常容易而且快速地感知，那么这一层感知的范畴就叫作基本范畴。基本范畴有如下几个特点：①其成员具有明显的能被感知的外在区别性特征。②具有快速识别的特征。③首先被认识、命名、掌握和记忆。④运用最简洁的、使用频率最高的中性词。例如：在词汇教学中，教师应当把基本范畴词汇讲授放在词汇教学的前面，然后再讲授其他范畴层次的词汇。学生在掌握了经常作为词典定义词语的基本范畴词汇以后，就能更好地学习掌握其他范畴的词汇，从而达到事半功倍的效果。

（2）隐喻认知结构

莱考夫和约翰森认为，隐喻不仅是一种语言现象和语言的修辞手段，而且是一种思维方式和隐喻概念体系，是人们用一种事物来认识、理解、思考和表达另一种事物的认知思维方式之一。人的思维的基本特征就是隐喻，人们的概念系统在很大程度上也是以隐喻的方式构建的。词语的隐喻意义有两种：一种是在生活中顺应需要而灵活运用产生的，另一种是在语言中已被人们接受的约定俗成的隐喻意义。例如：在词汇教学中，强化隐喻思维有利于学生透过英语语言的表层形式理解思维模式，将某些似乎不相关联的词语与其反映的内在概念联系起来，最终理解并掌握语言形式背后的概念。

（3）图式理论。

约翰森将意象图式定义为通过感知的相互作用和运动程序获得的对事物经验给以连贯和结构的循环出现的动态模式。所谓“图式”，是指每个人过去已经获得的知识在头脑中储存的方式，是大脑对过去经验的反映或积极组织，是学习者储存在记忆中的已有信息对新信息发生作用，并将这些新信息加工储存到学习者大脑的整个过程，当图式的空当被学习者新接收的具体信息填充时，图式便实现了。

（4）距离相似性。

距离相似性是指概念距离越小，则语言形式上的距离就更为接近。其认知基础是邻近的概念与相关的思想较为容易被激活，也就更容易被放在一起处理。距离相似性原则对英语学习具有重要的实践指导意义，不仅可以帮助学习者理解一些语法知识，还能指导学习者更得体、更礼貌地使用语言，从而达到有效交际的目的。

对语言符号相似性的研究由来已久，最早是哲学家和符号学家对此感兴趣。美国哲学家皮尔斯提出了符号三分法，将符号分成相似符、标志符和象征符，对相似性的研究做出了重大贡献。功能主义语言学家海曼则对语言符号相似性做了更为系统、详尽的研究。他把语言结构的相似性分成两大类：成分相似与关系相似。前者指语言成分与人类的经验成分相似，也就是形式与意义相对应；后者指语言结构内部不同成分之间的关系与人类经验结构成分之间的关系相对应。我国学者王寅将距离相似性定义为：语符距离相似于概念距离。概念距离相近，同属于一个义群或语义场，在思维时就容易将它们放在一起思考，它们共现的可能性就较大，表达时语符间的距离也往往靠得近。

学习英语不但要学习语言知识，还要学会如何使用这门语言达到交际目的。英语语言交际中的距离相似性能够反映其对语言交际的重要原则——得体性，与礼貌程度所产生的影响。

①语言得体性与礼貌原则。

语言的得体性是一种社会群体的文化心理的价值评价，是交际中必须遵守的最高原则。语言的得体性中体现着距离相似性，说话人越客气，使用的语言结构越复杂，信息量越大，说话人和听话人之间的社会距离也就越大。

②距离相似性对得体性和礼貌程度的影响。

根据距离相似性原则，认知或概念上相接近的事物，其语言形式在时间和空间上也相接近，即概念之间的距离跟语言成分之间的距离相对应。比如，在日常会话中有一条普遍的语用规则：客气意味着距离。说话者越客气，则使用的语言单位越多，信息越多，社会距离就越大。另外，在生活中，我们经常会使用模糊限制语，使用模糊限制语之后，语言单位变长，话语信息量变大，无形中体现出交际双方的距离的扩大。然而，在语言的具体使用过程中，要充分考虑交际的生成语境。关系越密切，社会距离缩小，话语越简短。语言的相似性揭示了人类的普遍认知规律和语言内部结构之间的关系。

2. 结构主义语言学理论

（1）美国结构主义语言学。

美国语言学家通过对没有文字形式的美洲印第安人的口头语言进行研究，创立了美国结构主义语言学。首先，美国语言学家试图用语言符号（如国际音标）将美洲印第安人口述的内容如实地记录下来；接着，语言学家对收集到的口语样本进行分析，并且研究它们的结构和特征；随后，美国结构主义语言学家用“描写”方法对英语及其他印欧语系的语言展开了一系列研究。

美国结构主义语言学家认为，语言是将一个意义编成语码的系统。语言的系统由与结构相关的音位、词素、单词、结构和句型等组成。语言系统主要涉及音位系统、词素系统和句法系统。

①音位系统，主要描述音位、音位变体、音位组合的规则，并且描述连贯话语中的语音现象，如同化、省音、音的弱化、音的连读、重音和语调等。

②词素系统，主要描述词素、词素变体、自由词素和黏着词素等成分和结构。

③句法系统，主要描述词的分类、短语、直接成分和句型。

在分析和研究语言的过程中，美国结构主义语言学家还发现语言有着独特的结构，不同的语言具有不同的音位系统、词素系统和句法系统，不同的语言在音位系统、词素系统和句法系统中的成分、结构均不相同。基于语言的差异性，美国结构主义语言学家指出，在学习外语时，母语会干扰和影响外语学习。当外语结构与母语结构不同时，就会出现学习困难和错误。如果母语与外语具有相同的结构，学习就不容易出现困难。因此，在英语教学中，教师应该努力分析并解决两种语言结构上的差异问题。

（2）英国结构主义语言学。

对语言结构，尤其是句型结构研究获得显著成果的当属英国语言学家。帕尔默、霍恩比等都是英国结构主义语言学的主要代表，他们从20世纪20年代开始共同分析、总结主要的英语语法结构，并将它们归纳成一定的句型。

英国结构主义语言学家的研究更加注重语言结构和结构使用情景之间的关系，这与美国结构主义语言学家研究的内容完全不同。20世纪40年代，英国出现了结构主义伦敦学派，其代表有马林诺夫斯基和弗斯。马林诺夫斯基认为，将“语境”看成语言活动的自然环境。在马林诺夫斯基研究成果的基础上，弗斯指出，必须在不同的语境下对语言各个层面进行研究。他还指出，“语境”有三个特点：参与者的特点、相关目的和语言行为的效果。

3. 建构主义理论

（1）建构主义理论的形成。

建构主义理论起源于德国哲学家康德的理性主义与经验主义，两者相结合产生的思想成为建构主义教学理论的根基，该思想认为，我们的一切知识都是从经验开始的。

建构主义理论研究者皮亚杰从心理学角度出发提出的儿童认知心理发展观成为建构主义的理论基础。他认为学习的基本原理就是发现，在重新发现中构成理解，认知是经过主体与客体之间的有效不间断地相互作用构建形成的。而对于学习来说，对知识的认知是通过学生与环境的相互作用的构建过程产生的，主要包括同化与顺应两个基本过程。同化与顺应使认知个体与周围环境处于不断的“平衡—不平衡—平衡”的循环中，并逐渐丰富、发展，以此构建起认知结构。

心理学家、教育学家布鲁纳认为，学习是一种积极的知识构建过程，该过程是将旧知识构建为新思想或概念，以此往复循环。他强调教学更重要的是引导学生形成自己的学习经验，并培养必要的学习能力，以此依靠旧的经验来创造新的经验。布鲁纳的教学、学习思想深深地影响了建构主义教学理论的发展，推动了该理论的不断完善、进步。

俄国心理学家维果茨基将自己的心理研究的发现运用到建构主义学习理论的教学发展中，丰富与发展了建构主义理论。他强调社会环境在知识构建中的关键作用，学生的个人活动是教育的基础过程，引导和调节是教育艺术的基本原则，而环境是由教师来组织的，教师起着杠杆、管理核心的作用。维果茨基的“最近发展区”理论是他对构建主义理论的最大贡献，最近发展区是指比儿童现有知识技能略高出一个层次，经他人协助后可达到的水平。儿童与成人或能力强于自己的同伴交往是他进入下一个发展区的最好的办法。针对教学过程来说，学生在某一学习阶段遇到困难或障碍时，经过教师的帮助可以越过障碍，从而达到一个新的学习阶段，并创造新的最近发展区。

哲学家、心理学家及教育学家的研究及其成果为建构主义理论发展的产生及最后完整理论框架构建做出了重要贡献，也为建构主义理论在教学中的应用奠定了基础。

（2）建构主义理论的基本思想。

建构主义理论的内容是十分丰富的，其中心思想是：以学生为中心，学生主动探索、发现以及构建知识体系。

①建构主义的知识观。建构主义理论将知识看作对世界的一种解释与

假设，认为知识是建立在学习者经验的基础之上，并不断根据实体情景逐渐构建起来的。对于教学来说，学生在不断积累经验的基础上，对知识的认识不断完善，最终完成自己对知识的意义建构，将知识消化、内化。建构主义强调学生在学习环境中的主体性以及主动性，在整个过程中，学习者是组织、控制以及评价者，而学习者内在知识的构建也是整个过程的最终目的。因此，教学的核心应该是如何构建有利于学习者知识构建的教学环境，还有如何促进学习者内在的知识构建，充分发挥主动性、主体性特征，形成“自下而上”的教学模式。

②建构主义的学习观。以“知识观”为基础的建构主义学习观强调学习主体是学生的思想，并指出在整个教学过程中，学生应该从被动接受知识转换为主动学习知识，利用自己的经验知识将外部环境知识与内在主体情景相互融合，完成从“传递知识过程”向“构建知识过程”的转换，学习实质是依靠同化与顺应两种途径将被动接受转化为主动吸收的知识积累、构建的过程。一方面，建构知识的过程是新知识与原有知识相互联系、融合以及创造的过程，过程的结果是得到新知识的意义，并转化为主体内在知识结构中的一个要素，完成同化过程；另一方面，由于新知识的进入，原有的知识结构体系中的一些元素受到影响而发生一定的调整或变动，从而实现顺化。建构主义强调，情境、协作、会话和意义建构是知识建构的四大要素。情境，学习环境中的情境必须有利于学生对所学内容的意义建构。协作，协作发生在学习过程的始终。会话，学习小组成员之间必须通过会话商讨来完成规定的学习任务的计划，会话是达到意义建构的重要手段之一。意义建构，这是整个学习过程的最终目标，所要建构的意义是指事物的性质、规律以及事物之间的内在联系。

③建构主义的师生角色定位。建构主义学习理论摒弃了“以教师、书本为中心”的教学思想，而以主体性为核心，在学习情境下，学习者利用双向互动过程完成内在已有经验知识与外部环境知识的相互转化、融合及

改造工作。教师的角色是学生构建知识体系的指导者，也是环境的构建者，同样是知识在学习主体与环境间构建起来的连接者。学生的角色是主动地融入建构主义的学习环境中，分享、交流以及吸收新知识经验，主动地构建自己新的知识体系框架。

④建构主义的学习环境。学习环境是学习主体与外界客体进行知识交流、完成知识经验构建的中介因素，对建构主义学习者知识经验的积累与构建起着重要作用。因此，为了更好地发挥建构主义理论学习环境的促进作用，整个环境中应包括教材媒体、教学资料、计算机辅助教学等基础的教学信息资源。所有信息资源都是以有利于学生自主学习而提供的，整个环境必然是为有助于合作式探索而构建的。

⑤形成性评价。美国教育家、心理学家布卢姆认为，形成性评价就是对课程编制、教学以及学习三个过程进行评价，其最终目的是逐步完成三个过程的改进。他还指出，形成性评价除了对过程进行评价改进外，另一目的是帮助学生集中于自己内在知识体系的构建，提高对学习认知完成的主动性、创造性以及与外界环境的交互性。对学生学习过程做到关注、重视并给予合理的评价，才能真正有的放矢地引导学生注重对知识、技能的学习与构建。

（3）建构主义主要教学方法。

建构主义提倡的教学方法主要有：随机进入教学、支架式教学、抛锚式教学等。随机进入教学是指学习者可以随机通过不同途径、不同形式进入相同教学内容的学习，从而获得对同一事物或同一问题的多方面的认识与理解。支架式教学是指教学要为学习者搭建有助于知识理解的概念框架，这些概念是学习者对问题做进一步理解所需要的。因此，教师事先应该适当分解复杂的学习任务，引导学习者逐步深入。支架式教学由搭脚手架、进入情境、独立探索、协作学习、效果评价几个环节组成。抛锚式教学也称为“实例式教学”或“给予问题的教学”，是指以具有感染力和代表性的案例使学生对事物的性质、规律及与其他事物的联系达到深刻的理解。抛锚式教学有创设情境、确定问题（“抛锚”）、随机进入学习、思维发展训练、小组协助学习、学习效果评价等环节。

4. 二语习得理论

20世纪60年代，第二语言习得理论产生，但其真正成为一门成熟的学科是在20世纪70年代。第二语言习得理论也称为“二语习得理论”，对该理论做出重大贡献的典型代表是美国南加州大学语言学系教授克拉申。20世纪70年代以来，学者们从不同角度采用多种研究方法对二语习得开展了研究。有些研究侧重于描述，有些研究主要是假设，还有些研究采用实验的方法。经过几十年的发展，二语习得已经成为一门有相当规模的独立学科，研究内容涉及语言学习者的内在特征（如中介语的发展规律、动机、情感因素等）、语言学习者的外在表现（如语言输出、交际策略、学习策略等）以及语言学习环境（如语言输入、纠错、应对等外在因素）等。第二语言多侧面、多方法的研究格局以及与心理学、计算机科学等其他学科相结合的跨学科领域型发展，使该学科领域涌现出很多新理论。下面介绍对我国大学英语教学有重要启示的理论。

（1）监控理论。

20世纪末，克拉申的监控理论是对外语教学影响最大的语言学理论。监控理论由五项假说构成，分别是习得和学习假说、自然顺序假说、监控假说、输入假说和情感过滤假说。

①语言习得与学习假说。克拉申认为，第二语言习得涉及习得语言和学习语言两种不同的方式。“习得”指学习者在目的语环境与他人交际的实践中，无意识地获得使用这种语言的技能，并能够在无意识的情况下熟练而准确地使用这种语言去完成交际目的。而“学习”是指人们有意识地研究学习一种语言（一般指第二语言），从而获得理解并使用该语言的能力的过程。人们通过习得的方式获得使用某种语言的技能后，就可以流利自如

地使用这种语言去完成各项交际目的；但如果用学习的方式，人们无法自由地交际，只能用学习到的语法规则对该语言进行检查和纠错。实践证明，语言习得既需要“习得”这种方式，也离不开“学习”的途径。

习得语言的环境一般是社会交际的过程，学习语言则发生在语言教学的课堂上，自然的语言交际环境和正式的有授课的语言学习环境都有助于二语习得的成功。

“学习”无法使学习者使用目的语自由地交际，只能获得用于监控语言应用过程的语言规则，这种说法是有局限性的。因为课堂学习环境中也有应用操练，经过练习，即使只是在课堂上学习，学习者也是可以获得交际能力的。只不过不同的环境对语言习得产生不同的作用，但二者对于“习得”来说都是有用的。在自然的语言交际环境中，语料输入是在无意识的状态下自然发生的，这种语料输入一般都具有可理解性、自发性和无序性的特点。在自然交际的过程中，为了方便刚开始习得这种语言的人理解和交际，母语使用者会有意识地调整自己的表达方式，就像“儿向语言”一样，“外国人话语”也会在语法、谈话方式、语义和语音等方面进行全方位的调整，目的是增强其语言表达的可理解性，让自己表达的难易程度尽量与学习者的语言理解能力保持一致，这就是自然交际环境中语料输入的可理解性特点。自发性特点是指自然语境中的语料输入是发生在人们的社交谈话中，是一种自发的行为，目的是传递信息，同时一些语言规则类信息在无意识的情况下被传递给语言初学者。无序性的特点是指在语言交际过程中，有时母语使用者会忽略习得者应有的语言习得的顺序，学习者所接收的语料输入中包含多种新的语言结构。

而课堂语言学习环境中的语料输入是一种有意识的教学行为，教师会根据语言习得规律和习得顺序提前确定让学习者接触的语言资料的类别及难易程度，对语言规则的描述也会非常明了准确，方便学习者理解和接受，教会和学会语言的使用规则是课堂的主要目的。因此，课堂环境的语料输入更具可控性，内容安排会考虑到语言习得的顺序，语料输入是比较准确规范的。从这些不同语言环境的语料输入的不同特点来看，自然语言交际环境有利于训练和培养语言学习者的听说能力，可要培养学习者的语言读写能力，课堂语言环境更适合。不接触课堂学习环境中的书面语言，一个口语流利的语言使用者有可能成为没有读写能力的“文盲”；不在自然语言交际环境下操练口语和听力，即使一个人具有良好的读写能力，也可能只会读写不会听说，学成了“哑巴外语”。目前在我国高校里，这样的情况并不少见。

②自然顺序假说。自然顺序假说的观点认为，对第二语言语法规则的习得有一定的顺序，对一些语法的掌握必须早于对另外一些规则的获得，这种语言习得的次序适用于所有形式的语言习得，不受课堂人为的不同教学次序的影响。研究证实，英语作为一语和二语的习得顺序是相同的，词素和功能词的习得顺序是可以预测的，而且一种语言作为二语和一语的习得顺序都是一样的，习得过程中都有一定的系统性和共性，二语的发展模式（即某一具体的二语形式的习得阶段次序，如时态或否定式的习得阶段次序）也是如此。所有的二语习得者都要经历这些共同的阶段，当然这些阶段在不同的个体之间会有反复和重叠。从这一点来说，对于不同基础的语言习得者，教师不能进行同步教授，否则会使水平高者产生厌学情绪，或使基础差者产生畏难情绪，不利于语言学习。

③输入假说。输入假说通常被看作监控理论的中心内容。该假说认为，语言习得者通过理解消化输入的语料来逐渐获得应用第二语言的能力。因此，语料输入的可理解性是语言习得成功的必要条件。只有输入可理解性的语料，才有可能实现语言习得的良好效果。而且语言输入的量也决定着语言学习者对目的语的掌握程度，只有量变才会导致质变，外语学习者仅靠有限的课堂学习的语料输入量，想要熟练地掌握目的语是绝对不可能的。凡是二语的熟练掌握者，都会在课堂之外通过阅读书籍、收听目的语电台

或是以其他方式接触语言资料，以保证足够量的语料输入，并且通过练习将输入语料内化，从而获得运用目的语的能力。因此，语言输入的可理解性和输入量的充足性是二语习得成功的关键因素。

④情感过滤假说。克拉申强调，在语言输入过程中，情感发挥着过滤的作用。情感过滤得越少，越有利于语言的习得。消极的语言学习态度以及焦虑的情绪对语言输入有很大的过滤作用，有着消极情感的学习者不但不会主动地输入语言，而且即便能够获得语言输入，也不会习得它们；相反，具有较强学习动机及自信心和较低的忧虑程度，且对于外语学习持积极态度的学习者，其情感过滤的作用很弱，就能学好外语。像语言输入一样，语言习得的效果也受学习者的情绪感情因素影响，喜欢和憎恶会产生极其不同的语言习得效果。一个人的所作所为总是受到自身的目的和兴趣的导引和控制。在学习语言时，学习者的内在动因对其学习和掌握目的语言的程度影响非常大。因此，动因也一直被认为是二语习得中的一个关键因素。动因通常被定义为学习者为学会一种语言所付出的直接努力，也被称为动机。人们常把动因分为两种，第一种被称为综合性的动因，后一种被称为工具性的动因。综合性动因被定义为人们因为对一种语言产生兴趣而去学习这种语言的内在动机：工具性动因则被认为是人们学习一种新的语言的内在动机，是为了获得该行为带来的实际价值和好处。在学习第二语言时，有些人的动因可能属于第一种，有些人的动因则属于第二种，也有的人可能两种都有。总而言之，是人们的内在动因引导着他们外在的努力去学习掌握该语言的行为，如果有很强烈的学习动因的话，学习者往往会使用很多策略来学习该语言，如寻找各种机会操练该语言，或尽可能多地练习口语和听力等。如果学习者学习语言采用的策略比其他人多，自然会得到比其他人好的成绩，好成绩反过来又会加强他们学习语言的动因，同时使他们获得自信，动因和自信又会激励着他们运用更多更好的学习策略。因此，我们可以得出这样的结论，即动因与学习策略彼此相互作用。

有学者的研究表明，对学习策略有最强影响的因素是动因的强弱。还有学者在研究中指出，学习者的学习目的可能会影响他们对学习策略的选择，总之，动因会激发学习者采用更多的策略去学习，而多样化学习策略的采用又使得学习者获得良好的学习成绩，从而巩固和加强学习者的学习动因。因此我们说，教学中尽可能地发掘和巩固学生学习语言的动因是相当有必要的。

⑤监控假说。克拉申的监控假说观点认为，语言习得与语言学习的作用各不相同。语言习得是学习第二语言的开始，能够使习得者形成第二语言的语感。语言习得系统，即潜意识语言知识，是真正的语言能力。而语言习得系统只是在第二语言运用时起监控或编辑作用，即用“学得”的语法知识来检查“习得”语言的准确性。这种监控作用既可能发生在语言输出（说、写）前，也可能发生在其后。但是，这种监控能否发挥作用还取决于三个先决条件：一是有足够的时间，即语言使用者必须要有足够的时间才能有效地选择和运用语法规则；二是注意语言形式，即语言使用者的注意力必须集中到所用语言的形式上，也即必须考虑语言的正确性；三是知道规则，即语言使用者必须掌握所学语言的语法概念及语言规则。根据监控程度的高低不同，二语学习者可以分为三种类型：第一种是监控过多者。这种类型的二语学习者往往过度关注语言形式，因而在语言表达时表现为结结巴巴、词不达意。第二种是监控不足者。这类二语学习者一般不受外界干扰，对语言错误的纠正只凭感觉。第三种是监控合理者。这种二语学习者通常以不影响交际为前提来合理地运用监控手段。

（2）输出理论。

输出理论由语言学家斯温提出，他认为仅靠语言输入，二语习得者还不能达到完全流利而正确地运用语言的程度，强调成功的二语学习者不仅需要充足的语料输入，更需要完成大量的语言输出，即在接触语言输入的同时，要在语言交际实践中训练正确流利的语言输出。斯温认为，输出在语言习得中的作用可归纳为以下三点：第一，强迫输出。所谓强迫输出，是指二语学习者在使用目的语同母语者进行交际出现信息差时，母语者会不断发出理解困难的信号，迫使二语学习者不断调整及修正自己的表达方式，以期更为连贯、准确而得体地表达思想。语言学习者在使用目的语时会迫使自己注意表达方式，为的是成功地表达出自己的内在意愿，和母语使用者进行成功的交流，这样就迫使学习者在交际中去使用一些较难的语言形式，强迫输出就形成了。第二，输出同时为学习者提供了进行假设验证和自觉反思的机会，促使学习者不断合理地调整自己的学习策略。第三，输出还可以使学习者为流畅且顺利地进行交际而集中自己的注意力，注意交际中的语言表达形式。能够将输入和输出连在一起的是课堂互动或课外以目的语为通用语言参加的交际活动。沃斯曾将“互动”定义为建立发出信息者、接收信息者及语言环境三边关系的相互作用的合作活动。互动的开展一般需要教师让出他在教室的主控地位，留给学习者更多操练外语和接触新的语料输入的空间，甚至要学会创造更多的机会。不管是课堂互动，还是课外交际活动，都包括各种形式，关键是学习者要积极参与，把完成交际任务当作交际的目的。良好的语言操练环境和对学习者的激励对于输出都极其重要。

（3）二语习得环境论。

该理论强调外在环境因素对语言习得效果的重要性，同时否认先天因素的影响。起初，在行为主义的“刺激—反应”理论的基础上，环境论的观点是，一种语言就是一套独立的行为习惯，学习掌握某种语言的过程就是培养一种特定的行为习惯的过程。习得第二语言的过程就是在培养新的语言习惯（即第二语言），在形成新习惯的同时要摆脱和避免旧的语言习惯（即母语）的干扰。最近“文化迁移模式”是环境论队伍里提出的一个新观点。该观点认为，学习者在语言学习过程中会受心理上和社会文化同母语者之间的差异距离的影响。社会距离是指学习者作为一种社会群体中的一员与操另一种语言的社会群体的接触，心理距离是指学习者作为个体受到一种新的语言文化对自身心理或情感的影响。这些被看作影响二语习得的社会和心理因素形成了文化迁移的内容，即学习者在学习一种新的语言的同时，接受了一种新的语言文化。文化迁移还有许多内容，二语习得只是其中的一个方面，学习者二语习得的熟练程度取决于他们向目的语迁移的幅度。

学习母语时，语言环境对儿童能否成功习得母语起决定性作用。同样，一个人二语习得的成败也取决于外语语言学习环境。二语学习者一般都是在掌握了母语之后才开始学习二语的，学习者的生理和心理基本成熟。目的语的语言信息主要来源于课堂教授和教科书，语言输入不仅数量很少，题材也不是很丰富，因此二语习得的效果会受到影响。没有量变的积累，就不可能有质变的发生。如果能够使用目的语和母语学生一起学习或者在异国他乡的目的语环境里学习和独立生活，学习者处在一个学习外语的鲜活的语言环境中，在日常生活、学习或工作中使用目的语与别人进行交流，大大增加了用目的语进行操练的机会，使用目的语的能力就会迅速提升。所以说，语言环境对二语习得的成败起着决定性作用。

（4）自治学习的理论基础。

早在1998年，英国诺丁汉大学的二语/外语教育研究中心就曾发起并承办过以“学习者自治，教师自治：未来的方向”为主题的国际学术研讨会。在会上做报告的专家学者都是在这一研究领域声名显赫的人物，他们来自世界各个国家和地区。专家学者来此参会主要有两大任务：其一是分享同行的教育经验和研究成果，因为他们知道不同的学习环境需要不同的自治学习方式，所有人的研究联系在一起可以形成一个协同增效的链条，这样他们对“自治”概念的研究就能更全面，更符合现实；其二是探讨语言教学领域的未来发展方向，即学习者自治和教师自治。

我们很多英语教师都有这样的教学经历：虽然在教学中付出了大量精

力，却可能得不到学生的积极反应，学生的学习不主动、不积极，学习效果和教师的教学付出不成正比。其主要原因是，学生过分依赖教师，缺乏主动学习的意识和能力。教学效果的好坏主要取决于学习者自身的学习能力、学习动机和其在同学群体中合作积极与否，而并不是取决于教师是否控制全局。我们必须让学习者意识到，教学的主要责任在学习者身上，要让学习者树立学习的责任心。有责任心不仅是指按时完成作业、处处乖乖听话，有责任心的学习者也不是什么角色模范，而是那些相信自身努力才是学习进步的关键因素，并踏踏实实地付诸实践的学生。因此，有责任心的学习者在积极学习时，不是为了取悦教师或得到好分数，而是想努力学到自己需要的知识和技能。自治学习者首先必须是有责任心的，因此自治学习者都是积极主动的，同时是头脑清醒的。自治学习是一种学习方法，它需要有责任心的学习者，但有责任心的学习者的培养离不开教师的有效引导。自治学习中心除了提供一系列学习资料和提供学习资源的机器系统外，还把资源、指导人员、系统管理和机器设备融于一体，从而为自治学习者提供良好的环境和服务。自治学习的形式可以很灵活，规模也可以自由控制，可以在教室里进行，也可以在语言自治学习中心或是图书馆等地方进行。

5. 乔姆斯基的语言学理论

乔姆斯基理论是语言学界不可忽视的理论学说，其突出了研究内部语言的重要作用。乔姆斯基的理论被称为“转换生成语法”。乔姆斯基认为，语言是一种行为，这种行为像人类的其他行为一样，受规则的支配。人们利用语言规则，可以用有限的语言单位构造无限数量的、复杂的句子。学习者习得语言并不是学会某个特定的句子，而是运用规则创造和理解新的句子。规则性和创造性是语言的两个重要特征。语言生成的过程是从深层结构到表层结构的转换过程，转换是按照转换规则来完成的。不同语言的差别在一定程度上可以归结为参数的设置差异。儿童说英语还是汉语，主要取决于他所处的语言环境和语言输入，因为某一特定语言输入能使习得者设置某一语言的使用参数。

乔姆斯基的语言学理论对外语教学也有着较大影响，不但影响了课堂教学方法的应用、教材的编写，而且影响了语言测试的设计。在20世纪六七十年代，语言教学法在乔姆斯基的语言学理论的影响下有了新发展，这一发展被视为认知法的诞生。认知法又称为“认知符号法”或“认知—习惯形成法”，以乔姆斯基的语言学理论为语言观，以认知心理学作为语言学习理论的依据。

6. 韩礼德的语言功能理论

韩礼德是功能语言学理论的代表人物。从20世纪60年代开始，韩礼德就开始研究语言的社会功能，指出“语言学是关于言语行为或话语的描述，只有通过对语言使用的研究，语言的全部功能和构成意义的所有组成部分才能集中在一起”。在《语言功能探索》一书中，韩礼德讨论了语言功能的双重地位，即微观功能和宏观功能。

微观功能一般出现在儿童学习母语的初级阶段，包括如下功能：启发功能，即使用语言来学习和发现问题；规章功能，即使用语言来控制他人的行为；想象功能，即使用语言来创造一个幻想的世界；工具功能，即用语言来取物；个人功能，即使用语言来表达自己的感情；相互关系功能，即使用语言与他人交往。

当儿童语言逐渐接近成人语言时，这些微观功能也开始逐渐让位于宏观功能。语言的宏观功能包括下面三种：思维功能，即语言可以用来组织语言使用者对真实世界或幻想世界的经验；人际功能，即语言可以用来表明、建立和维持社会中人与人之间的关系；篇章功能，即语言可用于创造连贯的话语或文章，这些话语和文章对语境来说是确切和恰当的。

7. 海姆斯交际能力理论

海姆斯是交际能力理论的代表，他认为，儿童习得母语的最佳环境是经历一个社会化的过程，这样他们不但可以熟悉母语的习惯并说出符合语法的句子，而且可以在不同场合恰当地使用语言。海姆斯的交际能力主要体现在四个方面：能在交际中得体地使用语言；能够判断语言形式的可行性；能辨识和组织合乎语法的句子；知道某些话语是否可以在实际生活中说出来。他还强调，交际行为的社交得体性既包括语言能力，又包括影响语言使用的社会文化意识。

8. 合作学习理论

合作学习是20世纪70年代初兴起于美国，并在随后的15年中取得实质进展的一种具备很好创意和实效的教学理论与策略。合作学习也称为“协作学习”，是以现代社会心理学、教育社会学、认知心理学等理论为基础，以小组活动为基本教学方式，小组学生为了完成共同的任务，每个学生有明确的责任分工并进行互助性学习的一种教学活动。

成绩评价以团体为单位进行，鼓励学生为小组集体利益和个人利益一起工作，这样同学之间互助学习可大面积提高学生的学习成绩，也改善了班级的社会心理气氛，为以后培养学生良好的心理品质和社会技能打下了较好的基础。

（1）合作学习的特征。

合作学习具有以下几个特征：

①异质分组。以“多元世界”形式建立学习小组，分组时尽可能让成员在性别、学业能力、步调和其他品质上具备较大的差异性，这样有利于成员共同发展、接纳他人，也可使部分成绩较差者能得到很好的帮助。

②积极互助。在小组成员具备差异的基础上，成员必须人人参与、互相帮助。

③分工合作。严格要求各小组成员按照一定的规则进行学习，既强调个人成绩，也要求有较强的个人责任感，对其他成员尽可能给予鼓励和帮助。

④资源共享。各小组成员资源共享。

⑤奖励体系。既重视成员的个人成绩，也注重集体的荣誉，以小组为单位进行评价。

（2）合作学习的分类。

随着合作学习的发展，目前各类合作方法与合作策略也日益增多。对众多的方法进行分类整理，以期帮助人们把握合作学习理论是很有必要的。我国的学者王坦将合作学习分为以下四大类，这是目前合作学习分类中较典型的内容，简要阐述如下：

①以师生互动为主要特征的合作学习。这种类型的合作学习主张以学生为中心，改变过去师生在课堂中不对称交流的情况。该理论认为师生间的交流要以学生的发展为目标，师生间要互相尊重与互相理解，尽力避免强制手段的使用，教师通过创设特定情境或使用各类激励性话语，使学生在学习过程中感受到信任并体验到成功、进步和发展的快乐，进而获得学习动力。

②以生生互动为特征的合作学习。该类型合作学习主要从教学过程的集体特性出发，由于传统教学忽视了同伴的相互作用，而学生与学生之间的互动在教学中是非常普遍的，所以将合作性团体，如学习小组纳入课堂教学中，构建以学生之间互动为基本特色的课堂教学，在开展小组教学来达到教学目标的同时，促进学生个体性和群体性的协调发展。目前，这类合作学习是世界各国的重点研究对象。

③以师师互动为特征的合作学习。这类合作学习提倡在课堂上由两名或两名以上教师进行协作教学，一起承担讲课任务，促进教师之间在教学中多交流、多沟通，从而避免出现教师各自为营的局面。此类合作学习活动可在一定程度上降低教师的工作强度，在提高教学工作质量的同时促进教师的平衡发展。

④以全员互动为特征的合作学习。这类合作学习在目前是一种新型教

学理论与策略体系，是我国合作学习研究者们结合国内外合作学习研究成果探索而得出。其最大特点在于所有相关教学人员的参与和互动，教学活动中要求所有动态因素之间进行互动合作，如教师与教师之间、教师与学生之间、学生与学生之间，呈现出一种多维立体交流模式，是目前层次最高的合作学习形式。

（3）合作学习的相关理论基础。

①目标结构理论。多伊奇在群体动力理论的基础上提出了目标结构理论，该理论从动机的角度出发，强调学习中以小组为单位的合作目标有利于促进学生完成学业任务。学习个体在达到目标后，如果对其采用不同的奖励方式，就会导致学习个体在目标达成过程中出现相互作用方式的差异。根据学习个体间相互作用方式的差异以及对心理过程和行为方式产生的不同影响，多伊奇把目标结构分为合作型、竞争型和个体化型三种主要类型。合作型目标结构的主要观点是每个学习团体有着共同的目标，每个个体要想达到目标，首先要使团体所有成员达到目标，如果有一人没达到目标，其他成员就不能达到目标。这样可促使团体成员建立一种互相依赖、互相帮助的良好关系，人人以既有利于个人也有利于集体的方法进行学习、工作。

②认知发展理论。由认知发展理论可知，社会环境中个体间的互相影响能够促进学习，许多心理学家对此进行了探讨，如班杜拉的社会学习理论。班杜拉认为，学习是在三个要素——相关环境、学习者、认知行为的互动下进行的。合作学习通过为学生提供自然的互动环境，从而促使学生的认知行为得到顺利发展。再如，维果茨基的“最近发展区”理论认为，学习者在彼此最近发展区内合作学习时，会表现出比各自单独活动更高级的行为。因此，不同能力水平的学习者可以通过合作学习互相帮助，加深对问题的理解，取长补短，促进学习质量的提高。而皮亚杰的认知发展理论是目前较完善的，他主张认知发展的过程主要涉及吸收、同化、调整、平衡四个环节，并强调语言、规则、价值、道德及符号系统等社会经验知

识只有在与他人的相互作用中才能习得。

③教学工学理论。教学工学理论主张任务结构、奖励结构和权威结构是影响课堂学习质量及社会心理气氛的三个主要因素。代表性人物斯莱文认为，课堂教学工艺学可以描述为任务结构、奖励结构和权威结构三个要素的统一体。三个要素中，奖励结构方面的改变对合作学习的影响最为突出。合作学习中主要使用合作性奖励，单个学习者的成功会促进或帮助其他学习个体的成功，学习个体之间是一种积极的互助关系。可以说，奖励结构的改变是合作教学提高教学成绩的最重要的因素。

④动机理论。动机理论的主要观点是学习动机产生于人际交往过程中，其本质体现了一种通过人际相互作用建立起来的彼此依赖关系。最为有效的激发动机的方法是在课堂教学中通过确立共同的学习目标、学习者学习任务分工、各类学习资源共享、学习者角色分配与扮演、评价时的团体奖励和认可来建立一种“利益共同体”的关系。这种共同体的关系可促使小组学习成员之间形成“人人为我，我为人人”“荣辱与共”的关系，这种成员之间的关系也是动机激发的一个重要标志。

⑤凝聚力理论。很多学者认为，社会凝聚力在很大程度上促进了合作学习对于学习成绩的影响。合作学习时，各学习成员在学习上互相帮助，主要因为他们相互关心并希望彼此甚至集体都能获得成功。凝聚力理论认为，学习小组建设、学习小组评议及学习任务的专门化，可以有效地促使学习成员互相协调工作，还可以发挥班级整体的作用。每个成员都能为学习小组任务甚至班级任务的完成做出贡献，而不管成员能力大小的差异。

二、高职英语教学基本原则

1. 学生中心原则

“以学生为中心”是高职英语教学的首要基本原则。“以学生为中心”

的理论源自美国教育学家杜威的“儿童中心论”。杜威指出，人类有着自由的天性，教学中尊重这种自由的天性，遵循教育自然规律，对儿童的成长和发展有非常重要的作用。在高职英语教学中，“以学生为中心”的理念就是要求尊重学生的主体地位，遵循学生的学习规律和成长规律。以学生为中心，就是要将教师的“教”建立在学生的“学”基础之上，一切教学工作都要围绕学生的学习展开。教师必须在充分了解和分析学生的英语基础、学习需求和学习心理的基础上，选择适当的教学策略和方法，注重发挥学生的主体作用，指导并帮助学生实现意义的建构，完成学习目标。在高职英语教学过程中，教师要贯彻以学生为中心的原则，必须注意做到以下几点：

（1）精心设计教学方案。

为保证教学活动顺利开展和教学目标有效实现，教师要坚持“以学生为中心”，精心设计教学方案。要根据学生的语言基础、语言运用能力和学习能力确定相应的英语教学目标、教学任务，因材施教，开展分层教学；要根据教学目标精选教学内容，认真选择适当的教材，确保教材内容符合学生的实际学习需求，并根据学生的学习情况及时调整和优化调整教学内容；要认真备课，课前了解学生、研究教材，精心准备教学内容，细化设计教学流程，确保课堂教学按计划方案有序开展。

（2）科学选用教学方法。

英语教师要根据学生的学习基础、学习习惯和心理特点选择与其相适应的教学方法和教学手段，增强学生的学习动力，激发学生的学习兴趣，使学生积极主动地投入到英语教学过程中；要根据教学内容的不同，选择不同的教学方法和手段，提升课堂教学效果；要高度重视教师的引导和支架作用，及时发现学生学习中的困难并给予必要的支持，帮助学生渡过难关。同时，要及时发现学生的学习进步并给予鼓励，进一步激发学生学习的积极性和自信心，从而帮助学生取得更好的学习效果。

2. 激发兴趣原则

兴趣是最好的老师，是推动学生不断学习的最大动力，学生英语学习的兴趣的大小在很大程度上决定了学生英语学习是否能够取得成功。很多高职学生英语基础比较薄弱，学习能力较差，这不能说明学生天生不喜欢学习英语。其实不少学生一开始对英语学习并不排斥，他们往往对英语学习具有天然的兴趣，对异国语言与文化也抱有强烈的好奇心，后来对英语学习失去兴趣，英语能力得不到提升，一定程度上是由于教师教学理念的偏差、不当的教学方法和教学评价等造成的。因此，要真正提高高职英语教学质量，必须从源头抓起，努力激发和培养学生学习英语的兴趣，增强学习动力，提升教学效果。教师可以从以下几方面激发学生英语学习的兴趣：

（1）主动发掘兴趣。

教师要从学生的生理和心理特点出发，遵循语言学习规律，及时了解学生的兴趣所在，找到学生感兴趣的点，因需施教，不断激发学生的学习动机和兴趣。要发现和挖掘英语教学内容中的兴趣点，使每节课都有新鲜感，从而最大限度地调动学生的学习积极性，不断提升学生学习效果。

（2）及时给予鼓励。

学生学习兴趣的保持很大程度上取决于学习的效果，取决于能否获得成就感。因此，高职英语教师要善于发现学生在英语学习中的点滴进步，并及时给予鼓励与表扬，这样既可以激发学生的学习兴趣，使其积极参与学习、大胆实践，不断体验成功的喜悦，培养学习自信心，也能使学生在提升学习自信的同时进一步增强学习动力，形成学习的良性循环。

（3）加强师生交流。

研究表明，学生对课程的喜爱程度与教师存在密切的关系。知识渊博、性格活泼、幽默风趣的教师更受学生欢迎。而学生喜欢一名教师，通常也会喜欢这位教师所教授的课程。因此，教师注重提升自身综合能力，加强与学生交流，和学生打成一片，是激发学生的学习兴趣、提升英语教学效果的重要途径。

（4）创新教学方法。

创新的教学方法不但有助于激发学生的英语学习兴趣，而且有助于发展学生的思维能力、英语综合应用能力和自主学习能力。学生的学习兴趣和自信心也会因良好的学习效果而得到进一步增强。高职英语教师要创新教学方法，优化教学程序，激发学生的学习兴趣，提升学习效果。

（5）优化评价办法。

在高职英语教学评价中，要强化形成性评价的应用，这样可以使学生摆脱传统的应试教育的阴影，引导学生更加注重学习过程，体会学习过程中每一次进步的成就感和学习的乐趣，从而激发主动学习的愿望，更加主动地投入到学习过程中，真正提高英语课程的学习成效。

3. 灵活教学原则

语言是一个充满活力、不断发展的开放性系统，高职英语教学是一项系统工程，涉及教师、学生、教学内容、教学方法和教学过程各个方面。为了更好地因材施教，提升学生的英语应用能力，高职英语教学必须遵循灵活性原则，教师要根据学生的学习实际，及时调整和运用灵活的教法、学法和教学组织形式。

（1）灵活运用教学方法。

在英语教学中，教师要结合语音、词汇、语法等语言知识学习和听、说、读、写、译等语言技能训练的实际情况，根据不同的教学对象、教学内容、教学情景，灵活选用最适合的教学方法，以确保教学的针对性和实效性。

（2）引导学生灵活学习英语。

针对性的学习方法是学生学习获得成功的关键。在高职英语教学中，由于生源的多样性和基础的差异性，教师对学生的学法指导显得尤为重要。

教师要引导学生积极探索合乎英语语言学习规律，符合学生心理特点和语言基础的自主性学习方法，使学生能够自我导向、自我激励、自我监控、自我诊断、自主发展，优化和完善学习方法，并在不断地探索和总结中提高学习效率。

（3）营造灵活应用英语的氛围。

学习英语的最终目的是应用，是进行交流沟通。教师要尽可能多地创设英语学习环境，通过自己经常灵活地使用英语的教学常态带动并影响学生经常使用英语。在课堂教学中，教师要尽可能用英语组织教学，注重学以致用，使学生感到他们所学的英语是活的语言。此外，教师还应通过布置灵活性作业和安排英语角等课后英语活动为学生提供灵活使用英语的机会，创造经常灵活应用英语的情境。

4. 教学交际化原则

语言是交际的工具，人们主要通过语言来交流思想、传递信息。学生学习英语的首要目的是学会使用英语进行交际。在英语教学过程中，教师应注意遵循交际性原则，培养学生运用所学语言知识在不同场合、和不同的对象进行有效交际的能力。要在教学过程中培养学生的语言交际能力，教师应该做到以下几点：

（1）正确认识英语教学的本质。

英语教学是一门培养学生英语听、说、读、写、译等技能的课程。在教学过程中，教、学和用三个方面是一个相辅相成的有机整体，其中，“用”具有核心地位。学生应用英语进行交际的能力只能在使用英语的过程中培养出来，只讲理论知识，没有语言交际应用，就无法培养学生的英语交际能力。因此，教师应该转变教学观念，正确认识课程的本质，贯彻英语教学的交际性原则，在教学中拓展英语交际活动，加大英语使用的力度。

（2）将英语教学交际化。

英语是一种交际工具，英语教学的目的是培养学生的英语交际能力。

英语教学中的交际性原则，就是要求教师将英语作为一种交际工具来教，学生把英语作为一种交际工具来学。同时，要求教师和学生课上课下都将英语作为交际工具来用。教学活动必须与英语交际相融合，真正使英语课堂教学交际化。在英语教学中，教师应积极创建以英语作为交际语言的真实或模拟场景，开展各种语言操练，使学生学有兴趣、学有成效，培养学生实际使用英语进行交际的能力。

（3）教学活动贴近生活。

由于英语语言交际不能脱离现实生活而存在，所以英语教学内容的选择和教学活动的设计必须和学生的生活相联系。在英语教学中，教师要把英语学习内容和学生关心的话题联系起来，为学生提供数量足够、题材广泛、内容丰富、贴近生活的语言交际信息材料，这样的材料与学生生活息息相关，容易使学生产生共鸣，从而激发学生的学习兴趣。同时，能促使学生认识到学习英语的目的在于交际，在于提升学生使用英语进行交流的能力。

（4）教学中创设交际情境。

要使学生获得使用英语进行有效交际的能力，做到在适当的地点和时间，以适当的方式向适当的人讲适当的话，教师要在英语教学中积极创设真实的交际情境，使师生身临其境，共同完成各种教学活动，以此来提升学生的英语应用能力。情境包括时间、地点、参与者、交际方式、谈论的题目等要素，在某一特定情境中，某些因素，如讲话者所处的时间、地点以及讲话者的身份等都对说话的内容、语气等起到制约作用。因此，在英语教学中，教师要把教学内容置于一种有意义的情境之中，使学生充分理解每一句话在实际情境中表达的意思。这要求教师在设计英语教学活动时要充分结合教材内容，利用各种教具创设情境，设计开展各种任务性交际活动，完成各种相关交际目标。

5. 情感教育原则

由于高职学生的英语学习基础、学习能力、学习习惯和心理特点的特殊性，教师在英语教学中不仅要注重教学的针对性和灵活性，也需要关注学生的情感，加强师生交流，使学生更加专注地学习，形成良好的学习氛围，提升学习效果。教师在教学过程中要密切关注学生的情感，要做到以下两点：

（1）创建良好的教学环境。

①建立良好的师生关系。教师要注意培养仪表大方、笑容可掬、和蔼可亲、平易近人的良好教师形象，在学生中逐步形成威望。教师既是学生学习的指导帮助者，又要成为学生生活中的朋友。教师要及时了解和发现学生学习中遇到的困难和挫折，并给予针对性指导，帮助学生及时克服困难，树立学习信心。教师还要了解学生的思想动态、心理困惑，及时给予疏导帮助。

②营造愉悦的学习氛围。学习兴趣不仅能转化为学生稳定的学习动力，而且能启迪学生智慧和开发学生潜能，达到提高学习效率的目的。在教学过程中，教师要注意创建轻松愉快的学习氛围，培养学生学习英语的兴趣和自信心，促进学生身心健康发展。

（2）培养学生形成积极的情感。

①及时解决情感问题。在平时的英语教学中，教师要注意融入积极的情感态度的培养，针对学生学习过程中出现的具体情感问题进行有针对性的引导，帮助学生及时解决情感态度方面的问题，提升学生英语学习的专注度和学习效率。

②建立情感沟通渠道。在英语教学中，教师要创建融洽、民主、团结、相互尊重的课堂教学氛围，建立师生情感态度的沟通和交流渠道。在针对情感的师生沟通和讨论过程中，教师要注意尊重学生的感受，避免伤害学生的自尊心。同时，情感既有内在的表现，也有外在的反映，所以教师必

须仔细观察，了解学生的情感态度，培养学生积极的情感，消除消极的情感，促进学生健康人格的发展。

第二节 新时代高职英语“三教”改革发展趋势

《国家职业教育改革实施方案》为新一轮职业教育改革和发展明确了方向，高职院校当前的主要任务是加快建立完善职业教育和培养体系，着力培养高素质劳动者和技术技能人才。要落实新时代高职教育的改革任务，实现改革目标，基础工程是全面深化教师、教材、教法改革，即“三教”改革。“三教”改革贯穿高职院校人才培养全过程，是高职院校提高人才培养质量的决定性因素。当前，随着世界经济全球化、教育国际化的不断推进及国家职业教育的深化改革，面对国家对高职英语教学提出的新要求，高职英语教学体系显现出种种弊端，已无法很好地适应高职教育发展的需要，必须对高职英语教学进行改革，特别是深化高职英语教学的“三教”改革，以便从根本上解决高职英语教学中存在的突出问题，进一步提高职英语教学质量，满足学生获得高质量英语教学的需求。

高职英语的“三教”改革必须突出问题导向，强化重点任务推进，具体内容包括：一是要更新教学理念，突出“以学生为中心”的教学理念，注重学生知识、能力和素质的共同提高和全面发展。二是以培养高素质技术技能人才为根本目标，推进高职英语课程体系改革，构建高职特色英语课程体系，更新教学内容，创新教学模式，改革教学方法，更好地彰显高职英语课程的基础性、职业性、人文性和国际化，培养高职学生的英语应用能力，特别是在职场中的英语应用能力，提升综合素质，拓展国际视野，提高跨文化交流能力。三是在教师的培养培训中重点提升教师的行业英语教学能力、信息化教学能力、课程思政教学能力和国际化素养，加强结构化教师团队的建设，提升教师的教书育人综合能力。四是在教材改革中重点优化高容体系以及推进拓展课程的建设。五是在教法改革中重点推进分层教学模式、信息化教学模式（微课、翻转课堂、慕课）和教学评价模式的改革，提高高职英语课程教学的针对性和实效性，全面提高英语教学质量。

一、转变教学理念

高职英语教学的改革必须从英语教师教学理念的转变开始。教学理念决定了教学改革的方向，影响教学目标的设定和课程标准的编制。目前仍然有一些高职院校没有正确认识高职教育的本质，在英语教学中偏离了“以就业为导向，以能力为本位”的思想。高职英语教学的首要原则是坚持以人为本，教师要时刻以学生为中心，充分发挥学生的主体作用，培养学生的学习能力，注重学生的全面发展，从而为学生的终身学习和可持续发展打下良好的基础。要促进学生的全面发展，仅靠帮助学生掌握英语知识是远远不够的，还需要注意培养学生正确的世界观、人生观、价值观、社会责任感、积极的情感、严谨的治学态度等，因为这些因素对学生的英语学习也有重要影响。在英语教学中，教师要尊重学生，做到以人为本，具体来说，要从以下几个方面转变观念：

1. 以生为本，因材施教

我们必须清晰地认识到，不同学生之间是存在差异的，每个学生都有其独特的个性。学生的类型不同，学习特点也存在差异。面对这些差异，教师应该积极开展高职英语分层教学、分类管理教学改革，为学生提供与其实际学习需求和学习能力相适应的学习指导，同时为他们提供共同发展的学习机会。教师在教学中应该具体问题具体分析，做到因材施教，促进不同学生的个性发展和共同进步。例如：有的学生擅长口语，有的学生则擅长写作；男生对阅读思考有特长，女生则在记忆单词、语法规则方面更胜一筹。因此，一名优秀的高职英语教师，应该在教学中根据学生的具体类型和特点进行具体的分类指导。

2. 了解学生，发掘潜能

教师要坚信每一个学生都具有很大的学习潜能，每一个学生都有独特、丰富的内心世界。尤其是在科技与网络高度发达的今天，学生在很多方面都比以往更独立，对于许多问题的思考也非常独特。因此，教师应该加强与学生的沟通与交流，使自己成为学生的朋友。同时，教师在与学生平等相处的基础上，要不断听取学生对教学工作提出的意见和建议，从而持续改进自己的教学工作。通过不断优化教学，教师可以为学生提供更多的发展潜能的机会，从而提升学生的英语学习效果，提高教学质量。

3. 加强交流，和谐相处

在高职英语教学中，英语教师要尽量为每个学生创设良好的学习环境，确保每个学生都能够有效参与到各项教学活动中，并让学生在教学活动中不断培养和发展自身的自主性、能动性和创造性。

要顺利地推进高职英语课程教学，营造和谐的课堂氛围是非常关键的。课堂教学实际上也是一个交际的过程，如果课堂气氛和谐，交际就会高效；如果课堂气氛不和谐，交际就会无法进行。从某种程度上来说，营造和谐的课堂交际氛围比使用好的教学方法更重要。营造和谐的课堂氛围可以从以下三个方面来加强：

（1）倡导宽容的态度。

英语毕竟是一门外语，我们在学习和使用母语时都会经常犯错，在学习英语时犯错更是不可避免的。高职学生的英语基础更为薄弱，在英语教学中犯错更是司空见惯。长期以来，很多英语教师在教学中过于强调语言的精确性，学生只要犯一点儿错误，都会被教师打断并更正。这样，学生就很容易产生挫败感与畏难情绪，甚至出现“谈英语色变”的情况，继而逐渐对英语学习失去兴趣，英语课堂氛围沉闷也就在所难免了。

高职英语教学改革提倡教师对学生态度要宽容，即教师应该引导学生多运用英语，不必有错必纠。此外，在英语课堂教学中，教师还需要正确处理学生的突发情况。例如：碰到学生上课打瞌睡的情况，教师不应当立刻严肃地训斥学生，而应当本着以人为本的态度主动了解关心学生。这样，学生对教师心存感激，自然就会努力地投入到英语学习当中。

（2）改善师生关系。

要创造和谐的课堂气氛，首先，教师要热爱学生，为学生创造更多的平等发展的机会。其次，教师要坚持人本主义思想，改变教学中重教师而轻学生的传统观点，坚持以学生为中心，对师生之间的关系进行重新审视和调整，构建一种新型的、和谐的师生关系。在具体的教学过程中，教师要充分尊重学生，根据学生的特点，为学生提供充分的学习空间，让不同类型、不同基础的学生都能在学习过程中获得进步和成就感。当学生感受到成功和进步，就会不断提高对课程的学习兴趣和学习积极性，从而推动教学质量不断提高。

（3）注重情感交流。

加强师生情感交流是改善教学氛围、提升学生的学习信心、提升教学效果的重要途径。研究表明，教师对学生能力充满信心在一定程度上会直接影响学生的学习效果。因此，在英语课堂上，教师应该始终保持高昂的、乐观向上的精神状态，对学生要倾注所有热情，这将激发学生的积极情感。同时，教师要对学生充满信心，多表扬与鼓励学生，提高他们英语学习的自信心、积极性与主动性。

二、优化课程内容

1. 够用为度，夯实语言知识

学习必要的语言基础知识是形成语言能力的基础，高职英语教学要坚持“够用为度”的原则，继续学习和夯实必备的英语语言知识。虽然我们反对英语课一直围绕语法教学进行，将英语课上成语法课，但是这并不是说我们就不需要学习语法了。加强必备的语法基础知识的学习是非常必要的，这是因为语言基础知识不仅是语言能力的重要组成部分，还是培养和发展语言技能的重要支撑。

需要强调的是，学习必要的语言基础知识并不意味着把学习语言基础知识作为课堂教学的唯一目的，我们不能把英语课当成语言知识课来上，而应当在语言基础知识学习的同时，辅以适当的实践训练，加强语言的实际应用，促进学生语言能力的形成。因为语言知识学习最终的落脚点就是语言的运用，只有在学习基本语言知识的基础上进行实践训练，才能真正提升学生的综合运用能力。

2. 实用为主，强化能力培养

掌握语言技能是学习语言的主要目标。高职英语教学要注重培养学生运用语言的综合能力，这也是英语教学最基本的目标所在。语言技能包括听、说、读、写、译五个方面的基本技能及其综合运用能力。听、读是语言的输入，侧重知识的吸收；说、写是语言的输出，侧重知识的表达；译既有输入，也有输出。学生在交际过程中通过吸收和表达知识信息，不断地提升语言运用能力。因此，在英语教学中，教师要引导学生通过大量的听、说、读、写、译的实践，提高综合运用英语的能力。可以说，在英语教学中，听、说、读、写、译不仅是学习英语的目的，还是学习的手段。

高职英语语言技能培养的重要特点是注重语言教学与专业的结合，培养学生在未来职场中的英语应用能力。因此，在高职英语教学中，不仅要夯实学生必备的语言基础知识，更要加强行业英语教学，开发行业英语课程，培养和提高学生基于未来工作岗位和工作过程的英语技能，提升学生的行业英语能力。要理论联系实际，课堂教学与现场教学相结合，不断提升行业英语教学的效果和质量，培养学生学以致用的能力。

语言能力的培养与学生心理因素和学习策略密切相关。在高职英语教学过程中，教师要注重学生的心理因素。学生只有对英语学习抱着积极的态度，自发主动地参与学习，才能对英语保持无限的热情与动力，才能学好英语。在高职英语教学中，英语教师要坚持以话语为中心的英语教学方法，注重语言的整体性及连贯性，坚持以交际作为语言学习的根本目标，同时将交际贯穿于高职英语教学的整个过程。特别是在行业英语教学中，教师通过项目教学或任务教学等教学方法，培养学生在职场具体工作过程和任务中的涉外英语交际能力。

3. 素质为本，拓展文化素养

语言是文化的载体，语言与文化密不可分。我们学习英语，不仅是学习英语这一门语言，还要学习和了解英语语言背后蕴含的丰富的文化。经济、技术、商品、信息和人员等的全球交往和流动，使得世界各国的文化突破了特定的地域环境和社会语境，融入全球性互动的文化网络之中。

教育部发布的《高等学校课程思政建设指导纲要》提出：让所有高校、所有教师、所有课程都承担好育人责任，守好一段渠、种好责任田，使各类课程与思政课程同向同行，将显性教育和隐性教育相统一，形成协同效应，构建全员全程全方位育人大格局。高职英语课程具有丰富的课程思政元素，是实施课程思政育人的重要载体。

高职英语课程加强文化教学能够提升学生的国际理解力和竞争力，帮助学生用全面的角度和正确的眼光审视和认识本国与他国文化，从而积极有效地推进国家间的交流与合作。文化教学也能帮助学生加深对中国文化的理解，增强学生的民族自尊心与自豪感，提升学生在跨文化交流中“说中国故事”、传播中华优秀传统文化的能力。

三、用好信息技术

开发优质英语教学资源、改进英语教学模式、拓展学生英语学习空间是深化信息技术在高职英语教学中应用，推动高职英语教学改革的重要内容，也是新时期加强信息技术和英语教学融合，提升学生英语自主学习能力和提高英语教学质量的重要途径。

1. 利用信息技术开发优质英语教学资源

英语教学资源是高职院校开展英语教学改革、拓展教学空间的重要载体和依托，现代信息技术为高职英语教学资源的开发提供丰富的手段和广阔的渠道。具体内容包括：一是利用信息化技术开发多媒体课件，为教师的课堂教学提供生动、丰富的教学课件，提升课堂教学的效果。二是拍摄和制作高职英语微课视频，为学生课后自主学习和教师实施翻转课堂开展混合式教学提供素材和资源。三是开发高职英语在线开放课程，满足教师线上教学、远程教学和学生自主学习的需要。四是开发和建设高职英语试题库，为分层教学、分类考核和考试的科学化、规范化和标准化提供支撑。五是开发学生英语网上自主学习平台，为学生课后自主学习提供资源和学习空间。六是开发建设网上英语考试系统，满足学生自主学习、自我训练和测试的需要，提供更多学生英语学习自我评价的手段。

2. 创新信息化教学模式，提高英语教学质量

现代信息技术在教育中的广泛应用也为高职英语教学模式的创新和教学质量的提高提供了前所未有的机遇和条件。多媒体技术将图、文、影、像等教学资料结合起来，让枯燥的文字充满色彩，这样的方式很容易激发学生的学习兴趣，提升英语课程教学效果；网络教学为学生的英语学习创造了一个完全自由、自主的学习空间，同时教师可以通过网络给学生布置任务、跟踪学生学习进度、评定学生网络学习成绩，这在一定程度上减轻了教师和学生的负担，也有助于培养和提升学生的自主学习能力；在线开放课程可以同时面向大规模的学习对象，大大提高了教学效率，促进了优质教学资源的共享，可以较好地解决当前高职英语教师人员紧缺的难题，同时为社会人员继续教育和终身教育提供了舞台和空间。

四、改进教学评价

教学评价是依据一定的教学目标和标准，对学生的学和教师的教进行系统地调查，并评定其价值的优缺点以求改进的过程。当前高职英语教学评价的改革应重点强化过程性评价，改变传统的应试教学模式，注重学习过程的监控，真正将提高学生英语应用能力落到实处。同时拓展多元评价，提高教学评价的全面性、针对性和可靠性。现代网络信息技术的发展和在教育中的广泛应用为教学过程性评价和多元评价的有效实施提供了技术保障和平台支持。

1. 重视学习过程，强化过程性评价

语言能力的培养特别强调语言知识的平时积累和语言技能的日常训练，因此，高职英语教学评价必须改变传统的只注重终结性考试的应试考核评价模式，更突出过程性评价。过程性评价要求教师跟踪学生的学习过程，监控学生的学习进度和学习成效，对学生日常学习过程中的表现、取得的成绩以及反映出的情感、态度、策略等方面做出评价。加强过程性评价，就是要激励学生日常学习，帮助学生有效调控自己的学习过程，使学生获得成就感，增强自信心，培养合作精神，打牢学习基础，提升学习效果，提高教学质量。过程性评价尊重每个学生的学习速度、学习阶段和自我感受，让他们为完成学习任务而学习，而不是单纯为了应付考试。

2. 注重教学合作，实施多元评价

在传统的应试教育中，对学生的学习结果的评价主要体现在知识的掌握、智力的发展等认知领域，对教师的教学评价主要以学生的考试成绩为依据，而对学生的思想品德、个性、人格等方面以及教师的教学行为、授课质量没有足够重视。随着人们对教学评价目标和功能认识的不断深化，教学评价不仅要评价教师的教，还要评价学生的学；不仅要评价学生在知识、技能、智力和能力等认知方面的发展，还要考核评价情感、意志、个性、人格等非智力因素的发展。因此，高职英语教学评价应实现从单一评价向多元评价的转变。一是评价标准的多元化。高职学生由于生源多样化和学生英语基础参差不齐，教学必须采用分层教学、分类考核，即不同层次的学生学习不同的内容，考核评价也要采用不同的评价标准，这样有利于因材施教，促进不同学生在原有基础上实现共同进步。二是评价主体的多元化。如对学生的教学评价，在传统的应试教育中，只有教师有考核评价权。随着教学改革的深入和教学共同体的逐步建立，对学生学习考核评价也要实现评价主体的多元化，不仅要有教师的评价，还要有同学互评和学生自评。这样不仅能使教学评价更加全面、客观、科学，而且学生多元主体的参与评价，也能调动学生平时学习的积极性和合作学习的意识，同时能促进学生对学习活动进行反思和改进，从而提升学生的自主学习能力和学习效率。

五、加强师资建设

师资队伍建设是高职教育改革发展的关键和保障。要高效推动高职英语教学改革，不断提高高职英语教学质量，加快高职英语教师队伍的培养和建设是当前高职英语教学改革的重要任务。高职英语师资培养需要在多方位、多领域开展，重点是加强英语教师课程思政能力的培养和教学能力的提升。

1. 加强师德教育，提升师资育人能力

立德树人是高职院校的根本任务，而教师的重点工作是教书育人。课程思政是党中央对高校思想政治工作的要求，也是高职院校落实立德树人根本任务的重要举措。教师队伍是课程的“主力军”，课程建设是课程思政的“主战场”，课堂教学是课程思政的“主渠道”。要实施课程思政，发挥其课程育人的重要作用，教师是关键。高职英语教学要承担课程思政职责，完成课程育人重任，就必须提升师德素养，加强师德建设，培养教师高尚的师德情操和良好的师德师风。德高为师，身正为范，高职英语教师要为人师表，以自己的言行影响学生，潜移默化地培养和提高学生的思想政治素质和道德情操。高职英语教师还要加强政治理论学习，不断提高自身的政治理论水平。

2. 加强师资培训，提升教师教学能力

为适应改革、提高教学质量，当务之急是提升高职英语教师教学能力。教师教学能力的提升内容涉及方方面面，需要加强培训，加快落实。目前高职英语教师教学能力培训重点应是加强信息化教学能力和行业英语教学能力的培养。一是教师信息化教学能力的培养。信息技术的快速发展带动了经济社会的革命性变革，也给教育带来深层次影响。“互联网+教育”给教育带来全新的理念，促进了教学方式、教学模式的全面改革。高职英语教学也不例外，当前的教学改革重点是以创新教学、学习模式，显著提高教学效果为目标，充分应用现代信息技术，加快整合信息技术和英语课程，开发英语教学资源课、在线开放课程、在线自主学习和测试平台等，组织线上教学以及线上线下混合式教学等。这些信息化教学的开展需要英语教师具备扎实的语言基本功，同时需要教师具备较高的信息技术应用能力，因此必须加强对教师的信息化能力的系统培养。二是教师行业英语教学能力的培养。行业英语是高职英语教学的重要内容，也是高职英语课程的特色。高职英语教师要胜任行业英语教学工作，不仅需要过硬的英语语言能力，还必须了解行业相关知识，熟悉行业工作过程和工作任务。高职英语教师要通过建立行业英语课程组、旁听专业基础课程、参与企业实践和参加相关培训等方式不断提升高职行业英语教学能力，从而为培养学生的行业英语应用能力和综合职业能力提供教学保障。

第五章 “三教”改革背景下大学英语教学方法改革

第一节 探究式学习

探究式学习是由美国学者施瓦布在20世纪50年代提出的。探究式学习不是让学生漫无目的地自由学习，而是在教师指导下，学生通过自主参与探求答案，从而获得知识的一种新教学方法。

一、探究式学习的理论基础及主要特征

1. 探究式学习的理论基础

（1）心理学理论基础。

探究式学习的开展基于著名的心理学家皮亚杰、维果茨基等人提出的建构主义理论，其内容主要包括以下几个方面：

①每个人受经验影响以及对经验认识的不同，对世界的理解也是不同的。因此，学习是学生自主构建知识的过程。

②学习的过程同时是新旧信息的重新建构过程：一方面，是对原有经验和认知的改造和重组；另一方面，是对新信息意义的建构。建构主义强调学习者在学习过程中形成对概念的理解应建立在自身经验的基础之上，

只有这样，在面临新的情境时，原有的经验和认知才会因为新的信息进入而出现调整和变化，并以此为基础，形成新的建构。

③语言文字赋予知识外在形式，但学生对知识的理解不是建立在语言文字之上，而是建立在自身的经验之上。

④对同一事物的认识，不同的人有不同的建构。这就需要学生在教学过程中加强合作，在吸收他人不同观点的基础之上，使自己对事物的认知更加丰富。

⑤教师应当引导学生以原有的经验、知识为基础形成新的认知。建构主义认为，教学不是知识的传递，而是知识的传递与转换。

⑥教师在教学中应起到主导作用。教师由知识的传授者、灌输者转变为学生主动建构意义的帮助者、促进者。强调学习过程中学习者的主动性，教师的辅导性。

（2）教育学理论基础。

探究式学习的教育学理论基础来自美国实用主义教育家杜威。杜威针对传统教育的缺陷提出了“经验中心”“儿童中心”“活动中心”的“新三中心论”。

在批判传统教育的过程中，杜威形成了“儿童中心主义”。在传统教育体系中，“学校的重心在儿童之外，在教师，在教科书以及你所高兴的任何地方，唯独不在儿童自己即时的本能和活动之中”。在传统教学中，儿童只能受到“训练”“指导和控制”以及“残暴的专制压制”，如何去除这种弊病，杜威认为，要实现教育中心的转移，从教师、教科书那里转移到儿童的身上。杜威提出了教育过程的五个步骤：教学法的要素和思维的要素是相同的。这些要素就是：第一，学生要有一个真实经验的情境。第二，在这个情境内部产生一个真实的问题，作为思维的刺激物。第三，他要占有知识资料，从事必要的观察，做出解决疑难问题的假定。第四，他必须一步一步地展开他所想出的解决问题的方法。第五，他要有机会通过运用来检验他的想法，使这些想法意义明确，并且让他自己去发现它们是否有效。总之，杜威主张的以“探究”为基础的认识论批判了传统的“二元论”认识论，突出了探究主体在认识活动中的重要性，为现代教育重新认识知识的作用和学生个体的活动提供了思想基础。

2. 探究式学习的主要特征

探究式学习主要有发展性、真实性、主体性、问题性四个特征。

（1）发展性。

探究式学习具有发展性特征，主要有两个原因：其一，探究式学习的评价采取类似于纵向评价的方式，鼓励学生不断超越之前的自我而获得新的发展。学生通过不断进步而拥有越来越多的自信，也就能迎来新的成功，进而提高了内在驱动力。其二，探究式学习是在活动的模式下进行的，而活动的这种开放性让学生可以充分发挥自由的权利，表现学习的主体性，从而促进个体发展。

（2）真实性。

英语学习具有真实性特点，因为英语学科的内容大都来自日常生活，与学生的真实生活较为贴近。探究式学习的真实性不仅体现在内容上，还体现在过程上。在探究式学习中，学生将自己的知识、情绪、态度和兴趣等真实地表现出来，对学习中出现的真实问题进行信息加工。

（3）主体性。

探究式学习主张学生不断挖掘自己的内在潜能，只要智力正常，都可以通过学习提升自己的创新能力。探究式学习常常是多人参加的过程，这既是探究式学习本身所要求的，也是为了适应学习型社会的需要。它注重个体体验，将知识的学习看成认识、情感和人格的综合结果。学生在这种学习活动中都能获得一种主人翁的感受，学生不是被动地接受教师传递的知识，而是自己控制探究式学习的进度。学生也不把教师分配的任务看作一种外来压力，而是看成自己学习的契机。它鼓励学生充分发挥自己的主观能动性，积极参与探究活动，形成多方面的学习交流，从而创造一种开放、民主的学习氛围。

（4）问题性。

探究式学习就是一种发现问题、提出问题进而解决问题的过程，这也是一条通往创新能力提升的道路。人类的进步和社会的发展正是由问题开始的。问题和学习是相辅相成的关系，问题越多，产生的学习活动就越多；产生的学习活动一旦多起来，问题也会自然而然多起来。也就是知识越多，越能发现问题的原因。问题是学习的线索，由问题入手，才会激发学生的好奇心，才会有深刻而全面的思考。

二、多元文化教育与探究式学习实施的意义

大学英语学习者常常来自不同地区、不同家庭，他们有着多样性的特征。在大学英语课堂教学中，教师应引导学习者进行不同议题的探究。多元文化教育与探究式学习实施的意义具体表现如下：

1. 面对并欢迎各种差异

教学课程应当面对、包容甚至欢迎各种差异。在课堂中，教师可与学习者分享不同的文化经验及对事件的看法，促发学习者分享自己的文化和观点。课堂应是一个民主的场所，各种不同的观点都应被重视，并使学习者获得技能和态度，检测各种知识的正当性及适切性，以便适应复杂的社会。

2. 每个学习者拥有发言权

能够促进成人学习者发展的课堂应赋予每一个学生发言权。课堂是一个合理的沟通情境，每一个人有权为自己的社会文化知识与历史发声，发言的权利是平等的，不因成绩高低、文化、阶级、性别而有所不同。教师应引导学生尊重每个人的发言权，鼓励同学间进行对话，除了针对学习内容进行对话外，还能觉知自己所说的话，并能清楚地说出自己的想法，进

而对其他同学发言的内容进行深入的思考，了解其想法，吸取别人的优点。

3. 提供心理安全的学习环境

在语言课堂中，有些学习者受学习经历、社会地位及经济状况影响，在学习过程及课堂中缺乏心理安全感。探究式教学鼓励学习者积极发言，并期望他们能很自在地进行学习，因此教师能够营造一个安全的教室气氛，学习者不会因为自己和他人不同而招致异样的眼光，不会因上课发音及发言内容的问题被同学取笑。每一个学生都应被尊重，包括他的家庭、文化、思想等，每一个学生除了展现自身的文化外，也应尽可能去理解他人的文化，进而彼此尊重、包容。

三、大学英语教学中探究式学习的实施

1. 大学英语教学中探究式学习的实施原则

（1）组织形式原则。

探究式学习一般采用个人独立探究、小组合作学习和班集体讨论相结合的组织形式。个人独立探究需要学生个体具备一定的理论知识和初步的判断分析能力，因此这种组织形式适宜在高年级使用。在小组合作学习中，小组成员利用课后对收集的信息进行汇总、分析，找出难点和解题思路。集体讨论在实践中使用得较多，教师事先要根据教材内容提出问题，由学生课后搜集相关信息并归纳整理，然后在班上集体讨论，这种组织形式适宜在课堂上使用。

（2）因材施教原则。

教师在引导学生探究学习的过程中要细致入微地观察、了解学生，考虑到年龄、家庭背景、生活经历等因素，因人施教，实施匹配策略。比如，对具有学习主动性的学生可以采用有意识的策略，使其主动掌握某些学习方法，较快地提高英语水平。对英语学习存在困难的学生则宜采用针对性

较强的个别指导策略，帮助他们树立学习英语的信心。

（3）课程性原则。

大学英语课程涵盖口语、听力、阅读、写作等课程，教师应针对不同课程的特点采用相应的教学原则。口语教学以训练学生的交际策略和补偿策略（借助补白词、体态语等）为主，提倡听说结合，尽可能为学生提供使用语言的机会，如背诵、复述、描述图片、演讲、就某一主题陈述观点等；听力课的目的在于培养学生听力理解的能力，将认知策略和元认知策略交叉训练可以提升教学效果；阅读课要训练学生略读、寻读、预测、猜测生词意思、识别指代关系的策略，以及预测文章内容、辨别内容要点和重要细节、分析推论文学内容以及评价阅读内容等阅读技巧。写作课侧重训练学生的背诵、造句、构思、语篇衔接等写作策略，开展句子重组、故事重组、平行写作、框架写作等课堂写作活动。

（4）阶段性原则。

在探究式英语教学中，策略意识贯穿于教学过程始终，在不同的阶段要运用不同的策略原则。

①进入情境阶段。

探究式教学的核心是“问题”，可以通过问题的发现和探究来激发学生的求知欲和创造意识。教师要创设问题情境，如讲座、提供资料、介绍国内外的研究成果（特别是最新研究动态），以做好背景知识的铺垫，激发学生的好奇心，诱发学生研究探索的主动性。现行教材包含内容相当丰富的文化主题，教师可从其中挖掘出各种各样的话题供学生进行探讨，以建立起一种以学生为中心、以话题讨论为基础的课堂模式。

②实践体验阶段。

在学生了解了所提问题的背景知识和相关信息后，教师要提出研究课题，布置研究任务，并引导学生对问题进行探究。首先，为学生提供探究的机会，使学生既有个体独立探究的时空，又有小组内交流、相互切磋的机会，获得亲自参与探究的体验，逐步形成参与研究、努力求知的心理倾向，为终身学习打好基础。其次，指导学生学会利用社会调查、网络资源等去收集资料，通过筛选、探究获得所需信息，以此拓展学习空间，培养学生自主学习和自主解决问题的能力。最后，通过情境体验策略、习得与操练策略或成果交流策略等，引导学生独立思考，对关键词语和疑难句型在新的情境中加以操练，以巩固基础知识；通过组织讨论，锻炼学生在规定时间内有组织、有条理地陈述个人观点，交流成果。

③评价检验阶段。

探究教学的结果是多角度的，其评价也应该是多元化的。教师应把定性描述与定量计分相结合，将形成性评价有效融入探究教学的全过程，多给予学生正面、肯定的评价，让学生在自我反思中总结经验，提高学习效率。

2. 大学英语教学中探究式学习的实施步骤

探究式学习的步骤主要是明确任务—分配工作—教师指导—汇报结果—科学评价。

（1）明确任务。

在学习之前，为了使学生完全理解要求，英语教师应当明白清楚地告诉学生学习重点、学习目标。

（2）分配工作。

明确任务以后，教师就可以分配工作了。首先，教师要将全体学生分为若干个小组，然后，分别指定小组长、记录员、汇报员，其任务见表 5–1：

表 5–1 小组长、记录员、汇报员的工作任务

职 务	任务
小组长	要求有领导才能，能带领全组学生有条理地展开交流，进行探究学习。
记录员	负责记录本次探究学习的重要内容。
汇报员	将探究学习的情况概括地向全班交代清楚。

（3）教师指导。

开展探究式学习，教师必须全程进行指导，在整个活动中起到导航、指路的作用，同时应该为学生清楚地描述学习的整个过程。需要特别留意的是，学生始终是学习的主体，在整个学习过程中，教师不能代替学生去做，而应该处于从属地位，在每个阶段都要给予学生建设性的意见，辅助、指导学生顺利地完成学习任务。

（4）汇报结果。

探究式学习快要结束时，学生必须反思整个学习过程，总结不足之处和做得好的地方，然后还要和全班同学分享学习成果。汇报结果时，可以通过抽签的形式决定汇报的顺序。汇报结果有两个好处：一是锻炼学生的语言表达能力，二是其他学生极有可能从汇报中注意到易犯的错误并学到一些成功的经验。

（5）科学评价。

进行探究式学习，英语教师应该掌握可靠的、科学的评价体系。学习评价是有关教师的教学质量以及学生学习成果等的信息。在探究式学习中，根据评价结果，学生可以不断调整学习过程，达到理想的学习效果。英语教师应当根据学习目的确定评价标准，灵活地选择评价主体、评价方式和评价手段。为了帮助学生更全面、更真实地认识探究式学习，不断改变学习方法、改进学习态度等，英语教师应当结合学生互评、自我评价、定量评价、定性评价等适当表扬做得好的学生，给予各种正面的强化。

①评价主体。

有多元的评价主体，评价才能取得良好的效果。评价主体包括教师、家长、学生等，评价时，可以是自我进行评价、教师对学生进行评价，也可以是师生之间、生生之间相互评价，当然，还可以邀请社区人士和家长进行评价。需要注意的是，评价结果要保密，以维护大学生较强的自尊心和自我意识。

②评价方法。

评价方法有很多，如测验法、问卷法、观察法、访谈法。测验法主要涉及题目的选择，要选择生活化、难度适中的题目；使用问卷法时，可不设置唯一答案而采取开放性答案；使用观察法时，必须做好观察记录，尤其是重要细节不能遗漏；使用访谈法时，要事先准备访谈提纲，并且让每组学生回答相同的问题。

③评价方式。

最完善的评价方式应该是将质性评价和形成性评价相结合。相对于量化评价（以简单的数字为呈现形式），一般表现为文字性描述的质性评价更能传达出优劣等信息。探究学习时进行形成性评价（也叫过程性评价），能够使学生及时在学习过程中发现问题，从而进行适当的改进、调整。

④评价目的。

评价目的是将评价作为学习的一种鞭策手段，不应该是根据成绩好坏将学生分类、分等级，不能使学生因评价结果不好而出现长时间的情绪低落。

三、大学英语探究式学习的评价原则

1. 鼓励性原则

由美国著名心理学家罗森塔尔和雅格布森在小学教学上予以验证提出的皮格马利翁效应的意思是指：“说你行，你就行，不行也行；说你不行，你就不行，行也不行。”它告诉我们，鼓励在生活中会产生巨大的作用。尽管学生在探究式学习的过程中暴露出许多问题，教师的评价还是应以激励为主，及时指出问题并帮助学生共同解决，以肯定的方式激励学生的学习兴趣。

2. 过程性原则

探究式学习的重点是过程，当然，我们也需要看到最终的结果，但是一旦结果出现偏差，师生的心理可能会随之偏差，对探究式学习的实践效果产生怀疑，这时最好的办法是寻找实践过程中的问题，师生共同讨论问题妥善的解决办法，促使问题得到有效解决。

3，独创性原则

语言不是一成不变的，由于每个学生在文化背景、知识构成等方面存在巨大的差距，加上英语本身表达的丰富性，我们应该尊重学生思维的独创性，不可盲目追求千篇一律。

第二节　合作学习

合作学习是20世纪70年代初由美国著名教育家David Koonts首先提出和使用的，并在70年代中期至80年代中期取得实质性进展的一种教学理论与教学策略。具体来说，合作学习是一种结构化的、系统的学习策略，由2~6名能力各异的学生组成一个小组，以合作和互助的方式从事学习活动，共同完成小组学习目标，在提高每个人的学习水平的前提下，提高整体成绩，获取小组奖励。

一、合作学习的理论基础及主要特征

1. 合作学习的理论基础

合作学习的理论基础主要是选择理论、动机理论、教学工学理论、社会互赖理论、凝聚力理论。

（1）选择理论。

选择理论原称控制理论。1996年哥拉斯将自己1979年就倡导的控制理论改称为选择理论。哥拉斯指出："我过去把选择理论称为'控制理论'，

是因为它告诉我们，人的行为只有我们自己才能控制。我发现‘选择理论’是一个更好、更积极和更完美的名称。”由此可以看出，选择理论与控制理论是同一种理论。

哥拉斯指出：“控制论是建立在这样的事实基础上的，即我们是被内在动力所推动的，是被我们的各种需要所驱使的。这些需要如同我们的胳膊和腿之连于我们的生动性结构一样，也建立于我们的生物性结构之上。我们一出生，就必须去奋斗。我们为生存，为获得一些爱、一些力、一些乐趣和自由，我们只有靠争取，别无选择。这些需要，我们经常能满足到什么程度，也就是我们控制自己生活的效力能达到什么程度。”哥拉斯认为：“我们都被潜伏于基因中的四种心理需要所驱动，它们是：归属的需要、力量的需要、自由的需要和快乐的需要。与我们必须靠食物和住所来生存一样，我们也不能忽视这些需要。满足其中的一种或几种需要都会使人感到愉快。实际上，快乐就是告诉我们一种需要得到了满足。痛苦则告诉我们目前我们的所作所为无法满足我们非常想满足的那种需要。我们之所以苦恼，原因就是我们无法找到怎样才能满足这些需要，如果这种失败的痛苦持续不断，几乎可以肯定地说，约翰（实际上是指学生）两年内就会离开学校。”他还指出：“虽然今天的学校教育过于压抑，不够愉快，但这不是问题的焦点。学生懂得在一个群体情境中不可能让他们自行其是，需要遵循规则和纪律。另一方面，如果有了归属感和影响力，愉快也是自然而然的事。所以问题就集中到了归属的需要和影响力的需要。”

总之，选择理论是一种需要满足理论，该理论认为，学校是满足学生需要的重要场所。学生到学校来学习和生活，主要的需要就是自尊和归属等。按照选择理论，不爱学习的学生，绝大多数不是“脑子笨”（硬件问题），而是他“不愿学习”（软件问题）。只有创造条件，满足学生对归属感和自尊感的需要，他们才会感到学习是有意义的，才会愿意学习，才有可能取得学业成功。许多学生正是因为在课堂上得不到认可、接纳和表现出对别人的影响力，才转向课外活动、校外小团体等寻求满足自己需要的机会。可以说，“只有愿意学，才能学得好”是选择理论最为通俗的一种表述。

（2）动机理论。

动机理论主要研究学生活动的奖励或目标结构。道奇曾界定了三种目标结构：合作性结构、竞争性结构和个体性结构。从动机主义者的观点来看，“合作性目标结构（与竞争性相反）创设了一种只有通过小组成功，小组成员才能达到个人目标的情境。因此，要达到他们个人的目标，小组成员必须帮助他们的成员做任何有助于小组成功的事，而且，或许更为重要的就是要鼓励同伴们去尽最大的努力”。

动机主义者在批评传统课堂组织形式时指出，课堂中的竞争性评分和非正式奖励制度导致了学业努力相对立的同伴规范。由于一个学生的成功会削弱其他学生成功的可能性，学生们就可能产生这样一种想法，即谁得高分就是为了“出风头”，或者是想成为老师的“宠儿”。“竞争性的计分标准造成一种同伴常模，这种常模不利于调动学生努力学习的动机”。另外，这种阻碍和限制工作的规范在工业上也是人人皆知的。如工作中的“快手”就会受到其工作同伴的讽刺和排斥。然而，当学生们为了一个共同的目标而一起活动时，在合作性奖励结构下，他们学习的努力有助于同学的成功，学生们在学习上会因此而相互鼓励，强化彼此在学业上的努力，并且能形成有利于学业成绩的规范。

约翰逊等人认为，学习动机是借助于人际交往过程产生的，其本质体现了一种人际相互作用建立起的积极的彼此依赖关系。激发动机的最有效手段就是在课堂教学中建立起一种“利益共同体”关系。这种共同体可以通过共同的学习目标、学习任务分工、学习资源共享、角色分配与扮演、团体奖励和认可来建立。小组成员之间形成“休戚相关”“荣辱与共”“人人为我，我为人人”的关系是动机激发的一个重要标志。

（3）教学工学理论

教学工学理论认为，影响课堂学习质量及社会心理气氛的因素主要有三个：任务结构、奖励结构和权威结构。斯莱文博士认为：“课堂教学工艺学可以描述为三个要素：任务结构、奖励结构和权威结构的统一体。”

具体而言，任务结构包括：教学方式方法，如讲解、提问、课堂讨论、作业练习、实验操作等；教学组织形式，如全班教学、分组教学或个人自学。在分组教学中，又有同质分组和异质分组之别。合作学习在任务结构方面利用小组合作，异质性小组团体采用各种不同方式的学习活动来进行学习。

奖励结构，一方面，是指运用何种方式来强化学习行为的结果，它涉及：奖励类型，如分数、表扬或物质性鼓励；奖励频数，如奖励间隔时间的长短、奖励数量的多少等；奖励的可接受性，如直接奖励或间接奖励；奖励的对象，如面向全班、小组或个人。另一方面，一个学生的成功同时可以帮助别人成功，合作学习利用这一正性的互赖关系来激发和维持学习活动。

权威结构主要是指在课堂这一社会系统中，教师或学生控制教学活动的程度。任何社会都必须有社会控制，这样才能维持社会秩序并满足社会需要，课堂这一社会系统也是如此。在课堂中，控制可能由教师个人、学校行政人员、其他成人、学生自己、同伴团体、班长等来承担。在传统的教学体系中，通常是由教师个人以奖惩和分数来控制学生的学习及各种行为表现的。学生的努力和用功只是为了避免教师的处罚并为自己赢得某种利益，这是无法满足开放社会要求的，也无法使学生真正地张扬个性，获得最佳发展。合作学习则不同，它要求学生利用自己的内在动机及同伴的激励来控制自己的行为，去努力进行学习，最大限度地获得学习上的成功。

从表面上看，合作学习似乎只是改变了课堂内的社会群体结构，但在实际上，课堂上的任务结构、奖励结构和权威结构都发生了很大的变化，这是值得注意的。在以上三种课堂结构中，合作学习首先将任务结构中的教学方式方法从传统意义上师生之间的单向交流或双向交流，拓展为各教学动态因素之间的多向交流。其次，合作学习还将分组教学作为教学的基本组织形式确定下来，分组的观念一改以往能力分组中所强调的同质性，而是主张将小组成员按学业成绩、能力水平、个性特征、性别比例、家庭社会背景等因素进行合理搭配，形成一个微型的合作性异质学习团体。在奖励结构中，合作学习把以往表面上面向全体学生，实际上却鼓励人际竞争的奖励形式改变为面向小组全体成员的合作性奖励。在权威结构中，合作学习强调的是以学生自我控制活动为主，以教师指导协助为辅，用约翰逊的话来讲，就是“从旁指导”。

（4）社会互赖理论。

关于社会互赖理论的研究可以追溯到20世纪初。格式塔学派的创始人考夫卡曾经指出：“群体是成员之间的互赖性可以变化的动力整体。”考夫卡的同事勒温对上述观点进行了阐发：第一，群体的本质就是导致群体成为一个“动力整体”的成员之间的互赖（这种互赖通常由共同目标而创设），在这个动力整体中，任何成员状态的变化都会引起其他成员状态的变化。第二，成员之间紧张的内在状态能激励群体达成共同的预期目标。

勒温的弟子道奇在20世纪40年代末提出了合作与竞争的理论，这对合作学习的发展产生了直接影响。道奇认为，在合作性的社会情境下，群体内的个体目标表现为“促进性的相互依赖”。也就是说，个体目标与他人目标紧密相关，而且一方目标的实现有助于另一方目标的实现。而在竞争性社会情境下，群体内个体目标则体现为“排斥性相互依赖”，虽然个体目标之间联系紧密，但一方目标的实现却阻碍着另一方目标的实现，是一种消极的相互关系。

道奇的学生戴卫·约翰逊同他的兄弟荣·约翰逊一道，将道奇的理论拓展为“社会互赖理论”。社会互赖理论假定：社会互赖的结构方式决定着个体的互动方式，依次也决定着活动结构。积极互赖（合作）产生积极互动，个体之间相互鼓励和促进彼此的学习努力。消极互赖（竞争）通常产生反向互动，个体之间相互妨碍彼此取得成绩的努力。在没有互赖（个人努力）存在的情境下，会出现无互动现象，即个体之间没有相互影响，彼此独立作业。这就是约翰逊兄弟提出的社会互赖理论的要义。据此，约翰逊兄弟明确地指出课堂中存在合作、竞争与个人单干三种目标结构，并由此构成三种不同的教学情境。在合作的目标结构下，个人目标与群体目标是一致的，个人目标的实现取决于群体其他成员目标的实现，个人目标的实现与群体的合作相联系；在竞争的目标结构下，个人目标的实现与群体目标的实现是负相关，若某一成员实现了自己的目标，其他成员就不能实现自己的目标；在个人单干的目标结构下，个人的利益与他人没有关系，个人目标的实现不影响他人目标的实现。

从社会互赖理论的角度来看，合作学习的理论核心可以用很简单的语言来表述：“当所有的人聚集在一起为了一个共同的目标而工作时，靠的是相互团结的力量。相互依靠为个人提供了动力，使他们互勉，愿意做任何促进小组成功的事，互助，力使小组成功；互爱，因为人都喜欢别人帮助自己达到目的，而合作最能增加组员之间的接触。”

（5）凝聚力理论。

与动机论有些联系的另一种观点认为，合作学习对于学习成绩的影响在很大程度上是以社会凝聚力为媒介的。实质上，学生在学习上互相帮助是因为他们相互关心并希望彼此都获得成功。这种观点与动机观的相近之处就是它强调从动机而不是从认知上解释合作学习的教学效果。

动机理论家们认为，学生帮助小组同伴是由于他们自身的利益要求这样做。相反，社会凝聚力理论家们则认为，学生帮助小组同伴学习是由于他们关心集体。社会凝聚力观点的一个重要标志就是突出合作学习小组的组建活动，以及小组活动过程之中和之后的小组自我评价活动。社会凝聚力理论家倾向于不接受动机理论家视为根本的小组奖励和个体责任。他们认为："如果学习任务是具挑战性和有趣味的，如果学生具备充分的小组过程技能，那么学生们就会于集体工作过程本身体验到高度的奖赏性——永远不要对小组成果中的个人贡献进行评分或评价。"沙伦与阿朗逊等人的研究就主要是以社会凝聚力理论为依据的。在他们创设的合作教学方式中，学生都承担着一定的角色。在阿朗逊的"切块拼接法"中，将四或五个课题分配给小组成员，学生分别学习一个课题的材料。他们在"专家组"中与其他小组学习同一课题的学生开会交流信息，然后再回到各自的小组中去轮流讲解所学的课题。在沙伦的"小组调查法"中，各小组承担全班学习的某一单元内的各个课题，然后在小组内再进一步将课题分解为各项子课题。学生共同探讨某一课题，最后将他们的研究成果向全班介绍。

"切块拼接法"和"小组调查法"都要求将学习任务专门化，这样做的目的就是要在小组中创造一种相互依赖性。在约翰逊兄弟的方法中，这种相互依存性是通过让学生担任"检查员""记录员""观察员"等不同角色实现的。约翰逊兄弟的研究似乎对动机主义和社会凝聚力的观点都持赞成态度。

凝聚力理论家们认为，小组建设、小组评议及任务的专门化不但可以使小组的成员协调工作，而且会使全班作为一个整体发挥整体功能。每个人不管能力大小，都能为小组任务及全班任务的完成做出独特的贡献。

2. 合作学习的主要特征

合作学习的主要特征为：以异质小组为基本形式，以小组明确的目标达成为标准，以小组成员相互依赖的合作性活动为主体，以小组总体成绩作为评价和奖励的依据。

（1）以异质小组为基本形式。

从合作学习的组织形式来看，它打破了传统教学中教师始终面向班级全体授课的形式。全班的学生被分成若干个小组（这种组与传统意义上的一排或一列为一组有本质的不同），在整个学习过程中，都以小组活动作为主体。通过学生在组内的充分交流与合作，自主探究，最终完成教师布置的学习任务。

（2）以小组明确的目标达成为标准

在传统的教学中，教师只关注自己所教的知识能否被学生掌握，目标可以说非常单一。合作学习至少有两个目标体系：学术性目标及合作技能目标。首先，教师要明确本部分内容通过学生的合作学习可能让学生掌握得更好。其次，在合作学习中，学生很明确自己小组的目标是什么，以及具体到自己又是什么。最后，教师还应清楚，通过这些知识的学习，可以发展学生的哪些合作或社交技能。

（3）以小组成员相互依赖的合作性活动为主体。

合作学习是创设的学习环境，它强调通过调动学习共同体各因素间的合作性互动来推进学生的学习。这种互动不是指师生之间单向或双向的交流互动，而是指教师与教师、教师与学生、学生与学生之间展开的多向互动，要在教师与学生彼此影响的基础上挖掘同伴的影响力，利用每个学生不同的知识背景及多元的个性，让他们在不断的交流与合作中建构知识。

（4）以小组总体成绩作为评价和奖励的依据。

合作学习把“不求人人成功，但求人人进步”作为追求的一种境界，同时将其作为教学评价的最终目标和尺度，把个人之间的竞争变成小组之间的竞争，把个人记分改为小组记分，把小组总体成绩作为奖励或认可的依据，形成组内合作、组间竞争的新格局，使得整个评价的中心由鼓励个人竞争达标转向大家合作达标。

上述特征中，“以小组成员相互依赖的合作性活动为主体”是合作学习区别于传统班级教学最本质的特征。合作学习通过创设“组间同质，组内异质”的小组形式，改变了传统班级教学结构。

3. 合作学习的意义

（1）有利于学习者维持健康的心理。

合作学习能够维持人们健康的心理，从而提升幸福感，增强人体免疫力。良好有效的合作学习不仅可以使成员形成较高的自尊心，而且可以提高成员对所处情境和其他成员情绪的观察力与敏感度。自尊心、观察力和合作精神在相互联系的社会网络中一直是人们维持自身心理健康的重要因素。

（2）有利于学习者形成积极的人际关系。

人际关系与学习效果之间的关系是相辅相成的，存在效果良好的合作学习，就必然存在正面的、积极的人际关系；反过来，积极的、正面的人际关系也必然会使学习效果正当、良好。为了获得理想的学习效果，小组成员必须努力做到以下几点：为了使成员在未来做得更好，相互评价时，应积极反馈；为了拉近彼此的关系，有分歧时，各成员要能接受质疑，平等地、和气地沟通、讨论；被鼓励、被尊重能增强学习欲望，所以成员之间要相互激励；要减小心理防御，增强信任感，以便高效合作。

（3）有利于学习者发展批判性思维。

批判性思维的主要特点是分析性与开放性，合作学习中的讨论、互动等鼓励学生开放性地表达不同的思路、不同的观点，以便成员一起分析、思考。有大量数据表明，相对于学习内容，正确的学习方法，尤其是合作学习的小组讨论更能促进学习者发展批判性思维。

（4）能培养学生的责任感和集体荣誉感。

尽管学生们的能力、性别以及任务的性质等方面存在差异，但是通过参与合作学习，学生们都有了更多的责任感和义务感，相互之间也更加关心，问题就变得比较容易解决。而且大家在互相学习的过程中能够不断地学习别人的优点，反省自己的缺点，有助于进一步扬长避短，发挥自己的潜能，使大家在共同完成学习、工作的过程中不断提升学习能力与工作效率。

二、合作学习的基本理念和多元文化教育

1. 合作学习的基本理念

合作互动学习与传统教学相比，有着许多质的不同。综合观之，合作学习的基本理念主要包含以下几方面内容：

（1）互动观。

在合作学习的诸多理念中，最令人注目的当属互动观。由于合作学习视教学动态因素之间的互动为促进学生学习的主要途径，所以这种互动观无论在内容上还是在形式上都与传统的教学观有所不同，它不再局限于师生之间的互动，而是将教学互动推延至教师与教师、学生与学生之间的互动。国内外大量实证研究表明，合作学习的互动观是一种先进科学的互动观，是对现代教学互动理论的发展。合作学习的互动观主要突出了以下几方面内容：

①教学活动是一种复合活动。

合作学习的互动观是建立在对现有教学互动观的反思基础之上的，是对现代教学互动观的一种发展。合作学习理论认为，教学过程是一个信息互动的过程，是师生之间、生生之间相互作用的过程。合作学习理论认为，教学是一种人际交往，是一种信息互动。从目前世界各国的合作学习实践来看，合作学习还是把互动的中心更多地聚焦在了生生之间关系的拓展上，这是当前教学实践中常常被人们忽视的一个重要领域。

受传统教育影响，我们往往把教师与学生之间的关系视为教学中唯一重要的关系，认为学生能掌握知识、发展智力，主要取决于与教师的互动。目前国内不少学者把教学仅理解为“师生双边活动的过程”的观念实际上就是上述思想的折射。合作学习理论认为，把教学这一复杂的现象仅当作

教师与学生之间的双边互动的过程来认识，实在是过于简单化了。实际上，教学不仅是教师与学生之间的双边互动的过程，它还涉及诸如单向型互动、多向型互动、成员型互动等互动过程，是多种互动过程的有机统一，是一项复合活动。

②突出生生互动的潜在意义。

合作学习能在世界范围内取得成功，很大程度上取决于它对生生互动的创造性运用。在传统教学中，学生与学生之间的相互作用通常被认为是无关紧要的或是消极的因素。合作学习的代表人物约翰逊曾对此发表过精辟的论述，他指出："由于教育工作者认为，学生之间的相互作用是没有什么好处的，所以没有人主张对这种关系加以建设性的利用，也就不去系统地训练学生们相互交往所必备的基本社会技能。毫无疑问，成人—儿童双边活动的教和学的观点，低估了课堂上学生—学生相互作用和关系的重要作用。"

约翰逊说："实际上，教师的一切课堂行为，都是发生在学生—同伴群体关系的环境之中的。在课堂上，学生之间的关系比任何其他因素对学生学习的成绩、社会化和发展的影响都更强有力。但课堂上同伴相互作用的重要性往往被忽视。学生之间的关系是儿童健康的认知发展和社会化所必须具备的条件。事实上，与同伴的社会相互作用是儿童身心发展和社会化赖以实现的基本关系。"

③强调师师互动的前导地位。

传统教学虽然也时有教师集体备课的活动或形式，但并没有将之纳入教学的流程之中加以统合。合作学习则不同，它将师师互动作为教学的前导性因素纳入教学系统，扩大了教学系统的外延，并将之视为教学过程不可或缺的一个环节，这是一种创新。合作学习理论认为，与学生一样，教师之间在知识结构、智慧水平、思维方式、认知风格等方面也存在重大差异，即使是教授同一课题的教师，在教学内容处理、教学方法选择、教学整体设计等方面的差异也是很明显的。这种差异是一种宝贵的教学资源。通过教师与教师之间就所教授内容的互动，教师可以相互启发、相互补充，实现思维、智慧的碰撞，从而产生新思想，使原有的观念更加科学和完善，有利于达成教学目标。

（2）目标观。

合作学习是一种目标导向活动。由于合作学习强调动态因素之间的合作性互动，并借此提高学生的学业成绩，培养学生良好的非认知品质，因而这种教学理论较之传统的教学理论更具情感色彩。当然，合作学习在突出达成情感领域的教学目标的同时，非常重视其他各类教学目标的达成。正如合作学习的研究者们所讲的那样：“在教学目标上，注重突出教学的情意功能，追求教学在认知、情感和技能目标上的均衡达成。”

合作学习理论认为，学习是满足个体内部需要的过程。对于教学来说，合作学习的假定是：“只有愿意学，才能学得好。”只有满足学生对归属感和影响力的需要，他们才会感到学习是有意义的，才会愿意学，才会学得好。基于这种认识，合作学习将教学建立在满足学生心理需要的基础之上，使教学活动带有浓厚的情义色彩。从合作学习的整个过程来看，其情义色彩渗透于教学过程的各个环节之中。

尤其是在小组合作活动中，小组成员之间可以互相交流，彼此争论，互教互学，共同提高，既充满温情和友爱，又像课外活动那样充满互助与竞争。同学之间通过提供帮助而满足了自己影响别人的需要，同时，通过互相关心而满足了归属的需要。在小组中，每个人都有大量的机会发表自己的观点与看法，倾听他人的意见，有机会形成良好的人际技能，当学生在一起融洽合作、工作出色时，他们学到的东西会更多，学得也会更加愉快，由此可以实现认知、情感与技能教学目标的均衡达成。

合作学习在注重达成上述三类目标的同时，十分注意人际交往的技能目标，并将之作为一种重要的教学目标予以遵循和追求。当代教学设计专家罗米索斯基在20世纪80年代初即提出:“人际交互技能”同“认知技能”“心理动作技能”“反应技能(态度)”一样,必须在学校教学中占有重要的地位。这类目标涉及培养与他人有效地交往、处理人事关系的能力等,包括咨询、管理、讨论、合作、销售等方面的技能。

有研究认为,合作学习的目标体系可以分成两部分:学术性目标与合作技能目标。在以往的教学过程中,教师通常十分重视学术性目标,而往往忽略学生合作交往技能的训练与培养。而在合作学习课堂中,对学生进行合作技能的教授与训练是一个很重要的组成部分。如果不注重合作技能的教授与训练,学生就会因为缺乏必要的合作技能而无法进行合作,从而直接影响合作学习的顺利进行,甚至严重削弱教学效果,至于培养学生的合作品质,更无从谈起。

(3)师生观。

合作学习提倡教师当好“导演”,学生当好“演员”,而不再像传统教学强调的那样,教师为了保持所谓的权威,既“导”且“演”,结果是“导”不明、“演”不精,事倍功半,苦不堪言。与此相应的,学生在传统教学情境中只能跑跑龙套,敲敲边鼓,充当配角或背景,甚至是旁观者。在这种教学情境中,学生的主体地位难以真正得到体现,超负荷重复性低水平的练习与作业使学生对学习逐渐失去兴趣,疲于应付,难以实现身心和谐发展。

合作学习从学生主体的认识特点出发,巧妙地运用了生生之间的互动,把“导”与“演”进行了分离,把大量的课堂时间留给了学生,使学生有机会相互切磋,共同提高。如此一来,在传统课堂上许多原先由教师完成的工作现在可以由学生小组来完成,教师真正成了学生学习过程的促进者,而不再作为与学生并存的主体而使得二者对立起来。教师的工作负荷也会减轻,能有时间研究教学问题,科学设计教学方案,进行教学改革,确保“导”的质量。

在合作学习中，教师要充当"管理者""促进者""咨询者""顾问"和"参与者"等角色，旨在促进整个教学过程的发展，使学生与新知之间的矛盾得到解决。教师不再把自己视为工作者，而是合作者。因为如果教师把自己看作工作者的话，那么，他就不会把学生看作人，而是看作工作的对象，予以机械刺激。在合作学习中，教师与学生之间原有的"权威—服从"关系逐渐变成了"指导—参与"的关系。

2. 合作学习与多元文化教育

多元文化教育强调社会学习。在与不同文化的比较中学习其中优秀的有利于自身的东西，这种学习也是相互的。维果茨基也强调学习的社会性，他认为儿童的学习就是通过与成人及比自己有能力的人相互作用来进行的，所以主张学生间、师生间的合作学习。不同种族、民族、社会阶层的学生应该消除偏见，将学习内容进行整合后合作学习。多元文化教育强调双语教学、公平教育，反对按能力分班，使不同文化背景、不同学业水平的学生充分接触多样文化的合作学习。

在社会学习中，把能力高的和能力相对较低的学生放在一起学习，能力较低的学生最近发展区能得到很好的发展，在他们不能单独完成任务时，受到别人一点儿启发，就能很快完成任务，更加深刻地掌握知识概念。同时，不同水平层次的学习者思考问题的方式也是不相同的，他们在此过程中能互相学习。这里面也体现了一种认知学徒式的教学，让学生当老师的学生教学是认知学徒的一种形式。这种形式是让学生在不同文化背景的合作性学习小组中活动，让较优秀的学生帮助不太优秀的学生完成复杂的任务。社会学习也强调在一定的社会情境中的学习，在现实的情境中去完成相应的任务，在学生完成任务的过程中给予相应的帮助，不是教授具体的知识，而是培养学生完成任务的能力。

三、大学英语教学中合作学习的实施

1. 大学英语教学中合作学习的实施原则

除了在各种教学中都普遍适用的一般性合作学习原则之外，更应该贯彻由学科特点所决定的学科合作学习的指导原则。在英语合作学习中，应贯彻以下原则：

（1）量力性原则：

教学应建立在学生通过一定的努力可能达到的知识水平和智力发展水平上，并据此来确定教学知识的广度、深度和教学进度。语言是一个符号系统。作为符号，语言由两个方面内容组成：形式和意义。语言的学习过程就是对形式和意义逐渐认识、内化、深化、应用的循序渐进的过程。这个过程本身就具有很强的程序性，只有在学生已有认知能力、知识积累的基础上才可以不断获得语言应用能力。英语合作学习中的量力性原则应体现在以下几个方面：

①针对学生的年龄特征、认知特征、知识结构来决定合作课堂中的一些策略选择。例如：正式合作学习组织方式的选择、非正式合作学习模式的取舍或倚重、课堂排列模式、评估的内容与形式等都应充分考虑学生的认知特征。在不同的学习阶段，学生会有不同的认知心理、学习策略、整体特征。同时，在同一个学习团体中，不同的学习个体也表现出这样那样的差异性。英语合作学习就应该以这些特征为基础，科学安排教学任务，设置教学目标，同时充分考虑学生的个体差异，对学生进行分组。学习任务应该是经过组员努力能够完成的。完成任务要凭借的学习方法、认知途径应该是学生的个体所擅长的。

②英语合作学习还要使学生具备知识上的合作基础。语言学习是一个循序渐进的过程，语言系统内部由各种分支系统组成，各分支系统内部的

各符号单位之间都处在纵向和横向、聚合和组合关系之中。各个语言单位之间和分支系统之间既相互独立，又相互依赖。在某个学习过程中，某个语言学习目标必须是在已有语言元素、系统片段的基础上要掌握的新元素、新片段。Krashen的输入理论指出，语言习得中的信息输入应该是大量的、可理解的。可理解性是有效语言输入的基本特征，也是有效语言学习的必要保障。因此，英语合作学习应该遵循语言学习过程的客观规律，研究内容形成一定的序列、一定的逻辑，确保学生已有的知识储备能够使其有能力理解目标知识，掌握语言技能。

③英语合作学习不管是教学目标、内容、方式、方法，还是学习习惯和策略，都强调后一经验须在前一经验基础上进一步广泛和深化。目标的设定必须考虑这些目标的提高是否达到一定程度，使学生产生积极投入的动机，以及这些目标的实现是否可以使学生获得满足感。只有当学习目标具有一定的挑战性，学习内容包括许多学生不知又想知的元素时，才可以在更大程度上激发他们的学习热情；只有在小组的学习任务是学习个体难以应对的时候，才可以激发他们的合作热情；只有在各个学习小组完成这些有难度的学习任务后，才可以使全部学生彼此间取长补短、互通有无，通过自己的摸索探究达到团体间的知识共享。

（2）师生协同原则。

合作学习是教师、学生角色的一次革命，在某种程度上颠覆了他们自身过去的角色定位，但教学依然是师生之间相互作用以获得教育的一个过程，教师和学生在合作学习中的协作原则显得更为重要。合作学习的一般流程是：教学目标呈现—集体授课—小组合作活动—测验—评价和奖励，这是合作学习实施的一般顺序。英语的合作学习一般要包括以下几个步骤：参与、转化、呈现、反思，其中任何一个环节都应贯彻师生协同合作原则。

①参与。

教师给学生布置合作学习的活动，在指明活动内容的同时激发学生的学习责任感。教师对概念信息进行加工，决定提供给学生多少信息输入，判定哪些信息是学生的目标信息。在此环节中，教师应该与学生有着充分的交流，这种了解调查无论是隐性的还是显性的，是前置性的还是现时性的，学生的配合、思考、反馈都是教师准确把握信息的保证，教师由此确定哪些信息是要输入、可输入的。此外，集体讲授阶段的教学同样不应该是一言堂，师生间的积极交互是良好授课效果的促进剂。师生积极地协同、配合保证了轻松的传递环境、积极的发收主体、顺畅的输入过程、有效的目标接收。

②转化。

学生通过组织、阐明、精加工和综合分析学习概念来重新组合知识，这是语言合作学习的一个重要环节，学生在此环节要对上一环节中获得的语言信息进行进一步的处理，同时以之为基础，通过个体学习、组内讨论进行深化处理，包括拓宽、内化、理论总结、实践应用。在这个过程中，教师绝不应是旁观者，学生的每个学习动向都应得到教师的注意，教师及时的引导、帮助、鼓励、警示会起到疏通引流、防患于未然的作用，绝对要胜过学生暴露所有问题时再进行的评价、纠正。

③呈现。

教师为学生提供各小组发言机会，然后将各小组学习结果进行汇总，使知识系统化、一体化，这也是小组学习结果的展示阶段。一方面，只有学生积极地参与呈现过程，才可以切实反映出此语言学习过程的收效，说明合作原则在英语教学中的真实贯彻情况。同时，只有这样，才可以提供给学生使用语言的真实环境，使学生在应用中磨炼语言。另一方面，教师在此过程中的专心聆听、辅助讲解、质疑发问、鼓励引导，以及在此过程后期所做的小组知识概括、课堂知识汇总，帮助学生完成了语言应用、成果展示的过程，同时实现了对习得知识的系统化处理，使教学目标生成完整的实现状态。

④反思

师生分析学生在学习过程中的表现，提出进一步改进的建议性意见，这个环节是合作学习的评价阶段。作为合作学习的一个重要组成部分，评价同样需要师生的通力协作。评价包括个人自评、个人互评、组内自评、组内互评、组间互评、教师对小组的评价、教师对学生个体的评价、学生对教师的评价。无论是哪种评价，目的都是在总结、审视中进行反思，总结整体的经验教训，以便更好地开展语言合作学习，分析学习个体的课堂表现，进行鼓励和鞭策，发现教师在教学任务、教学方法、课堂掌控上的不足。没有师生的协同合作，任何一种评价都不会真实、客观，也不会顺利地开展语言学习和教学。

（3）手段优选原则。

基于本身的学科特点、教学目标、学生特征，英语合作学习过程中要选择最有效的教学手段，要综合运用不同的合作策略。具体应该做到以下几点：

①同步学习、分组学习、分层教学与个别学习相结合。

同步学习是最经济的一种教学组织方式，它以教师的系统讲授为主，全员互动是其主要特点。在英语的合作学习中，这也是教师进行语言输入的阶段，目的是为下面的教学环节奠定基础。分组学习在同步学习的基础上进行，很好地体现了教学的计划性、系统性。小组规模由学生的发展阶段、班级人数、习得语言内容等来决定。分组学习应强调“组内异质，组间同质”。另外，分层教学也不失为一个可选择的做法，即针对不同类型、接受能力设计不同层次的教学目标，提出不同层次的学习要求，给予不同层次的辅导，进行不同层次的检测，从而使各类学生分别在各自的起点上选择不同的学习速度，获取数量、层次不同的信息。个别学习是合作学习的基础，独立学习、思考解决一些问题是高水平、有效率合作的基础，是个人“个性化和创造性地占有知识信息”的阶段。

②英语课堂上多种手段相结合。

首先，正式的合作学习可以采用不同的实施模式，如小组分层计分法、小组活动比赛法、小组促进教学法、吉格索法、团体调查法等。每种模式都有不同的侧重，不同的学习方法可以有机结合在语言学习过程中。其次，非正式合作学习的各种手段可以整合使用。对话记录、同伴交流、读书会、同伴回应这些手段都可以有机整合、灵活应用到教育实践中，改善教学效果。最后，合作学习可以和其他教学形态相结合，如对话教学、互动教学、自主学习、探究式学习、问题教学。任何一种教学形式都是与特有的教学目标相联系的，英语教学过程十分复杂，内容十分丰富，因此要使用与合作学习具有互补性的其他教学策略，以产生更大的效果。为了最大限度地发挥课堂优势，完成教学任务，不同手段、模式应该互相借鉴、共同整合。

③发挥资源的最大利用优势。

语言的习得更侧重于知识的输入、输出，这就要求教师充分认识各种教学资源的优点、针对性、局限性，综合利用各种教学资源，协调各种资源，发挥其整体功能。合作学习与其他形式的学习一样，都有各种各样的语言材料可供使用，如直观的与抽象的、共性的与个性的、模拟的与创造的、知性的与感性的，这些材料都可以作为语言合作学习处理的目标。针对不同的教学目标，选择合适的语言材料才可以使合作学习的有效性发挥得更好。

（4）动机原则

心理语言学认为，内在动机是取得学习成功的重要因素。人的学习动机是借助于人际交往过程产生的，其本质体现了人际相互作用建立起来的一种积极的依赖关系。激发动机的最有效手段是建立一种“利益共同体”的关系。合作学习正可以激发学习动机，而学习动机又可以促进合作学习。此外，语言学家 Krashen 认为情感过滤是阻止学习者完全消化学习过程中所得到的信息输入的一种心理障碍，语言信息的输入只有经过情感过滤器的筛选，才可以从语言习得中获得习得语言的能力，其中动机是一个很重要的因素。基于此，英语的合作教学应从以下几个方面来激发学生的学习动机：

①营造轻松的学习环境。

努力创设良好的合作学习氛围，用各种适当的方式给予学生心理上的安全感，多理解、多鼓励、多宽容，使学生在语言习得课堂上有充分的发言、更正、辩证、交流、补充的时间和空间，让各种水平的学生都得到尽情发挥，使每个学生都体验到合作学习的成功与快乐，意识到自己在此过程中的进步和提高。

②培养学生良好的动机。

动机包括：指向自我的学习动机，指向他人的学习动机，指向团体的学习动机，指向社会的学习动机。因此，要培养学生的自我价值观、个体发展目标，以自我成长、自身提高作为自我学习动机的促成因素；培养学生对别人（包括家长、教师）的理解和尊重，以不辜负家长、教师的期望激发学生的学习动机；培养学生的集体感、个人责任心，以履行自己在团体中的学习任务作为动机的源泉；在言传身教中帮助学生培养社会责任感，以满足社会需要作为自己的学习动力。

③建立民主的师生关系。

师生之间民主平等的人际关系、融洽的感情是合作学习的基本前提，语言学习过程更是师生交互习得语言的过程。输入、输出都应在有利于语言生成的人际交往中进行，师生应站在同一层面进行语言双向交流。知识的传授、能力的培养与师生之间的情感交流应是同步的。

④运用肯定性评价和模糊评价。

对学生进步表现的肯定是激发学生学习动机的关键，起着导向、激励、激趣、促知的作用。运用人文性、科学性、肯定性评价，会使学生在学习英语知识的同时，得到精神上的鼓励和语言情感的体验，从而达到自身的认知结构与书本知识结构之间顺利完成同化和顺应的目的。另外，提倡对个人评价采用“分类＋特长＋评语”的模糊评价方式，不以明确学生的班级排名为目的，而以学生自己的过去为参照来让每个学生都看到自己的进步，激发学习动机。

（5）交际原则。

对于非母语学习者来说，学习外语的目的主要不是了解外语的知识和语言规律，而是掌握语言的交际功能，学会用外语进行口头的和笔头的交际。语言的特征之一就是它的情境性。海姆斯指出：“在语言教学中，应把重点从结构能力（语法能力）转移到交际能力上来。”因而，课堂上应该提高学习者在交流中真正意义上的正确使用语言的能力，而非简单参与或控制语言结构。由此可见，最好的学习课堂应该是学生能够理解听到的话语，而且可以直接、积极地参与到与他人的交流中。合作学习的课堂就是要为学习者提供大量的参与真正意义上交流的机会，以提升学习者的语言交际能力。

①提供接近生活的交际情境。

克拉申的监察理论认为，成人发展第二语言能力有两个独立的系统：无意识的语言习得和自觉的语言学习。其中，无意识的语言习得更为重要。中国的英语教学不是在所学语言国家内进行的，没有所学语言的客观环境。因此，课堂教学应尽量为学生提供接近真实的语言环境，把学生引导到真正的言语交际活动中来。

②培养友好的同伴关系。

合作学习状态下的相互影响、相互合作的环境比个体的、相互竞争的环境更易于激发学生的学习动机。如果学习者可以更多地受到周围同伴的关注与尊重并及时得到信息反馈，在学习上取得进步，那么将极大地增强自信心。合作学习就是要发展学习者针对他人的正面情感，减少隔阂和孤独，消除心理屏障，加强小组成员之间的学习交流，创造轻松的学习情境。这样不仅有利于提供语言实践机会，而且可以降低学习焦虑感。

③把交际理念贯穿于整个学习过程。

语言的学习就是不断提升学习者的交际能力的过程。在英语合作学习中，教师应该以实现交际为最终目的，以为交际过程做准备为途径，以是否实现交际、在多大程度上实现交际为评价标准，在语言学习的每个环节中把交际作为一切活动的出发点和落脚点。教师必须把语言作为一种交际工具来教给学生，因为只有在实际交际过程中，学生才能真正理解学习语言的目的，才能真正学会运用语言进行交际，也只有这样，才真正完成了语言学习的最终任务。

2. 大学英语教学中合作学习的实施步骤

大学英语的课堂教学多数为大班授课，这使得教师无法及时发现学生个体存在的问题，进而调整教学进度，修改教学计划。同时，学生没有足够的发言机会，在这种情形下的学习是属于被动式的。因此，在大班授课中引进合作学习模式，既增加了学生表达的机会，也增加了教师与学生接触的机会。通常情况下，在大学英语的教学实践过程中合作学习的实施步骤如下：

（1）划分“合作学习”小组。

在教师的指导下，根据各班人数，将学生划分成若干个学习小组，一般每组 5 人左右，这样可以确保每个学生有足够的发言机会。同时，分组的时候要兼顾性别、学习能力和英语水平搭配，使得小组成员之间存在一定的互补性，但各个合作学习小组的总体水平必须基本一致。每个小组内，由组员自主推选一名组长，组长负责每次活动的分工安排。与此同时，让组员给自己的小组定组名，这样，学生就有了归属感，积极性、参与性也被调动起来。而且，组内成员可以互相监督，从而能按时完成教师布置的任务，实现预期目标。

（2）确定主题及“合作”完成任务。

在开展某个教学计划之前，教师根据计划内容设计相关的学习任务，然后分配给合作学习小组，这样各个小组可以通过网络、图书馆、交流等获取相关资料，然后用多媒体或通过其他形式展现出来。在布置任务时，教师可以对学生给予适当的指导，如向他们介绍查找资料的途径、推荐搜索的网站等。在学生遇到困难时，可以随时通过电子邮件、网络交互平台向教师求助。

（3）评价作品。

各小组完成任务之后，教师应该提供一个平台让他们把自己的成果展示出来。在课堂上，教师可以留出一点儿教学时间，要求某一个小组在这个限定的时间内展示他们的作品，同时要求其他小组认真听、做笔记，并且要求他们向做展示的小组提问，而且要求他们对做展示的小组进行评价。最后，教师再根据学生的反映做点评。

四、大学英语合作学习的评价原则

合作学习的评价应体现合作学习自身的特点，坚持以下原则：

1. 发展性原则

合作学习的评价与传统教学有很大不同。传统的教学评价强调的是常模参照评价，关注个体在整体中的位置，热衷于分数排队，比较强弱胜负。这种竞争性的评价是有局限性的，它把是否“成功”作为衡量学生优劣的唯一标准，脱离了多数学生的实际。在这种评价方式下，只有少数学生能够得到高分或好名次，能够取得分数意义上的成功，大多数学生则注定是学习的失败者，这不利于大多数学生的发展。

合作学习的评价应该着眼于学生的发展与进步，其中主要是分析判断学生存在的不足与问题，让学生在现有的基础上得到实实在在的发展，而不是给学生定位、贴标签。合作学习评价主张从每个学生发展的内在需求和实际情况出发，评价他们的发展过程，寻求更有效的学习方式，激励学生不断努力，追求进步，促进发展。

2. 过程性原则

传统评价重在甄别与选拔，评价的重心在于学习的结果，忽视学生获得答案的推理过程、思考过程，这种只重结果而轻过程的评价会影响学生良好思维品质的形成，压抑学生思考、探究问题的积极性与创造性。在大学英语合作学习中，教师对学生的评价不仅依据期末考试和大学英语四六级考试成绩，还结合每个单元学习中小组合作学习的课堂演示、讨论、课堂观察记录、测验等手段，并利用学生学习档案、网上自主学习、调查问卷等方式综合评价学生的英语学习态度、学习情感、学习效果等。也就是说，合作学习评价不仅关注学习的结果，还关注合作学习的过程，重视形成性评价的运用，强调通过合作学习活动的各个环节具体关注学生的发展，收集合作学习过程中的资料，形成对学生的认识。

3. 多元性原则

传统的学生评价主体单一，由教师评价学生这种评价模式导致评价结论主观、片面，难以保证学生对评价结果的认可，不能适应教育民主化、人性化的发展趋势。合作学习评价主体多元化，教师、学生、合作小组、家长一起参与评价过程，尤其注重发挥学生在评价中的主体作用。合作学习评价内容多元化，既要关注学生的学业成绩，也要关注学生的合作意识、社交技能、实践创新能力及学习兴趣、心理素质。合作学习评价方法多元化，应该运用多种评价方法、手段综合评价学生在知识与技能、过程与方法、情感态度与价值观方面的进步。

第三节 任务型教学

任务型教学兴起于20世纪80年代，是指以具体的任务为学习动力或动机，以完成任务的过程为学习过程，以展示任务成果的方式来体现教学效果的教学方式。任务型教学强调“做中学”，是一种语言社会化和课堂真实化的语言教学方式，该教学方法对我国大学英语教学具有十分重要的意义。

一、任务型教学的理论基础及主要特征

1. 任务型教学的理论基础

任务型教学的理论基础基于语言习得的研究成果，课堂中师生和生生的互动和交际有助于学生运用语言，学生在完成任务的过程中产生语言的习得，并最终达到掌握语言的目的。其理论基础是输入假说、输出假说与交互假说。

（1）输入假说。

根据 Ellis 所说，如果人们想要提高第二语言，就必须有第二语言的输入。输入指的是学习者听到或者读到的语言样本。另一位语言学家 Krashen 提出了输入的“i+1”理论，即如果语言学习者接收到的语言比他现在的语言水平难一点，那么他的语言水平将得到提高。这里 i 代表学习者目前的语言能力，i+l 代表比学习者目前语言水平超出一点儿的语言。

任务型教学可以为学生提供比传统教学法更多的水平适当的语言输入，所以它可以使学生提高语言水平。总的来说，语言输入来自两个方面，一方面是来自学习者阅读或听到语言学习材料，另一方面是来自小组活动或同伴活动中所用的语言。对于第一方面，当学生为了完成一个任务而阅读或者听一些学习材料的时候，他们能得到比在传统课堂上更多的语言输入。当然，教师应该控制输入语言的适宜程度，并且选择比学生现有语言水平稍难一点的语言材料。在传统课堂上，学生的语言输入材料只是教师所给的单词、句型结构、语法知识，而这些和任务型教学课堂上的语言材料相

比，肯定要少很多。对于第二方面，在任务型教学的课堂上，当学生小组活动的时候，学生有更多的机会接触不同的语言。因此，他们有更复杂的语言输入。当这些语言比学生现有语言水平稍难一点的时候，学生将能提高自己的语言学习。这样，学生应该能通过参加任务型教学活动提高自己的语言水平。

（2）输出假说。

Swain 提出了语言输出理论。他认为在学习者的语言习得方面，语言的输出比输入更为重要。Swain 用他在加拿大让学生进行学习时得到的调查结果作为支持他观点的论据。学生的母语是英语，教师用法语教授他们所有的科目，其目的是提高学生的法语水平。但是学生仍然不能很好地用法语说和写。Swain 把这归咎于缺少语言输出。

（3）交互假说。

Long 提出了交互假说，他认为第二语言习得发生在语言交流的时候。这个假说的基本观点是当人们在交谈中互相理解有困难的时候，就会对所用语言的意思进行商讨，这种商讨包括对语言的调整和对所用语言结构进行的修饰。这种商讨的结果是说话双方对语言输入理解得更加透彻，因此促进了语言习得。在任务型教学中，为了完成任务，学生互相交流。在交流的过程中，他们有时会对理解对方的意思有困难。这时说话的双方通常会对谈话内容进行商讨和调整，从而使对方听懂自己的意思。商讨的结果是听话人明白了说话人所输入的语言，从而得以促进听话人的语言习得。随后，当语言学习者在以后的时间里说英语时，他们能够更好地记住正确的表达法并且能说得更正确、更合适。由此可见，任务型教学应该能够帮助学生提高语言水平。

2. 任务型教学的主要特征

任务型教学有自身独特的特点与优势。

（1）缩短课堂与生活的距离。

与传统课堂中教学与生活严重脱节不同，任务型教学缩短了课堂与生活之间的距离。具体体现为如下两个方面：

①学习材料的真实性和任务贴近现实生活。课堂交际任务的目的在于使学生具备完成课堂以外类似交际任务的能力，这就使课堂学习和现实生活紧密地结合在了一起。

②互动方式模拟社会生活中的人际交往。传统的课堂教学中的互动通常表现为教师个体与学生群体之间的互动，但是这种类型互动的真实性值得怀疑，与实际生活中的差距往往很大。任务型教学所主张的合作学习和师生、生生之间的交互作用以及意义协商，就是把课堂视为社会的一个缩影，使人际交往发生于课堂教学中。可见，任务型课堂中的交际多是因需要提出问题、解答问题、表达思想而进行的，是真正的交际，更加接近真实生活。

（2）带来师生角色的变化。

第二语言习得研究表明，学习者的语言发展道路无法、也不能由教学所决定。所以，在教学中，教师不能简单地决定哪些是学生应该学习的内容，而应充分关注学生自己在语言学习中发挥的作用。教师不再是知识的传授者，而应该是学习环境的创设者，学生学习的促进者、支持者。这是一种全新的学习观和教学观，任务型教学充分体现了这种全新的学习观和教学观，不仅使教学范式发生了转变，也从根本上改变了课堂上的师生角色。

①学生角色的变化。

在任务型教学的课堂上，学生不再只是被动地接受知识，而是主动地探索知识，成为课堂活动的积极参与者，他们可以自由表达学习和情感需求，可以与小组或同伴积极协商，以便更好地完成学习任务，同时要为自己的学习承担责任。

②教师角色的变化。

教师的作用不再是单纯地传授语言知识，而应是教学中的解释者、参与者、促进者。教师应以学生为中心精心设计课堂，“语言素材的选择和任务的确定都要考虑学习者的兴趣、需求和认知水平；对于前任务、任务环、语言焦点等各教学环节应该如何组织，可能遇到哪些问题，任务如何切入，突出什么，确定哪些语言点为提高语言知觉活动的内容等问题都要经过认真思考”。

（3）对教师提出更高的要求

任务型教学对教师提出了新要求，教师必须及时改变自身的定位与水平，以便尽快适应新模式。具体来说，教师应从以下三个方面入手：

①大多数教师自身的外语就不地道，缺乏真实性，难以达到任务型教学的最基本的素质要求。此外，大部分外语教师都没有二语习得的经历，更谈不上二语教学的经验。这要求广大英语教师坚持学习、不断提高，以适应任务型教学的新要求。

②任务型教学要求的教学资源通常会超越课本和语言教室常用的相关材料，需要教师表现出高水平的创造性和首创精神。如果教师没有开放的心态以及包容的心胸，没有从传统的角色中脱离出来，没有及时调整好自身的定位，就不可能采纳或胜任这种教学方式。

③任务型教学以任务的设计为中心环节，这就要求教师具有较高的调控能力。具体来说，教师要对任务的准备、完成、评价等环节进行综合考虑，并合理安排、跟踪、控制各个环节的进展情况。此外，在任务的设计过程中，教师还要对诸多因素进行协调，如任务实施的难易度、学生现有的英语水平、学生的兴趣爱好等，这样才能使设计出的任务具有较好的针对性并取得满意的教学效果。

二、任务型教学中的多元文化渗透

社会学认为，所有的文化都具有独特性，都不完全相同。不同语言的人们在相互交谈时，如果想让自己表达的内容为大家所理解，就必须了解对方的文化背景知识。任务型教学中多元文化渗透的方法有以下三种：

1. 结合课文

在任务呈现时，可以结合课文向学生介绍英美等国家的自然条件、风俗习惯、饮食娱乐等与文化的形成发展和现状有关的知识，培养学生的跨文化认知和理解意识，使学生能够开放地、合理地理解英美国家的人们与自己在各方面的不同。

2. 课外阅读

在任务实施时，教师让学生课外阅读一些英美文学作品，对培养学生的文化意识益处多多，主要有以下三方面作用：

（1）文学是语言的艺术。通过阅读文学作品，学生可以接触到生动活泼、多姿多彩的语言输入。

（2）大部分文学作品都和当时的时代有关联，是一个民族文化历史发展轨迹的写照。通过大量阅读文学作品，学生可以对当时的社会有更好的认识，这有助于学生跨文化意识的养成。

（3）经典的文学作品通常都蕴含着深刻的人生哲理。学生通过阅读文学作品，可以了解名人成功的艰辛，对学生坚忍不拔、自强不息的奋斗精神的培养有很大好处。

3. 加强写作

在任务完成后，教师可以安排学生进行一些关于文化的写作，通过写作来巩固文化知识。这一方法既可以放在英语每单元的作文教学中，也可以根据每单元的教学内容将其渗透到教学中。

三、大学英语任务型教学的实施

任务型教学以完成任务的过程为学习过程，体现教学效果的方式是展示任务成果，教学动机或动力是帮助学习者完成具体的学习任务。

1. 大学英语任务型教学的实施原则

（1）趣味性原则。

任何教学的实施都需要遵循趣味性原则，这一原则在任务型教学过程中尤其重要。任务型教学的优点之一是能够通过生动有趣的课堂活动调动学生学习的积极性和动机性，使学生能够积极主动地参与课堂学习，因此在任务型教学过程中遵循趣味性原则十分有必要。在语言学习的过程中，如果机械、反复地对语言任务进行教学，会使学生失去对任务的兴趣，甚至会使学生产生语言学习的抵抗心理。而任务型教学要求教学形式多样化、趣味化，这种教学氛围的形成受到很多因素影响，如学生的参与、师生的交流和互动、任务中的人际交往、师生情感的交流、学生对任务解决后成就感的建立等。

（2）合作性原则。

学生由于生活背景、学习背景等的不同，对事物的认知也不尽相同。在任务型教学中，需要对学生的这一特点进行利用和发挥。由于这种认知差异性的存在，在英语任务型教学中可以根据合作性原则，采用小组合作的方式进行学习。

这种学习方式能够保证学生交流的多样化，同时能在学习中整合记忆不同的学习观点，从而避免学生对事物理解的片面性。在合作性原则的指导下，学生的思维方式和知识智慧得到共享和传播，对学生思维的拓展有着积极的促进作用。

在小组合作中，学生需要对自己的观点进行总结和陈述，这对于学生来说是交际能力的挑战，因此学生的人际交流和语言表达能力也能得到锻炼。同时，在学习过程中，学生不仅需要表达自己的观点，还需要对别人的观点进行理解，这可以培养学生的接受能力和包容理解能力。

（3）挑战性原则。

任务型教学要求学生完成任务，在设计教学任务时以及教学过程中，教师需要对任务的难度进行把握，这要求教师遵循挑战性原则。

过于简单的任务不能使学生产生问题解决后的成就感，同时很容易使学生丧失学习兴趣，在心理上产生一种骄傲的心理，甚至形成一种高傲自负的学习态度；过于困难的任务又会使学生丧失学习的积极性，打击学生的自信心，使学生产生畏难情绪。因此，学习任务的难度需要根据学生的实际情况，在学生正常英语水平的基础上适当增加任务的难度，从而使任务具有一定的挑战性。

具有挑战性的任务能够增强学生学习的积极性，刺激学生主观能动性的发挥，从而让学生以一种主动昂扬的状态完成任务。具有挑战性的任务的完成能够培养学生的自信心，使学生产生一种学习上的满足感、自豪感。在这种任务型教学过程中，学生学习的兴趣和积极性会不断得到提高。

（4）连贯性原则。

教学过程中的连贯性原则指的是学习任务之间的关系，以及教师教学过程中的实施步骤和顺序。换言之，就是教师如何保证在任务实施过程中达到教学上和逻辑上的连贯与流畅。

任务型教学并不是在一节课安排一两个活动，也不是一系列毫无关系的任务的简单堆积，任务型教学主要是设计一系列具有关联的任务，在学生完成任务的过程中达到教学目的。教学目的的达成与任务中相互关联的各个子任务之间具有的密切联系是分不开的，这些任务相互衔接，并循序渐进地完成最终的教学任务。

（5）文化性原则。

语言是文化的反映，因此承载着文化的方方面面。语言的学习不仅包括对该语言的语音、语用等相关知识的学习，还包括对相应文化的学习。语言的学习过程实质上就是对一种文化的学习过程，不同的文化环境会对语言产生影响，文化的差异在语言中表现得尤为突出。文化背景的不同使得交际中经常出现这样或那样的错误。例如：在中国，初次见面时长辈可能会问及晚辈的个人情况，如年龄、职业、家庭成员以及婚姻状况等，长辈询问这些内容只是为了表达自己对晚辈的关心。这种语言使用习惯在中国很常见，但是在西方这种行为是极其不礼貌的。在西方很忌讳询问对方的私事，如果有人在初次见面时问及西方人这样的问题，会被视为“没有教养”。

中西方文化的差异导致语言使用的差异，因此在任务型教学过程中，教师向学生讲解文化差异十分有必要。学生只有对文化背景下的语言进行了解和掌握，才有可能使用地道的英语进行表达和交际。可以说，只学习语言不学习文化就不是真正的英语学习。

因此，在任务型教学设计过程中，应该将文化因素考虑在内，使学生在任务型教学活动中能够了解英语国家的文化习俗、民族习惯、思维观念等。在任务型教学设计中加入文化因素可以培养学生的跨文化意识，使学生在英语学习过程中增强文化学习的意识，进而提高英语学习效率。

（6）语境性原则。

语言的使用是在一定的环境中进行的，因此语言学习也必须在语境中进行，脱离了语境的语言学习难以转化为实际的语言能力。在任务型教学过程中，也需要按照语境性原则的要求进行英语教学。

语言具有社会属性，这种社会属性是维系社会关系的一条纽带。人们在交流过程中使用什么样的措辞会受到说话语境、双方的身份等因素的制约。因此，任务型教学设计也应将语境考虑在内，为学生提供真实的语境，使学生在真实的语境中体验实践。在真实的语境中进行的活动能够促使学习者通过“同化”和“顺化”达到语言意义的主动建构。

（7）主体性原则。

在我国，英语教学的改革不断深入和发展，师生在教学中的地位也在不断进行调整。现阶段的英语教学要求以学生为学习的主体，因此在任务型教学过程中需要遵循学生主体性原则。

以学生为中心是与以教师为中心相对的一种教学模式。以学生为中心原则上以学生为出发点，从学生的角度出发，站在学生的立场考虑问题。任务型教学的教学设计必须遵循学生主体性原则，这个原则主要体现在以下几个方面：

①任务设计中学生的主体性。

在任务教学设计时应该考虑学生学习的主体性，这一教学设计原则有助于激发学生的学习热情，有利于学生主观能动性的发挥。

学生主体性原则实现了学生在教学中的主体地位，学生的主观能动性可以有效刺激学生的语言创造力。学习受到很多因素影响，这些因素有来自外界的，有来自自身的。只有来自自身的因素才会对学习产生质的影响，学生自己对所学的知识感兴趣是知识学习的决定性因素，决定着语言学习的效果。任务型教学的教学设计遵循学生主体性原则，提高了学生学习的积极性，而积极的学习态度是知识学习的关键。任务的设计是教学顺利开展以及保证教学效果的开端，因此需要教师结合学习实际情况进行考虑。

②教学过程中学生的主体性。

在任务型教学的过程中需要对学生的主体性进行关注，这就是说教师应该从学生的角度进行教学，做到“想学习者之所想，及学习者之所及”。

英语学习的目的是进行交际，因此教师教学应该考虑到语言学习的目的，从学生的角度进行思考。例如：教学中如果教授生硬的语言知识，不仅不能提升学生的语用能力，还会使学生对英语产生厌烦感和抵触感。

针对学生不同的年龄特点和学习背景，考虑学生的认知能力，对学生在学习中的主体性进行关注，才是任务型教学质量提高的保证。

③任务完成中学生的主体性。

任务的完成需要学生积极地参与，因此在任务完成中也需要对学生的主体性进行考虑。

任务的完成需要学生充分发挥自己的主体地位，对多种任务完成的因素进行考虑，如同学间的交际、师生间的交流等。任务成功与否在很大程度上受到学生语言能力影响，而学生语言运用能力的提升是任务型教学的首要目的。因此可以说，任务的完成可以积极促进学生语言目标的达成，而学生完成任务时的主体性又起着积极的影响作用。

2. 大学英语任务型教学的实施步骤

（1）任务的准备。

任务的准备主要涉及两方面内容：一是作为任务参与体的学习者所需获取、处理或表达的信息内容；二是作为任务参与主体的学习者获取、处理或表达这些内容所需的语言知识、技能或能力。

在任务准备阶段，还应特别注意两个问题，即语言输入的真实性和任务的难度。任务的真实性指在任务教学中采用的语言教学材料所具有的自然的口头语言和书面语言品质的程度。在课堂教学环境下，教师的教学材料既要有语言交际中使用的语言的真实性，还应具有课程标准指导下的模仿自然交际真实性的特点，这两大特点共同构成英语课堂环境的语言输入。任务型教学中任务的难度主要由学习的内容、活动的类型和学习者自身因素三个方面决定。

（2）任务的呈现。

任务的呈现是指教师在学习新语言之前向学生展示需要学生利用新的语言知识来完成的任务，也就是对于任务的介绍。此时，教师应当结合学生的生活或学习经验创设有主题的情境，以此激发学生的好奇心和学习动机。在这一阶段，教师要做的是为学生提供与话题有关的环境以及思维方向，并在所要学习的新知识与学生已有的旧知识结构之间建立某种联系，调动起学生的求知欲，使学生有想说的强烈欲望，满怀兴奋和期待地开始新知识的学习。在这一环节中，教师需要遵循先输入、后输出的原则，也就是说，在激活了学生完成任务所必需的语言知识和语言技能后再导入任务，这样不仅可以促进学生顺利进行学习，还可以为下一阶段教学的开展奠定基础。

（3）任务的实施。

任务的实施阶段是学生语言技能的主要习得阶段。在这一阶段中，任务的选择极为关键，任务的难度对学生的语言习得水平也具有极大的影响，任务的难度过高或过低都不利于学生的学习，因此教师要合理选择任务的难度。在教学中出现任务难度过高或者过低的现象很常见，但是教师可以采取一定的措施进行补救。例如：当任务难度过高时，可以利用图表、图像等直观手段降低任务的难度。除此之外，教师还可以为学生提供一定的讲解以降低难度。当任务难度过低时，教师可以在简单的任务后面添加其他学习内容或设计更多具有思维挑战性和判断性的任务。

学生完成任务的形式可以有很多种，如小组形式、自由组合等，也可以由教师设计许多小任务构成任务链。在任务型教学中，小组活动是比较常见的一种活动方式。在进行小组活动时，要有明确的个人任务与小组任务，要对学生和教师的角色进行适当的转换。当然，教师要对小组活动进行宏观指导，以使教学活动顺利开展。此外，为了鼓励学生，教师也可以参与到学生的小组活动中，这样不仅可以拉近教师与学生之间的距离，还可以在一定程度上缓解学生完成任务时的紧张心理。教师在小组中还可以及时地对学生实施任务的情况进行监督、指导，了解学生掌握新知识的程度，并根据具体的情况随时对教学策略进行调整，以保证任务完成的质量。

（4）任务的汇报和评价。

学生在完成任务后可以派出代表向全班报告任务的完成情况，代表既可以由教师指定，也可以由小组推选，两种方式各有优点。当学生汇报任务时，教师还应对学生进行指导和帮助，促使学生顺利完成汇报。

在各个小组任务汇报完毕后，教师应当与全班同学一起对任务做出评价，指出各组的优点和不足，并评出最佳小组，让学生在完成任务之后品尝到成功的喜悦，同时认识到自己的不足，并在以后的学习中逐渐克服。

在评价过程中，不仅要让教师评价，还要让学生开展互评，这样有助于提升学生正确、理智地评价自己和他人的能力。对于完成情况好的小组，要给予精神鼓励或适当的奖励。

总之，任务后阶段的意义在于为学生提供一个对任务整个实施过程进行回想和总结的机会，促进学生形成积极反思的习惯并使学生进一步关注语言的形式。

四、大学英语任务型教学评价

任务型评价是通过学生的任务完成情况来考查学生的语言能力，它同时十分关注学生完成任务时的思维过程。因此，任务型评价主要由行为表现评价构成，或认为任务型评价是行为表现评价的方法之一。

1. 任务型评价的特点

（1）教师和学生努力目标相同。

任务型评价的目标是让学生完成某一特定的任务。在评价开始之前，学生对于自己要完成什么样的任务、这些任务在什么状况下完成以及需要什么附加条件等要十分明确，这样学生就知道自己应该朝着什么方向去努力，而让学生明白这一点的关键人物就是教师。可以说，在任务型评价中教师和学生努力的目标是一致的。

（2）注重语言运用能力的考查。

在传统的英语测试中，选择题是一道常见的题型。为了做好这类题目，学生往往需要花费大量的时间机械地记忆相关的词汇和语法。这种客观测试虽然具有较高的可信度，但往往不能真正反映出学生实际运用语言的能力，十分容易出现“高分低能”的结果。而任务型评价重在让学生通过完成具体的任务来体现学习情况，不仅可以较全面地反映出学生发现问题、解决问题的能力，而且可以真实地反映出学生的语言运用能力。

（3）全部学生都可参与评估。

与传统的终结性测试不同的是，在任务型评价中，教师不再是唯一的“裁判”，所有学生皆可成为任务完成情况的评价者。这一评价方式可以令全体学生都参与到评估活动中去，使他们真正认识到自己存在的不足并乐于改善和提高，大大激发了参与活动的积极性。例如：在课堂教学活动中，当某个小组中的学生完成了一个任务，其他同学就可以对其进行评价。需要指出的是，让学生参与评价建立在一个重要的前提之上：学生必须清楚评价的标准。只有当学生清楚了评价标准，他们才可以对自己的表现进行正确的反思，而且可以了解其他同伴的实际语言水平。

（4）可以将学习与评价过程相结合。

在以往的英语教学中，教学过程和教学评价往往被分开实施。教师在课堂教学活动中教给学生的是听、说、读、写等活动，而最终测试的内容却经常与教学内容不符。例如：课堂上教师讲课不会涉及选择填空等形式的内容，学生在测试时却需要通过这种练习形式来鉴定自己所学所用的知识。换而言之，教师平时教学活动的形式和内容并不是最后要考查的。在这种矛盾状况下，教师逐渐将课堂教学转为讲解各种语言知识，从而让学生可以在评估中得到“高分”。与此不同的是，任务型评价方式将学生每天的课堂表现也纳入评价范围之中，这一方面将教学过程和评价活动结合了起来，另一方面也能更加真实、有效地反映出学生实际的语言水平。

（5）可以全方位、多角度考查学生。

学生在完成任务的过程中需要的不仅是语言知识和技能，还有很多其他能力，如记忆能力、思维能力、创造能力、团队合作能力等。因此，任务完成的过程也是学生展现和锻炼自己全方面能力的过程。此外，任务完成的过程也是评价的过程，其中可以体现出学生在学习动机、情感、态度、自我计划以及合作精神等方面的情况。

综上所述，任务型评价使学生在学习时间、内容和方式上有了更多的选择，同时使学生接触到更多的知识和领域，这与近年来学科融合的发展趋势是一致的。实践表明，采用任务型评价可以更好地实现跨学科的学习，使语言贯穿于其他学科之中。因此，任务型评价有助于我国评价体系的完善，可以使我们更加注重评价的过程，调整各项技能的综合评价，真正建立以人为本的全面、科学的评价体系。

2. 任务型评价的任务设计

（1）测试任务的要求。

在任务型评价中，测试任务必须满足以下几个方面的要求：

①有明确的目标和意义。

②在布置任务时需要有明确的情境提示，以说明任务完成的条件和要求。

③测试任务的评价取决于结果。

④注重语言的交流和运用，并且与实际的生活相关，设计的任务往往是受试者现在或今后生活中可能需要做的事情。

综上所述可知，任务型评价重在考查学生运用语言知识在语篇中完成任务，重在考查学生可以做什么，从而推断他们将来在实际交际中如何表现。此外，这一测试方式还考查其他方面，如策略和文化知识等内容。简而言之，任务型评价旨在考查学生的语言综合运用能力。

（2）设计原则。

在任务型评价中，任务是最基本的分析单元，任务也因此成为选择、评价工具建构以及评价任务表现的依据。虽然这一测试方式大多选用真实的任务来考查语言系统中的某些特定成分，但其关注点在于考查学习者完成任务本身的表现。

任务型评价设计的基本原则是：测试应该能推断出学习者的实际语言能力，预测其语言能力方面的表现以及是否可以在不同的情境下运用语言。将其作为设计原则的原因如下所述：

①测试任务主要侧重于描述学生应该具有的语言运用能力，应对学生

应该达到的水平有详细的描述，对于任务的要求和希望达到的标准通常应该在指示语中明确进行描述，包括任务的目的、对象，完成任务所需要的时间，文本的长度等。

②测试任务的同时要对任务评价的标准进行详细的说明，如任务的情境、输入信息、输入方式、条件、信息处理过程、参与方式、信息输出方式等，以保证学生顺利地完成任务。

③测试任务也要包括完成任务的过程、条件以及应该达到的结果。测试任务重点关注学生是否可以根据条件完成任务，而不只是考查其对零碎语言知识的认知能力。测试任务可以作为任务标准参照性测试的依据。

（3）注意事项。

①任务要与课程目标、学生生活一致。

任务要有比较清楚的能力目标，从而让学生了解需要掌握的技能的具体内容。

要明确什么样的任务适合教学内容和技能，即这些任务涵盖哪些语言方面的能力。

学生在完成这些任务的过程中是否能表现出教师希望检测的语言能力。

②注意对任务难易程度的控制。

学生在完成任务过程中需要用到的语言运用，如词汇、时态、语法结构等应该与所学习的教材内容基本一致，这就要求教师选择的任务必须接近学生学习的语言内容，不能脱离学生学习的实际情况。

③注意保持任务设计的公平性。

任务的完成最好能够体现出所有学生的语言发展情况和实际运用能力，而不会因为任务中其他无关因素影响到评价的公正性。

④注意任务设计和间接性测试的结合。

需要指出的是，强调任务型评价并不是要摒弃其他所有的测试方式。当前大多数学校采取的阅读、听力、写作等测试方式在一定程度上都可以测试出学生的能力，任务型评价同样可以包含一些间接性的考试方式。

第六章 “三教”改革视域下大学英语文化教学

第一节 英语文化教学的目标和内容

一、国外外语文化教学的目标和内容

1. 国外外语文化教学的目标

美国学者拉多指出，不同的文化教学有着不同的目的：可能是作为整体素质教育的一部分，可能是为了阅读文学著作，可能是服务于国际交流，可能是为了采纳一种民族共同语，也可能是为了阅读科技文献。可见，拉多认为文化教学有利于提高学生的整体素质。美国教授诺斯特朗等人建立了一个理论框架，希望可以借此帮助学生从仅学习文化事实过渡到能分析、比较、综合不同的文化。在他们看来，学生在经文化教学后应具有以下几个能力：

（1）在社交场合行为得体。

（2）能描述文化行为或对文化社会行为进行归纳。

（3）能辨认被举例说明的行为方式。

（4）能解释某一行为方式。

（5）在特定情形下，能预测某一格式如何被运用。

（6）能描述或展示被目的语文化接受所需的重要态度。

之后，西利修正了诺斯特朗的观点，提出了文化教学的“超目标”，即要培养全体学生的文化理解力、态度和技巧，使学生能在目的语社会中出现文化障碍时语言表达得体。为了更深入地阐述自己的观点，西利提出了旨在提升学生跨文化交际能力的教学目标。

托马林和Stendeski认为，外语教学大纲中的一个重要部分就是学习目的语文化，并且他们认为人类的文化尽管存在差异，但也有共同之处。所以，他们又对西利的教学目标进行补充，认为文化教学的目标应包括下面几点：

（1）使学生渐渐意识到人们的行为常常受文化影响。

（2）使学生渐渐意识到人们的言行受诸如年龄、性别、社会阶层和居住环境等因素影响。

（3）使学生对目的语文化在通常情况下的常规行为有进一步的了解。

（4）增强学生对目的语中的词及词组在文化内涵上的理解。

（5）提高学生用实例评价目的语文化的能力，必要时能对评价的结果加以完善。

（6）使学生掌握一定的查获及整理有关目的语文化信息的技巧。

（7）激发学生对目的语文化的求知欲，鼓励学生与目的语文化的人们产生共鸣。

通过对发展中的文化教学目标的分析，我们可将其最终目标总结为：增强学生对外语文化和母语文化差异的认识，丰富学生外语学习的经历，帮助学生在交际中实现从适应过渡到跨越，进而实现超越的跨文化交际过程。

2. 国外外语文化教学的内容

20世纪40年代以来，弗里斯及其学生拉多等人对文化在语言教学中的作用做过很多论述，其观点主要集中在以下几个方面：

弗里斯认为，对有关民族文化和生活情况的讲述绝不只是实用语言课的附加成分，不是与教学总目的毫无关系的事情，它是语言学习的各个阶段不可缺少的部分。

拉多认为，不懂得文化的模式和准则，就不能真正掌握一门语言。拉多根据文化教学的目的，将文化教学的内容分为下面两个部分：

（1）初级意义单位。这些单位因文化和语言的不同而不同，教师在这部分应该重点讲解文化内容以及所选词汇和成语的隐含意义。

（2）虚假定式。即关于目的语文化的刻板印象，如果本族人对目的语语义化的形象是虚假定式，教师就要用正确的信息替代它们。

之后，随着交际法的兴起，海姆斯在乔姆斯基提出的“语言能力”的基础上，提出了“交际能力”这一概念。根据海姆斯的观点，交际能力不仅包括语言形式规则，还包括社会文化规则。交际法教学主张依照语言的内容来安排教学，这就使得社会文化因素自然而然地融入教学活动中。学生在交际练习过程中往往能自行领悟交际文化。由于跨文化交际学的兴起，越来越多的专家意识到外语教学的主要目的是培养学生的跨文化交际能力。外语教学使学生了解所学语言国家的文化。专家对交际中的语言错误和文化错误进行了区分，并认为后者更可怕，因为文化错误往往使双方产生误解甚至敌意。随着文化教学研究的日益深入，克拉姆契认为文化学习应注重多面性和多元化，文化学习的主要价值在于能使学习者对母语文化有深入的理解。

二、国内大学英语文化教学的目标和内容

1. 国内大学英语文化教学的目标

在国内，胡文仲、高一虹将外语教学的目标分为微观、中观和宏观三

个层面。从微观层面上看，外语教学的目标是交际能力；从宏观层面上看，外语教育的目标是社会文化能力，即运用已有的知识及技能对社会文化信息进行有效的加工，使潜能发挥更充分，其具体又由语言能力、语用能力和扬弃贯通能力构成。为了进一步阐述文化教学与学生人格的关系，高一虹在著作《语言文化差异的认识与超越》中指出，跨文化交际能力的培养，应以人的建设为根本，以人格的基本取向为目标。她还主张，文化教学重要的是将跨文化能力与人的素质培养这一整体教育目标有机地结合起来。

此外，学者们还提出文化教学要培养学生在真实的交际中、在理解和运用的基础上的创新能力。陈中在著作《外语教育中的文化教学》中提出，从长远利益考虑，文化教学不仅是语言教学的目标，也是帮助学生获取文化创造力的重要手段。

纵观上述对文化教学的界定，学者们达成了一个共识：外语文化教学不是除了听、说、读、写、译等技巧之外可有可无的另一种技巧。另外，学者们还认为文化教学的目的绝不仅仅在于帮助学生掌握一门外语，更重要的是帮助他们形成正确的世界观、人生观和价值观，以适应社会的发展。

2. 国内大学英语文化教学的内容

我国英语文化教学的内容主要有单一型和综合型两种。

（1）单一型。

持这种观点的学者认为文化教学的内容应该以目的语文化为主，因为外语教学的最终目的是培养学生的交际能力。交际能力主要包括语言能力和社交能力。不了解目的语国家的文化，就不可能具有真正的社交能力。持单一型观点的代表人物有胡文仲、浦小君、束定芳和刘爱真等。

胡文仲认为，不了解英美文化，就学不好英语。相反，越深刻细致地了解目的语国家的文化，就越能准确地理解和使用这一语言。

浦小君指出，文化教学的重点应该放在目的语文化中的大众文化和深层文化上，以培养学习者的跨文化交际技能。

束定芳将文化导入项目分为两类：词语文化和话语文化。词语文化就是词语所负载的文化信息；话语文化则表现在话题选择、语码选择和话语的组织等方面。

刘爱真提出，英语教师应该从宏观和微观两个角度对学生的文化认知进行启发，以帮助学生构建目的语文化的认知图式。宏观角度是指从交往规则和思维方式等方面对目的语文化进行理论性的介绍；微观角度则是指结合理论，对于影响交际的词语、句子及篇章的文化内涵进行分析。

（2）综合型。

持这种观点的学者主张：文化教学的内容除了包括目的语文化外，还应包括母语文化。产生这一主张的原因主要有两个：首先，我国的英语教学不是一般的外语教学，而是一种国际语言教学，因为英语学生不仅要以英语为媒介同以英语为母语的人进行交流，还要同以英语为非母语的人交流。其次，随着我国经济的蓬勃发展，我国与其他国家的交流日渐频繁，英语的应用日益突出，保留和传播本民族文化也将成为国际交往的重要组成部分。持综合型观点的代表人物有许国璋、曹文、张伊娜和刘长江等。

许国璋认为，英语教学不仅要注意英语国家的文化，还要注意我国的文化。在他提出的英语教学方案中，既涵盖了英语语言文化的内容，又涉及母语文化的内容，母语文化的内容是发展学生智力的必要组成部分。

曹文将我国英语教学中的文化教学分成两个层次，即文化知识层和文化理解层。曹文提出，我国高校专业英语教学中的文化教学要以文化理解为目标。为了达到这一目标，文化教学的内容除了包括目的语文化外，还应包括母语文化以及其他文化。

张伊娜认为，英语教学中的文化教学大于英美文化的导入，因为英语教学的最终目标是培养学生的跨文化交际能力。

刘长江进一步指出，目前我国外语教学中的文化教学应重点解决两大问题：①学习了解目的语文化和母语文化；②学会用目的语表达两种文化。

在当今社会，我们习得外语的目的不只是学习吸收目的语文化，更是为了实现“双语文化的交叉交际”。这种交际既有可能因为彼此缺乏对对方文化的了解而出现交际失误，也有可能因为不会使用外语进行文化表述而导致交际中断。之所以出现这两种不同的观点，是因为双方看待目的语的视角存在较大差别。单一型观点将英语看作一般的外语，它以实现与以英语为母语者的成功交流，并能顺利地学习和吸收目的语文化为目的。综合型观点将英语看成一种国际语言，世界上各民族的人民是其交流对象，在双向的国际交流中充当一种中性的信息媒介。

总之，无论采用哪种划分方式，都只要能以一定的教学大纲为依据，其内容必然包括语言交际、非语言交际、交际习俗与礼仪、社会结构与人际关系、价值观念五个方面。另外，通过文化教学，如果能使学生正确理解、思考和对待文化上的差异，使文化意识的培养与学生的人格发展和实际应用能力发生一定的关系，并有利于文化间的沟通与个体思维能力的拓展，就可视作顺利地进行了文化教学，实现了大学英语文化教学的既定目标。

第二节　多元文化教育视域下大学英语文化教学的基本策略

一、英语文化教学的原则

1. 多元互动原则

我国学者苏向丽在《跨文化交际中多元互动的语言文化教学》中对世界形势和趋势以及自己多年文化教学的经验进行了分析，并在此基础上提出：“为了适应时代的发展，与多元的社会和跨文化交际的语境相配合，语言文化教学应采取多元互动的原则。”

2. 层进性原则

英语文化教学具有阶段性、层次性，在教学中应遵循层进性原则。这就意味着，教师在英语文化教学中应根据学生的语言水平、接受能力、领悟能力等确定文化教学的内容，由浅入深、由简单到复杂、由具体到抽象、由现象到本质地进行文化教学。

3. 以理解为目标原则

所谓以理解为目标原则，是指英语文化教学应以文化知识为起点，以文化意识为桥梁，以文化理解为最终目标。文化知识导入的目的是培养学习者的文化意识，其是文化教学的第一步。文化意识是文化理解的基础，文化意识是指学习者对文化间差异的敏感性；文化理解则是学习者以客观、正确的态度看待、理解母语文化和目的语文化，并能以得体的行为方式与非母语者进行跨文化交际。这一原则是由社会需要的规律所决定的。随着社会的发展，不同文化间的交往愈加频繁。文化理解是国际交往的重要桥梁，没有对自身及他国文化的正确理解，就很难实现跨文化交际。

4. 有序性原则

有序性原则有两层含义：一是指文化教学内容的编排要体现文化知识本身的逻辑结构及其系统性；二是指文化教学活动要结合文化知识本身的逻辑结构和学生的身心发展情况有次序、有步骤地展开，以确保学习者能够有效地掌握系统的文化知识，全面理解目的语文化。有序性原则既是文化知识本身系统性的要求，又是教学制约学生身心发展规律的反映。总之，要遵循有序性原则应做到以下两点：

（1）在选择文化内容时，既要注意各个层次文化知识内部的系统性和序列性，又要注意各个层次文化内容之间的相关性。

（2）在编排文化导入内容时，要根据学生的认知特点和思维发展规律科学、合理地安排不同学习阶段文化导入的内容。英语文化教学的内容安排要从简单、具体的文化事件到概括性的文化主题，最后才是对目的语社会的全面理解。相应地，英语文化教学目标的要求也应根据不同学习阶段学生的学习特点制定。换句话说，要从以感性体验、感性认识为主逐步向以理性认识和理解为主过渡。

5. 对比性原则

对比性原则是指在英语文化教学中，教师引导学生将英语国家的文化和本土文化进行对比，从而使学生意识到中西方文化的差异。

实际上，学生经常犯文化类知识错误，原因就是因为缺乏对文化差异的了解，只关注文化的相似性，却忽略了文化的差异性。

在英语文化教学中，教师可以引导学生进行以下几方面的对比：

（1）词汇方面的文化内涵。

（2）习惯用语方面的文化背景。

（3）句法方面的语法运用。

（4）演讲方面的语言风格。

需要指出的是，教师和学生应特别重视英语教学中词汇和短语的文化内涵，因为它们反映了文化，它们是构成语言的基本材料。例如：

Live with your head in the lion's mouth.

在中国，老虎是勇猛的动物，被称为“百兽之王”；而在英语国家中，狮子被称作“百兽之王”。如果教师此时能对中英文化进行对比，学生就很容易理解这句话的意思了，即“你要虎口求生”。

在文化教学中，教师要抛砖引玉，组织、引导学生在课后搜集资料，了解中西文化的差异，不断积累文化知识，提升学生的跨文化交际能力。

由于不同的文化产生不同的看法，不同文化背景下的生活方式、价值观念、思考方式、社会规范、文化冲击和文化冲突难以避免。但是，如果我们密切注意不同文化的差异，并时刻注意对比它们，就可以加深对其他文化的了解，消除彼此间的误会，从而减少甚至避免由于文化的冲突引起的暴力行为、武装冲突等。

6. 相关性和实用性原则

语言学界普遍认为，文化内容涉及社会生活的各个层面，但是在实际的英语教学中受各种客观教学条件的限制而不能面面俱到，因此在实际的英语教学中应遵循相关性和实用性原则，重点传授与学生所学内容相关、与日常交际涉及的主要方面相关以及与跨文化交际相关的文化内容。

二、英语文化教学的方法

英语文化教学方法除了我们之前提到的文化旁白教学方法、外国文学作品的鉴赏法、显性文化教学法、隐性文化教学法、角色扮演教学法、文化感受法外，还包括如下方法：

1. 同化法

同化法是由彼得勒等人于 1971 年提出的文化教学方法，这种方法包括三方面内容：

（1）通过一篇短文指出在文化交往中出现的误解。

（2）对误解产生的原因给出几种不同的解释。

（3）要求学生做出判断，选择合理的答案。

文化教学应把“行为文化”的传授放在第一位，让学生逐渐意识到人们的行为都要受到文化的影响。只有进一步了解英美人士日常生活情境中的语言行为方式，熟悉英语词汇的内涵和外延（包括其文化含义），了解不同社会背景下人的语言特征，才能避免交际时出现“文化错误”，最终提升跨文化交际能力。

同化法可被广泛地运用到听力课与口语课中。使用同化法时，教师先让学生就一些交际中的错误进行讨论，引导学生发现造成错误的原因。这种方式有利于从敏感性、包容性和灵活性方面逐步培养学生的跨文化交际能力。

2. 文化讲座

文化讲座是指以班级为单位，以教师为中心，以演讲的方式直接向学生传授有关目的语和目的语使用社团的文化知识策略。文化讲座的适用情况包括以下几种：

（1）文化新领域的可叙述或描述的知识，教师可以通过文化讲座的方式介绍给学生，学生通过讲座掌握总体概况或基本概念知识。

（2）可通过主题来分类归纳的相关文化事实，教师可以以系列文化讲座的形式来完成。

（3）学生需要掌握的基础知识，或教师即将给学生布置的有关文化学习的研究任务，或需要解决某个问题之前，教师可通过讲座来进行传授。

（4）某些学生自学和阅读十分困难的具体文化资料，教师可以通过文化讲座来解决学生因不理解造成的误解。

（5）教师自己搜集或掌握的特有教材，可以通过文化讲座的形式实现教学相长，学生也能从中获益。

教师在文化讲座中可以充分控制课题顺序、时间安排，所以能预知教学完成时学生有可能获得的成果。文化讲座是以专题顺序组织的，充分利用教师资源，因此对班额的大小没有严格限制。文化讲座的内容汇集了教师最新的研究成果和研究方法，以及教师本人的学习心得与体会，能为学生提供许多宝贵的信息资源，让学生在听文化讲座的过程中训练与提升听写和观察能力。

随着英语教学的发展，还会有新的文化教学方法不断涌现。教师在课堂教学的过程中，要结合学生的实际情况和教学内容选择适合自己的教学方法，真正提高学生的跨文化交际水平。

第七章　多元文化思维下的高校英语教学

第一节　基于多元文化思维的英语知识教学

一、多元文化下的英语语音教学

1. 英语语音教学的意义

语音、词汇和语法是语言学科的基本要素，而语音是三要素之首，更是学好语言的基础，对提高语言的整体水平起着关键性作用。

（1）帮助学生轻松地记忆单词。

语音教学是英语教学的一个重要组成部分。既然有声语言是第一性的，那么，作为拼音文字的英语，在很多方面，如某些语法现象、词汇、成语，都受着语音的影响或制约。以词汇来说，如果说汉语里很多词汇可以“望文生义”，英语里就有不少词汇可以“听音生义”。在教学中，学生抱怨最多的问题就是记不住单词。他们并没有意识到，良好的发音是有效记忆单词的方法之一。英语的拼写和发音之间有一定的内在联系，是有规律可循的。如果我们掌握了这些读音规则，就既可帮助我们正确地听与说，又可帮助我们轻松地记忆单词。

（2）能够提高学生的听说技能。

如果学生能够掌握好语音，既能增强他们学习英语的信心，又能提高他们学习英语的积极性。发音的正确与否，直接决定能否被对方听懂或正确地听懂对方。一个系统掌握了语音理论知识且会运用于实践的学生，既能在自己说英语时熟练地运用英语的朗读技巧，很自然地处理句子中的连读、不完全爆破、同化、弱化等语音现象，又能在听英语的时候对这类语音现象做出迅速的反应，并准确地理解其意思。在多年的教学实践中，听学生诉说最多的就是自己的听力水平太低且难以提高。有些学生甚至因缺乏信心干脆放弃听力，在考试中靠运气盲目地选答案。他们没有意识到，听力上的困难有时是由于自己不正确的语音造成的。在稍快的语速下，学生很难一遍、两遍就听懂。如果学生能够学好英语语音，就能够比较准确流利地拼读单词和朗读课文，顺利地听懂语音材料，自信地开口，这会增强他们学习英语的自信心。

（3）有助于培养阅读能力。

对于非英语专业的学生来说，阅读水平无疑是衡量他们英语水平的一个重要标准，也是直接影响他们考试成绩的一个重要方面。阅读理解的目的无非是考查学生的语法、词汇等知识的综合水平，其中也包括阅读速度。文字是记录有声语言的符号，如果掌握了这些符号的正确声音形象，我们在阅读时看到的书面符号就能很快在头脑中转换成相应的声音形象。这个转换过程的快慢决定着我们阅读速度的快慢，尤其是有些学生看文章有读出声或默读的习惯，如果读都有困难，更何况理解呢。

2. 英语语音教学的现状

（1）不重视语音教学

目前在大学英语教学中，部分学校没有意识到语音教学的重要性，不重视语音教学。仍有不少教师认为学生的语音学习在大学之前已经完成了。实际上，在上大学之前学生也没有进行系统的语音知识学习，由于升学考试的压力，在中小学阶段，语音没有得到足够的重视，大部分学生的语音基础比较薄弱。基本情况是，很多学生并不能完全正确地拼读出国际音标，也不能说一口流利的英语，在英语听力方面也有很大的问题。学生能背诵语法规则，但不会应用，如果大学里也不重视语音的学习，学生的英语交际水平就不能提高。

在实际的语音教学中，教师通常只关注单个音标的发音，对学生的语音节奏、语调、语感等的培养不重视。学生不能具体深入地了解读音规则，在读英语句子时很容易出现语音错误，很难处理音变的问题，盲目模仿会形成错误的发音习惯，以后很难纠正。

（2）认识误区及方言差异影响语音语调。

不少学生对英语语音的学习存在误区。学生自己不重视语音学习，认为在中小学阶段已经掌握了语音，在大学阶段主要为了应对考试而进行英语学习。学生为了通过等级考试，通常会花费大量的时间背单词、做题，提高完形填空和阅读理解题的成绩，完全忽视了英语的综合性学习。不重视英语的听和说，忽略语音学习，英语能力无法得不到提高。

我国人口众多，不同地区有不同的方言。由于教师在教学中不重视语音教学，加上长期受方言影响，很多学生英语语音底子薄，语调上存在普遍的问题。首先，在单音素发音和单词的读音上存在错误，长期受母语和方言影响，很多学生在单音素发音上存在用汉语拼音代替英语拼音的问题，发音的口型也不正确，导致英语语音不准确。受汉语影响，学生在单词读音上经常将重音移位，乱加音，不注意爆破。其次，在语流中节奏和重音上有问题。汉语以音节为节拍，但英语以重音为节拍。学生通常不会处理重音，重音的表现力差，没有鲜明的节奏，因此在英语朗读中很难突出中心，大部分学生不会停顿，英语的过渡和连接有问题，没有英语的节奏感。最后，在英语句子的学习中，学生不会把握语调，英语语调模糊单一，不能表达英语语言中的情感，很多学生是机械化的语调，分不出句子的属性。

（3）大学英语语音教学材料的缺乏。

教材是学习的重要指引，但是目前我国大学英语教材对语音知识的涉及比较少，不能满足学生的学习要求，也不能进行语音测试。对于非英语专业的学生来说，大学英语的语音教材不多，缺乏综合性和实用性。相关语音教材主要是针对英语专业的学生编写的，不适合非英语专业学生的学习。有些语音教材没有对语音知识进行系统的介绍，只是偏向于单音素的发音，学生很难找到适合自身英语水平的语音教材，不利于语音的学习。

3. 英汉语音的文化差异

（1）汉英重音差异分析。

汉语和英语中都存在重音现象，而且重音对英汉句子的含义都有着重要的影响。英语中通常将可以改变句子含义的重音称作“表意重音”，而汉语中将此类重音称作“语法重音”。

汉英重音的差异主要表现在重音的位置上。汉语中的重音一般落在主语、宾语以及补语上，而英语中的重音一般落在实词上，虚词的读音一般比较轻柔，有时甚至一带而过。

（2）汉英音节差异分析。

音节是组成语音序列的单位，也是语音中最小的结构单位。汉语与英语在音节上有着显著的差别。在汉语中，一个字就是一个音节，且汉语音节除少数的感叹词由声母单独构成外，其余的字均由声母加韵母构成。汉语中的声母不能单独使用，必须要和韵母一起构成音节。汉语中的韵母可以分为单韵母和复韵母，此外，根据发音的不同，韵母还可以分为前鼻音韵母和后鼻音韵母。汉语中的两个或者两个以上的韵母还可以构成二合复韵母和三合复韵母，这些韵母构成了一个整体音节。英语属于拼音文字，音节可分为元音和辅音两种音素。英语中一个元音音素可构成一个音节，一个元音音素和一个或几个辅音音素结合也可以构成一个音节。英语中的单词通常由一个或者多个音节构成。在构成音节时，英语的辅音是可以连续使用的，即在一个音节中可能出现几个辅音一起构成一组辅音的现象。

英语中的元音多是单元音或复合元音。一般三个以上的元音被认为是由单元音和复合元音构成的，且组成单元音的两个音节不属于同一个音节。

（3）汉英声调与语调差异分析。

汉语为声调语言，共包含四种声调，分别为阴平、阳平、上声、去声。汉语中的每一个字都有自己的声调，而且汉语中的声调可以区别语义，不同的读音又表达不同的含义。所以，从某种程度来说，汉语中的一字一调实际上就是一义一调。

英语为语调语言，包含三种语调：平调、降调和升调。通常情况下，英语中只有短语和句子有语调，单个单词不具有语调。也就是说，这些语调在句子和短语中才得以体现。一般来说，语调在英语口语中的意义更加突出，它对口语中思想以及情感的表达有着重要作用：通过句子的语调变化可以判断一个人的说话意图及其言外之意。而且，相同的句子因为语调不同，表达的意思也有所不同。

（4）节奏的差异分析。

英语和汉语的节奏表现手段不同。英语是一种以“重音计时”的语言，而汉语是以“音节计时”的语言。英、汉语音的比较还可以扩展到对不同文体的表达技巧的分析比较上。英、汉语音体系的比较会帮助师生尽快摆脱“中国式”的英语发音，这样语音就不会成为影响学生听力理解的障碍，有利于提高交际效率。

4. 多元文化下英语语音教学

语言是人类交际活动的重要途径。语音是语言交流的载体，如果失去了语音，人们的日常交往、商贸活动、语言教学都将无法正常进行，因此语音教学是语言教学的基础。在语音教学上，每位教师都应该了解英、汉两种语言在语音方面的异同，注意英汉两种语音的对比，从而能够预见学生在语音学习中的重点和难点，在教学方法上采取相应的措施，以提高英语教学质量，减少甚至消除母语迁移的副作用。在语音教学中，要把听音—辨音—模仿—正音相结合，反复练习，从而为以后的英语听说能力打下坚实的基础。语音教学的主要方法如下：

（1）多模仿少讲解。

语音教学的一个重要内容是音标教学，而音标教学又是枯燥乏味的。如何使学生对音标学习产生兴趣？斯蒂文认为，在语音教学中，模仿、训练、讲解很重要。首先，教师应该鼓励学生模仿，不要浪费时间进行解释，在多数情况下，直接的模仿就可以满足需要。在模仿有困难的时候，可以进行语音训练，利用一些有针对性的语音材料反复操练。斯特恩也强调模仿的重要性，他认为语音教学应该是个连续体，即“暴露—模仿—训练—讲解”的过程。暴露是指教师向学生呈现真实的语音材料，这种真实的语音材料可能是一种没有引导说明的录音材料，也可能是一种自然的语言场景。

（2）以听为切入点，听练结合。

在语音教学中，听音是不可或缺的部分。胡春洞认为，听是语音教学的根本方法。先听音，后开口和听清发准，是语音教学的基本步骤。在语音学习中，要求学生模仿性听，即以模仿为主地听，学生要静静地听，同时在心中默默模仿；在听音过程中还要进行辨音性听，这样可以有针对性地训练学生的辨音能力。当然，在语音教学中光听不行，还要进行语音操练。在听辨和模仿纯正的语音语调的基础上，反复操练。如果说听是语音学习的播种阶段的话，那么，练就是浇水、施肥、松土、除草阶段。在语音操练过程中，要使机械、单一、重复和枯燥的语音操练变得多样有趣，就需要教师发挥创造力。

（3）利用语言的迁移规律进行语音教学。

在语音教学中，要充分利用英语语音和汉语拼音的相似之处——汉语拼音对英语语音的正迁移来促进语音学习；反之，利用二者的不同之处，即负迁移来避免汉语拼音对英语语音学习的阻碍，这也是学习的难点。

二、多元文化下的英语词汇教学

1. 英语词汇教学的意义

要掌握英语，就必须学会一定数量的英语单词。一个学生掌握词汇量的多少和正确运用词汇的程度，是衡量其语言水平的重要标志。在英语教学中，学生掌握词汇数量的多少和运用词汇的熟练程度对语言交际能力的培养有着直接的影响。语音、词汇、语法三者相比较，无论从数量上，还是从意义和用法上来说，词汇都是最难掌握的。在英语教学中，学生抱怨最多的是英语单词难读、难记、难写，记住了又容易忘记，费时费力且效果不佳。因此，加强英语词汇教学的研究，探索英语词汇教学的新方法，在英语教学中有着十分重要的意义。

2. 英语词汇教学的内容

（1）信息。

词汇的信息主要指拼写、发音、词性、词缀等。

词汇的读音和拼写是词汇存在的基础，是各个词汇相互区别的第一要素。词汇一开始就有声音的形式，所以词汇教学的第一步也应该从语音开始。词汇的发音既是语音教学的范畴，又是词汇教学的范畴。因此，讲解词汇应首先从语音入手。

另外，除了发音之外，教师还要注意将词汇的音与形结合起来，引导学生将词汇的音和形联系在一起进行记忆，从而形成“见形知音，因音记形”的能力。词缀也是理解词汇信息的一个重要方面。英语词缀主要有前缀和后缀两种，给单词加前缀，可以改变词汇的词义。

（2）用法。

词汇的用法指各类词的不同用法，如搭配、短语、习语、语域等。词汇搭配是英语教学中的一个重要内容，在具体的语境中，一个词一般要与某些特定的词汇搭配。比如，decision 应与动词 make 或 take 搭配，而

conclusion 应与 come to 搭配；又如，children 为中性词，offspring 用于正式场合，kids 用于非正式场合。

（3）策略。

根据词汇学习的特征，可将其分为调控策略、资源策略、认知策略、记忆策略和活动策略五种。

调控策略，即对整个词汇学习的过程进行计划、实施、反思、评价和调整以及资源的使用与监控等。调控策略属于元认知策略。

资源策略，即是通过接触新词帮助学生增加词汇量的技巧和方法，如利用网络、词典、广告等学习词汇。

认知策略，即为完成具体的学习任务而采取的行为和方法，如猜测词义、利用上下文、记笔记等。

记忆策略，即帮助人们记忆的策略，如根据构词法、上下文和分类方式等记忆词汇。

活动策略，即通过课堂上组织活动来运用词汇，如讲故事、写信、与他人沟通等。

3. 英语词汇的文化差异

词汇是语句的基本单位，任何一种语言的词汇都反映出使用这一特定语言的民族特有的文化背景。因此，教师在英语教学中还要强调词汇的文化内涵。

（1）词汇形态特征对比。

一般来说，语言可以根据其词汇特征分为孤立语、黏着语、屈折语和多式综合语四种主要类型。在孤立语中，每个词只含一个语素。在黏着语和屈折语中，一个词通常由一个以上的语素构成，两者之间的差异在于语素之间的结合方式不同。综合语的特点是词缀丰富。语言的这种形态类型差别与词汇系统总的形态构成特点对比有着密切的关系。

尽管汉语中也有一些属于综合语的形态成分，但总体而言，汉语比较接近孤立语。而英语的词汇形态与欧洲其他许多语言相比，也偏向于孤立语，但与汉语相比，却更倾向于综合语。

许余龙先生通过对北京语言大学所做的关于不同音节的词的数量及覆盖率的统计表的分析研究，推断出现代汉语中的绝大多数词为复合词。同时，根据新词的统计进行分析研究，推断出英语中的派生词与复合词所占比例相差不大。所以，就单纯词、派生词和复合词在英汉两种语言中所占的比例来看，现代汉语中的复合词要比英语中多，而英语中的派生词要比汉语中多。

（2）构词特点对比。

对词的形态特征有了了解之后进行具体的词形态词汇的对比分析，简而言之，即进行构词法的对比。

①英语词的构成。

派生，在单词前面或后面加上词缀叫派生。加在单词前的叫前缀，加在单词后的叫后缀。前缀都表示一定的意义，比如，appear 出现—disappear 消失，rich 富裕—enrich 使富裕。后缀一般改变词类，而不是改变基本意义。比如，er、oi 加在动词后表示从事某种职业或动作的人，read（读）—reader（读者）；ly 用于构成副词，wide（宽广）—widely（广泛地），由两个或两个以上的词合成一个新词叫合成。可以合成名词，如 clust+bin—dustbin（垃圾箱）；也可以合成形容词，如 good+looking-good looking（好看的）；还可以合成动词，如 white+wash—whitewash（粉刷）等。

转化，由一种词类转化成另一种词类叫转化。转化后的词义与原来的词义通常有密切的关系。比如，calm（形容词，平静的），calm（动词，使平静）；good（形容词，好的），good（名词，益处）；water（名词，水），water（动词，浇水）。

②汉语词的构成。

派生，汉语的词缀也是构词成分，但它没有多大的实际意义，附着在词根上才能起作用。汉语的词缀量少，而且一般一缀一义，十分严格。加前缀，如老王、小张、阿爸；加后缀，如记者、读者、作家等。

复合，有现代汉语的构词以词根复合法为主，至少由两个不相同的词根结合在一起。从词根与词根间的关系看，复合式可分为联合、偏正、动宾、主谓和补充等情况。联合型由两个意义相同、相近或相反的词根并列组合而成，如途径、骨肉、好歹等。偏正型指前一词根修饰限制后一词根，如气功、雪亮等。补充型指后一词根补充说明前一词根，如立正、扩大等。动宾型即前一词根表示动作、行为，后一词根表示动作行为支配关涉的对象，如司机、动员等。最后还有主谓型，就是前一词根表示被陈述的事物，后一词根是陈述前一词根的，如心酸、胆怯等。

重叠，这种构词方法是由两个相同的词根相叠构成词。汉语中没有严格意义上的形态变化，重叠可以算是一种形式变化，如汉语中大部分动词、一部分形容词重叠，如看看、干干净净等。

综上所述，英语的主要构词法有派生、转化和合成三种，汉语的主要构词法有派生、合成、重叠三种。英语派生可用于名词、动词、形容词等词，汉语派生只用于名词。转化法被认为是英语中的一种特别的构词法，而汉语是一种孤立语，词的语法功能并不依赖于词尾变化形式，因而汉语中的许多词是兼类的，谈不上转化不转化。重叠是汉语主要的构词法，英语则无重叠法。

三、多元文化下的英语语法教学

1. 英语语法教学的意义

（1）语法是句子产生的机制。

学习任何一种语言，学生都要不断地记忆各种语言项目，如词汇、短语、句子等，即“项目学习”。但是，一个人能够记忆的单个项目的数量是非常有限的，因为他还要花费更多的时间去学习其他的语言模式或规则，从而利用已经记忆的项目构成新的句子。这里的模式或规则就是语法。英语语法是一种为学生提供运用已知词汇和自身的创造力产生无数句子的机制。因此，英语语法教学可以为学生提供更多创造语言的机会。

（2）语法知识具有调整的功能。

英语词汇只有按照一定的语法规则排列才能组成可以被理解的句子。对于学生来说，在课堂上他们可以接触大量的语言材料，根据这些资料，他们还可以创造出很多新句子，但受语言能力制约，他们在表达句子时通常出现表述不清的情况，此时就应该运用语法知识进行调整，以使句子表达得更加准确、清晰。

（3）语法教学有利于学生长远的语言学习。

英语教学专家施密特在学习西班牙语的过程中充分体会到了西班牙语语法对西班牙语学习的重要性。施密特在学习初期就报名参加了一个正规的西班牙语学习班，这里的教师特别重视语法。所以，在巴西旅行的过程中，施密特的语言表达能力进步很快。他发现，在与当地人交流的过程中，很多课上教师讲解过的语法项目总能被提到。于是，他便开始留意各种语法项目，在与当地人不断交流的过程中，语法知识记忆得十分牢固。最终，施密特得出一个结论，即学习西班牙语的语法对于掌握这门语言有较大的作用。同理，英语语法项目的学习也会对英语语言能力的提升有重要意义。

（4）语法教学有利于学生分项掌握语言的组成成分。

每一种语言都有着属于自己的庞大系统，而作为语言的一个重要系统——语法，还包含多个子系统，它是由固定数目的明确规则构成的，所以语法教学必然会减轻语言教学的工作量。在学习语法的过程中，通常要将语言进行分解，组织成各自的范畴，从而明确了语言教学的各个目标。

2. 英语语法教学的内容

词法和句法是英语语法教学内容的两大方面。词法主要包括构词法和词类。构词法主要涉及词缀、词的转化、派生、合成等内容，而词类包括静态词和动态词两种。这里的静态词主要指名词、形容词、代词、副词、数词、介词、连词、冠词、感叹词等。静态词并非绝对的静止不变，如名词有性和数格的变化，形容词有比较级和最高级的变化。动态词主要包括动词以及直接与动词相关的时态、语态、情态动词、助动词、不定式分词、动名词、虚拟语气等。句法可分为句子成分、句子分类、标点符号三个部分。英语句子的成分主要有主语、谓语、宾语、表语、定语、状语、同位语、独立成分等。从目的上考虑，句子可分为陈述句、祈使句、感叹句、疑问句。从结构上看，句子则包括简单句、复合句和并列句。与句子有关的内容还包括主句、从句、省略句等。标点符号也是句法学习的重要内容之一。此外，还有词组的分类、功能、不规则动词等。

3. 英语语法的文化差异

（1）词类及其应用方面的差异。

从词类方面讲，英语和汉语有不少相同的地方，如英、汉语言都有名词、代词、动词、形容词、副词、介词等。但也存在不同之处，如英语中有冠词，汉语中则没有。英语单词的词形会发生变化，汉语则不会。另外，词类的差异还反映在词的应用上，具体地说，主要体现在以下四个方面：

①动词。

英、汉语言最大的差异就体现在对动词的运用上。汉语动词灵活多变，可单独使用，可连续使用，也可叠用，英语则不能重叠使用。此外，英语动词受人称、时态等限制，词形也随之发生变化，翻译时须视情况做出相应的变化。如果在一个汉语句中有两个或两个以上的动词，译成英语时，要么使用动词的非谓语形式，要么加连接词使其成为并列成分，要么使动词变成其他形式，如名词、介词短语等，有时也可省略某个动词。英译汉时则需要注意把这些句子变为拥有两个或两个以上动词的句子。

②名词。

所谓名词，就是表示事物名称的词。英、汉两种语言中都有名词，这一点是相同的。但是，英语名词词形因单、复数之分而发生变化。在汉译英时，要根据上下文做出适当的增补。

③冠词。

冠词就是用在名词前的限定词。英语里存在大量的冠词，汉语里却没有冠词。英语的冠词通常分为定冠词和不定冠词两种。定冠词表示特指某事或某人，不定冠词表示泛指，但是定冠词有时也可用来表示泛指。有时用定冠词，有时用不定冠词，有时不用冠词，什么时候用，什么时候不用，要根据上下文而定。英汉互译时须根据需要做必要的增删。

④虚词。

虚词主要起辅助、连接或移情的作用。英、汉这两种语言都有各自的虚词。但较之英语，汉语的虚词要多得多，如汉语有“的”“吗”“了”“呀”“而”等，英语则没有与之相对应的虚词。而英语的 it 和 there 在汉语里找不到对应的词。英译汉时，有时需要增补必要的语气助词，汉译英时则要把这些词略去不译。

（2）句法方面的差异。

①在句子结构方面。

英、汉两种语言存在着无主句，即没有主语的句子。但是相比较而言，汉语中的无主句要比英语中的无主句多得多。一般来说，英语的句子结构比较完整，在把汉语的无主句译成英语时须加上主语，当然，有时也可用被动结构来翻译。

②英语多被动，汉语多主动。

据统计，英语中的被动句的使用频率远远高于汉语。在英语中，如果不知道谁是动作的执行者，没有必要或不想指出谁是动作的执行者，强调或突出动作的承受者，一般都用被动语态。而在汉语中以主动句居多。因此，英译汉时，常将英语的被动结构改为汉语的主动结构，以便符合汉语的思维表达习惯。

（3）词序方面的差异。

从语序方面讲，英语和汉语同属于分析性语言，都采用“主语＋谓语＋宾语”的线性排列顺序，但在运用时仍有许多不同之处，主要表现在以下几个方面：

英语的修饰语，如定语和状语，其位置比较灵活，可出现在被修饰成分之前或之后，如果修饰语是短语或分句，则需要放在被修饰成分之后，而汉语的修饰语无论是词还是词组或分句，都放在被修饰成分之前。翻译时，我们须视情况对这些位置做出必要的调整，以符合英、汉两种语言的行文习惯。

为了取得句子形式上的平衡，避免头重脚轻的现象发生，或是为了强调某个成分，英语中通常采用倒装的办法，汉语里则没有倒装的情况。翻译时，须对这些位置进行调整。

英语句常把判断性或结论性的部分放在句子的前面，汉语则放在句子的末尾。

如果一个句子有几个并列词语，词义有轻重强弱之分，英语的排列顺序是先轻后重，先弱后强，汉语则相反。

汉语和英语都有固定词序的并列结构的词语，翻译时必须根据译文的习惯进行调整。

第二节　基于多元文化思维的英语能力教学

一、多元文化下的英语听力教学

1. 英语听力的意义

（1）听是人们交流的重要手段。

据美国保尔·兰金教授统计，“听”占人们日常言语活动的45%，“说”

占30%，“读”占16%，“写”仅占9%。大学生英语综合能力的五个方面（听、说、读、写、译），听力应排在最前面。随着全球化进程的加快，我国与国际交流的范围日益扩大，程度日益加深，在经贸、文化、教育等领域都需要与国外展开广泛的交流与合作，社会对听说能力要求更高了。然而，对于大多数学生来说，听力是弱项，加强英语听力教学显得越发重要。

（2）听可以促进说、读写能力。

听是英语五项基本技能之一。听力能力的提升对发展学生其他各项能力能够起到促进作用。听力教学的任务是如何使学生从语言因素中提取信息、理解信息。提取信息是语言表达的基础，只有听懂了、听准了，才能传达自己的语言信息，也才能达到交际语言的目的。听力能力的培养与交际能力的提升是相辅相成的。听力能力是交际能力的前提和基础，而交际能力是听力能力的结果和目的。只有听力能力提升了，才有说、读、写的顺利进行。此外，只有听力教学质量提高了，才不会影响口语教学、阅读教学和写作教学等课题的顺利进行。

2. 英语听力的教学内容

在现阶段的大学英语听力教学过程中，应该包括听力知识、听力技能、听力理解和逻辑推理四个方面的内容。

（1）听力知识。

听力基础知识是学生英语听力技能培养与提升的基础，主要包括语音知识、语用知识、策略知识、文化知识等。

语音教学是听力教学的重要内容。在实际的交际过程中，同一个句子会在发音、重读、语调等的变化中产生不同的语用含义，表现出交际者不同的交际意图与情感。在听力教学过程中，让学生掌握英语的发音、重读、连读、意群和语调等语音知识，对学生语音的识别能力和反应能力的提升有着积极的促进作用。同时，在教学过程中，教师还应对学生进行听音、重读等方面的训练，训练内容既要包括词、句，也要包括段落、文章，使学生熟悉英语的表达习惯、节奏，适应英语语流，从而为提升听力理解能力打下坚实的基础。这种训练还能在无形中培养学生的英语思维能力，促进其“二语习得”能力的提升。

听力知识还包括语用知识、策略知识、文化知识，这些知识的科学教学也是提升学习者英语听力能力的重要手段。其中，语用知识的学习能够帮助学生理解话语内涵，增加对话语的理解程度。策略知识的学习能够帮助学生依据不同的听力材料和听力任务进行策略选择，从而提高听的针对性。文化知识的学习对于学生日后英语的跨文化交际有着积极的促进作用，有利于不同文化背景下交际的顺利进行。

（2）听力理解。

英语听力知识的学习与听力技能的教授是为英语听力理解服务的。语言由于使用目的、交际者等因素的作用会带有不同的语用含义，因此对话语的正确理解成为英语听力教学中的重点和难点。在听力理解的教学过程中，教师应该使学生懂得如何从对字面意义的理解上升到对隐含意义的把握，继而提升英语的综合语用能力。具体来说，英语听力理解主要包含以下三个阶段：

①辨认。

辨认主要包括语音辨认、信息辨认、符号辨认等方面。尽管辨认处于第一个阶段，属于第一层次，却是后面几个阶段开展的重要基础。一旦学生无法辨认听到的内容，理解就无从谈起了。辨认有不同的等级，最初级的辨认是语音辨认，最高级的辨认则是说话者意图的辨认。教师可以通过正误辨认、匹配、勾画等具体方式训练和检验学生的辨别能力，如根据听到的内容给听力材料的句子排序。

②分析。

分析要求学生能将听到的内容转化到图、表中去。这个阶段要求学生能在语流中辨别出短语或句型，以此对日常生活中的谈话内容有大致的理解。

③重组。

重组要求学生用自己的语言将听到的内容以口头或书面的方式表达出来。

3. 多元文化下的英语听力教学

（1）文化差异对听力带来的影响。

①历史因素对于英语听力的影响。

听力题目中有这样一句话：The die is cast，we're got no choice but win the game. 当时学生虽然大概知道是要取得胜利，但是对前一句的意思并不理解。这个短语源于罗马执政庞贝和元老院共谋进攻恺撒时发生的故事。当时恺撒的领地和意大利本部交界处有条小河叫 Rubicon，恺撒不顾反对意见，悍然率军渡河与庞贝一决高下。在渡河时他说："The die is cast." 过了河，他还烧毁了渡船，逼得士兵毫无退路，只好勇往直前，打败了敌人。

就是这样一段历史故事，在英语中留下了几个常见的习语：cross the Rubicon（渡过鲁比肯河），寓意决定冒重大危险，采取断然行动。Burn ones boats(烧掉自己的船)，表示破釜沉舟的决心。The die is cast(骰子已经掷下)，预示着事情已经决定，再也不能改变。这几个短语如果仅从字面意思理解，肯定觉得不知所云，但如果结合历史背景，则不仅容易理解，而且记忆起来很方便。

②自然地理环境特征对英语听力的影响。

英文中包含很多与海洋相关的习语，如 all at sea（不知所措）；a drop in the ocean（沧海一粟）；plain sailing（一帆风顺）；between the devil and deep sea（进退两难）；While it is fine weather mend your sail（未雨绸缪）。这是因为不同的自然环境会对当地的文化造成不同的影响，语言恰恰包含这种独特的文化基因。英国作为一个岛国，为了生存，人们经常与恶劣的海洋气候进行抗争。在征服自然的过程中，自然形成了许多与海洋有关的习语。

此外，英国强大的航海业和捕鱼业使得大量与fish有关的习语相继产生，如big fish（大亨），dull fish（枯燥无味的人），make fish of one and flesh of another（比喻厚此薄彼，偏爱一方）。从这些角度来看，很多短语的理解就变得容易多了，在教师讲解的同时，不仅学生对语言加深了印象，对这个国家的了解也更进一步。

③生活常识对英语听力的影响。

在经典电影《阿甘正传》中，主人公阿甘曾这样形容他和Jenny的关系："We are like beans and carrots." 很多不理解西方饮食文化的人看到这句话会觉得难以理解，为什么两个人会像青豆和胡萝卜？这是因为在西餐中，青豆和胡萝卜总是被作为辅菜放在一起，这个表达方式用来形容两个人形影不离。

（2）多元文化对英语听力教学的启示。

①加强文化背景知识的传授。

在英语听力教学中，教师在传授语言知识的同时，应注重文化背景知识的传授。文化背景知识的传授应该密切结合实践课，其目的是使学生更加深刻地理解英语，更准确恰当地使用英语。因此，在英语教学流程中，教师应该根据学生的英语水平和教学内容需要有计划、有针对性地导入文化背景知识，在提升学生语言能力的同时，丰富学生的英语国家文化知识的储备。

②加强文化意识的培养。

在英语听力教学中加强学生文化意识的培养是很重要的。听力材料的理解不仅依赖好的英语知识水平，还受到文化因素影响。很多学习者能够听懂英语听力中的句子，却不能很好地理解句子的含义，其中一部分原因就是对材料中反映的文化不了解。因此，培养学生的文化意识很必要。

在听力教学活动中，教师可以有意识地多选择一些能反映各国文化、风俗习惯的材料，渗透跨文化意识的培养。课堂上的时间是有限的，教师可以引导学生主动探究不同文化之间的差异。在听力教学中，教师可以为学生推荐一些体现不同文化特点的电影，这样的电影既可以帮助学生提高英语听力水平，又能让学生了解文化差异。

教师可以在听力课上组织学生听一些反映各国不同文化背景的材料，并将学生分为两组，让学生自己找出所涉及的文化差异的具体体现并写下来，最后看哪一组写得多。

二、多元文化下的英语口语教学

1. 英语口语教学的意义

（1）能够帮助学生丰富词汇量。

孤立的单词不容易记，而语句、文章是有情节的，词放在句子里，联系上下文便于识记。学生经常练习口语，接触到的生词、句式日益增多，这对学生灵活运用常用词以及短语十分有益。实践证明，英语表达能力强的学生都善于通过口语积累词汇。

（2）能够提高口语表达能力。

学英语只有在开始时就注意语音、语调，大胆效仿，及时纠正口型和舌位，才能讲出标准的英语，对于学生的英语口语表达能力的培养，口语训练更为重要。口语训练的作用有二：其一，如前所述，口语训练有助于学生冲破心理障碍。学生敢于大声朗读英语课文，就敢于开口说英语。经过学习和练习，学生将不再是会英语的“哑巴”。其二，反复大声朗读英语课文，特别是长期坚持以后，能够使学生形成一定的语感，并初步养成用英语思维的习惯。

（3）能够促进学生听力和思维能力的发展。

教师范读或播放课文录音，能使学生保持高度的注意力，唤起他们的感知和想象。这些具体的形象既能帮助学生增强对词汇和语言结构的记忆，又能增强学生的语感。学生示范口语可以用于新课之始，也可以在熟悉新词语之后进行。

（4）口语训练有助于培养学生的语感。

学习语言就必须培养语感，语感对学好一门语言起到很重要的作用。语感强调通过对语言文字的直觉感受，最终达到快速领悟语言文字的境界，是构成一个人英语素质的核心因素。语感是由后天的培养形成的，在言语实践中，听觉、视觉等感官通过与语言材料接触，不断积累语言知识，体会语音、语义、语调及语气，日积月累，便逐渐培养了对语言的感知。

2. 英语口语教学的内容

大学英语口语教学的内容主要包括语音训练、词汇、语法、会话技巧、文化知识等。

（1）语音训练。

语音是学习英语口语的基础。语音训练的目标就是掌握正确的语音和语调，包括重读、弱读、连读、音节、意群、停顿等。错误的发音或不同的语调会造成对方理解困难，甚至产生误解。

（2）词汇。

词汇是英语学习的基础，无论是英语听力、阅读、口语，还是写作，都离不开词汇。没有足够的词汇量，就没有足够的输出语料，就不能进行信息的交流和沟通。词汇是信息的载体，如果没有足够量的词汇，就不能在头脑中形成既定的预制词块，这必然会影响英语的输出效率。有效的词汇输入是词汇输出的条件，口语交际功能的实现需要充足的词汇量做支撑。在口语教学中，应该加强学生词汇量的积累。

（3）语法。

语法是单词构成句子的基本法则，要想实现沟通的目的，必须要构建出符合语法规则的句子。只有句子符合语法规则，才可以被听者理解。

词汇是句子含义的载体，语法是句子结构的基础，二者必须有机结合，才能实现口语表达的实用性和高效性。

（4）文化知识。

在口语交际中，文化知识也十分重要。交际的得体性决定了学生必须掌握一定的文化知识，包括普通的文化规则和不同文化之间的交际规则。也就是说，学生除了要具有扎实的语言基础知识之外，还要具备一定的文化知识。

3. 多元文化视野下的英语口语教学

（1）文化差异对口语带来的影响。

①词汇等交际文化对英语口语的影响。

各种语言除一部分核心词汇外，许多词汇都有着特定的文化信息，即“文化内涵词”。这些词会影响学习者对英语的正确使用。此外，有些词语的表意也是很丰富的。英语的 cousin 一词对应中文中的堂兄、堂弟、堂姐、堂妹、表兄、表弟、表姐、表妹这些词，可谓一词多义。汉语中表达烹饪的词汇有五十多个，英语中却只有十几个，所以不能简单地将英汉词汇对等。

②习语文化差异对英语口语的影响。

不论是在中文中，还是在英文中，都蕴含着丰富的习语。它们简短生动，是历史文化积淀的产物，不深入了解文化背景，根本无法理解习语，最典型的莫过于两种文化中对待狗这种动物的态度了。在汉语中，含有狗的习语大多是贬义词，如狼心狗肺、狗急跳墙；而西方人认为狗是人类忠诚的朋友，因此和狗相关的习语是没有贬义的。因此，认识习语中的单词并不代表理解了这个习语的意思，想要在英语口语中正确使用习语，必须掌握和习语有关的文化知识。

（2）多元文化对英语口语教学的启示。

①在口语教学中要培养学习者宽容的语言态度。

英语作为一种语言，非母语使用者人数大大超过了母语使用者，据估计，使用英语的人数目前已经接近世界总人口的四分之一，而学习者的人数更是不可胜数。面对这一现实，从事英语教育或学习的人应充分认识到英语学习的目的已不局限于同“英、美、加、澳”等国的母语使用者进行交流，而是运用英语与不同背景的人进行跨文化交流。所以，我们的英语教学面临双重任务，调和、认清英语各文化背景间的不同，以保持国际交流中的互通性，也就是教授地道的标准英语，同时要照顾到英语的最大使用者群体，即非母语使用者的社会及心理需求，特别是在口语教学中，应增加学生对多元化语境的感性认识，让学生熟悉各种英语文化，培养学生开放、包容的语言态度，即对多元文化英语的容忍度，增强跨文化交际的意识，提升能力。

②增加自然语言的输入。

英语的多元文化首先是语言上的差异，在口语训练中需要有所革新，适当增加多元文化语境的能见度，在所选的口语教材中应当增加自然语言的分量。如按照日常场景进行的真实谈话，这些话语含有重复、省略、简化、停顿内容，世界各地不同的口音，甚至含有不合语法规则的成分。要使学生掌握英语中各种各样的自然表达方式，口语课就不能只固定采用一套教材，而应该添加一些辅助的听力材料，特别是真实的录音材料。因为在现实生活中人们使用的语言千差万别，口语课的教学内容也应该是丰富多样的，要让学生听到和习惯各种不同文化下的口语语境，以增加学生学习的灵活性，适应时代的发展。

③交际动机与对英语国家的社会、文化认同态度影响学生的学习态度。

在口语学习中，交际的动机以及对英语国家的社会、文化的认同态度对学生的参与动机起决定作用。学习口语的目的是要把英语作为交际工具来使用。当今社会多元文化发展迅速，口语课堂也要随时代进步，教师传授的知识必须与时俱进，满足社会的需要。在口语学习中，要让学生拥有将英语作为交际工具的动机，并且对英语国家的文化差异有主动学习了解的欲望，如此学习参与的态度才会是积极而主动的，效果也会很明显。对于教师来说，应从主观上对英语的多元文化有丰富的理解，从对英语国家的社会文化认同方面来增强学生学习的积极性，调动学生的参与热情。另外，教师需要考虑到学生将来走出校门能否用到所学的知识，能否真正用所学的知识去交流，所以平常应当给学生讲授一些有实际操作性的知识。

三、多元文化下的英语阅读教学

1. 英语阅读教学的意义

英语阅读既是我国英语学习者的学习目的，又是其学习手段。进行英语阅读教学具有多方面的意义，具体如下：

（1）阅读是培养语感的最好方法。

大量研究表明，好的英语是读出来的，好的语感更离不开大量的阅读。周健提出语感的获得方式有两种，其中之一就是“自然语言实践”，即通过大量的语言接触，使语言本身的规则在大脑中积淀到相对完整和巩固的程度，从而形成一种语言结构。儿童的母语语感就是通过这种方式获得的。中国人常说“书读百遍，其义自见”，提倡的就是这种自然习得，这种输入和接触就是大量的阅读。

目前，很多英语学习者都视英语阅读为苦读。事实上，英语阅读应该是轻松愉快的，也可以是轻松愉快的。要乐读就要求选读，即选择材料的阅读。在选材上要遵守简单原则，坚持从最简单处出发，从简单处学起。建议学习者从简易读物读起，选择生动有趣、富有吸引力而又能启发心智的读物，而不是一开始就抱着英文原著苦读、死读。简单的东西可以学以致用，从而提高学习兴趣，即阅读的兴趣原则。

（2）阅读可以提高技能及兴趣。

英语学习者通过阅读培养了英语阅读能力，并以阅读能力为基础发展其他能力，如听、写、说、译等能力。随着阅读能力的不断提升，语言知识的不断增加，英语阅读量会不断增加。学习者将一部分注意力转移到阅读材料的内容上，对题材内容产生兴趣，会在英语阅读上感受到英语学习的进步与成就，反过来又进一步激发英语学习兴趣。

（3）阅读有利于全面发展。

英语阅读不仅使英语学习者增长知识，提高兴趣，也会提高其抽象概括、归纳综合、逻辑思维、理解记忆方面的能力。阅读一方面由文字到思想，另一方面由思想到文字。对于文章的理解，离不开学习者已经具有的背景知识，也离不开学习者依据上下文进行的推测。

（4）阅读是获取信息的主要渠道。

对于大学生来说，学习外语的目的除了满足与国外同行直接用外语沟通的需要之外，主要是利用外语获取专业信息，服务于自己从事的工作。获取信息可以通过“听”，但主要的渠道还是“读”，无论信息的载体是互联网还是电子书或者纸质书籍。

2. 英语阅读教学的内容

无论哪种教学，教学内容都必须以教学目的为出发点。英语阅读教学的目的在于培养学生的阅读能力，使学生通过阅读英语材料获取所需信息。

3. 英语阅读教学的影响因素及启示

（1）文化差异对阅读带来的影响。

文化差异在很大程度上决定了语言的差异，从而影响学习者对阅读材料的理解。

①联想意义上的文化差异。

由于中西方文化渊源不同，人们对同一事物的理解各不相同。如对于dragon这个词，西方人和中国人的心理反应是有很大不同的。中国古代用龙作为帝王的象征，把龙字用在帝王使用的物品上，中国人历来把“龙”视为“吉祥”和“权力”的象征，因而我们的语言里就有了“龙飞凤舞”“望子成龙”等一系列成语。然而，在西方文化中，“龙”被看作长翅膀、大多会喷火、穷凶极恶的怪兽，代表凶恶和残暴，在俗语中还被认为是“凶狠的人”。

②句子层面的文化差异。

文化障碍不仅存在于丰富的词汇层面上，而且存在于句子层面上，包括典故、习语和谚语。句子蕴含的文化差异给外族人对句子的了解构成障碍。习语是文化的一部分，英语丰富的习语活跃在英语文化圈内，给中国学生的阅读带来障碍。

③成语典故中的文化背景。

语言不仅是文化的重要组成部分，而且是文化的载体。每一种语言都是一个国家文化发展的产物，都有其悠久的历史背景和丰富的文化内涵。每个国家都有其独特的发展历史、生态环境、民情风俗等，因此每一种语言都由其特定的负载着文化的词汇、成语典故等来反映这些观念和事物，导致非母语学习者理解这些词时通常会遇到障碍。

（2）多元文化对英语阅读教学的启示

①因材施教。

不同的学生有着不同的个性、语言水平。在当下以学生为主体的教学理念指导下，英语阅读教学必须按照因材施教的方式进行。这就要求教师选择合适的教学方法满足不同水平、不同目标的学生的特殊需求，使每个学生都能得到阅读技能的提升。

②运用多种方法导入文化。

英汉文化差异巨大，关于这些差异的对比，无论是从方法上来说，还是从内容上来说，都有助于调动和培养学生学习的兴趣。

通过对比英汉两种文化之间的差异，教师要让学生明白不同的语言以及语言背后不同的文化，了解不同的语言有着不同的习惯表达方式。通过这种文化差异的对比，学生能够增强文化感悟力。需要注意的是，文化差异的比较不应仅局限于课本提供的材料内容，就课文讲课文，而应该透过语言看文化，通过课本提供的语言材料让学生了解与把握其中蕴含的民族文化语义，使枯燥无味的词语讲解和篇章结构分析变得生动活泼，有滋有味，这样才能最大限度地激发学生的学习兴趣，使学生既能学到英语语言知识，又能领略英语国家的文化。

教师是学生获得相关英语文化知识的重要源头，因此教师应该充分发挥自己的作用，在英语阅读教学中通过介绍和讲解导入文化知识。在阅读理解课堂教学中，教师可以结合教材，有计划地安排一些专题，介绍英美国家文化背景知识。例如：可以安排英美国家价值观专题、婚恋专题等，结合这些专题介绍和讲解英美国家的文化背景知识，从而使学生对英美国家的文化背景知识有一个比较系统的认知。

四、多元文化下的英语写作教学

1. 英语写作教学的意义

写作是人类表达思想和传播知识的最重要手段之一。无论在母语还是二语习得的过程中，写作对于大多数学生来说都是一个相对的难题。尤其在中国学生将英语作为一门重要的语言学习时，英语写作就不仅是一种表达思想的媒介，更是综合衡量学生掌握语言情况的重要尺度。作为学习者语言输出的重要手段，英语作文最能全面反映学习者的语言基础、认知水平、思想高度和文字综合运用能力。因此，写作教学在英语教学中具有重要的意义。

2. 英语写作教学的内容

英语写作其实是把清晰严密的思维以“论点 + 论据”的形式表现出来，是对英语综合能力的表现，其包含对语言的逻辑分析、组织、运用表述的各项能力。具体来说，大学英语写作教学的内容如下：

（1）发现论点。

主要知识点：主题句的位置与构成，主题句的写作要求。

能力培养要求：让学生了解什么是主题句，怎么写一个合格的主题句。

（2）开头与结尾段落的写作。

主要知识点：开头与结尾段落的主要写作手法。

能力培养要求：让学生了解如何写作文的首段与结尾。

（3）写作过程。

主要知识点：构思的主要方法，如自由写作、提问、草拟提纲等；修改的步骤。

能力培养要求：让学生明白好的作文开始于好的构思，以及修改作文的必要性与具体步骤。

（4）段落一致性。

主要知识点：具体细节与恰当细节的应用。

能力培养要求：使学生学会用具体的论据支持论点。

（5）段落的连贯与过渡。

主要知识点：组织论据的常用方法，如时间顺序、举例、因果、对比、定义、分类等；过渡词以及其他连接手段（如重复、代词、近义词）的应用。

能力培养要求：让学生了解如何组织、连接论据来支持论点。

（6）遣词造句。

主要知识点：学习排比、前后一致、用词简洁而具体、变换句型；修改作文的主谓不一致、悬垂修饰语、修饰语错位、破句、粘连句等错误。

能力培养要求：通过对遣词造句技巧的介绍，让学生学会在写作中正确地选词、用词，并能构建形式、结构多样的英语句子。

3. 多元文化下的英语写作教学

（1）英汉写作中的文化差异。

汉语与英语是两种截然不同的语言系统，中国学生在学习英语时因受汉语影响，习惯用汉语思维，无论在词法、句法、篇章结构上，还是在思维模式上，他们的作文带有汉语的痕迹。

①词法方面。

每一种语言的词汇都可以反映使用这种语言的国家的制度和习俗等。如果不了解该语言所处的特定文化背景，就难以理解词汇的准确意义。另外，英语中有些词类的划分与汉语也有所不同。比如，英语中的名词分为可数名词和不可数名词，动词分为及物动词和不及物动词，形容词分为表语形容词和定语形容词。在英语写作过程中，学生应该特别注意英语词汇的特征。

②句法方面。

英语与汉语在句子结构方面最基本的差异是汉语句子重意合，英语句子重形合；汉语句法关系主要靠词序和语义关系表达，并不追求形式上的完整，通常只求达意；英语句法重句子结构形式上的完整和逻辑上的合理。具体来讲，英语中有语态、时态、人称和数等形态变化。英语句子一般都有一个明确的逻辑中心，不论句子中的附加成分多么复杂，总与中心的成分保持清楚的逻辑关系，从而形成以主谓宾结构为核心，用各种从句、短语进行修饰、扩展的句法结构。

③语篇方面。

英语民族崇尚理性，重视形式逻辑和分析思维，他们的思维方式可形象地称为直进式。而中国人重悟性，注意辩证思维，思维方式是螺旋式。反映在写作上，英语写作强调结构清晰，篇章连贯，逻辑性强，要求开门见山。英语文章通常把主题放到句首，且每段只有一个主题，然后围绕这个明确的主题用扩展句进行层层论证或说明。而汉语文章受到中国传统文化和思维影响，开篇一般不点题，而是经过反复论证后才将最重要的信息呈现出来。这种由于思维方式不同导致的语篇差异使学生写的英语作文前后不一致，层次不清，逻辑性差，缺乏必要的过渡和连贯性。

（2）文化差异对写作的影响。

语言至少包括两方面：一是结构，即语音、词汇、语法等；二是应用，即决定使用语言是否得体的因素，如说话者是否符合其身份、社会习惯，是否达到了交际的真正目的。因此，学习和使用英语必须了解与英语密切相关的文化以及中英之间的文化差异。下面仅从中英两种语言在措辞、造句、文体三个方面来探讨中英文化差异对大学生英语写作的影响。

①措辞。

同一个事物或概念，在某些语言中可能只有一个词语来表达，而在另一种语言中可能有几个或更多的词语来表达。中、英两种文化背景的人在进行交际时，有时会产生理解上的困难。比如，英语中的“Mary's sister married David's brother”这句话很难翻译成汉语，因为我们不知道 Sister 是指 Mary 的姐姐还是妹妹，brother 又是指 David 的哥哥还是弟弟。其实在汉语中，用这种称呼来指各种具体的关系的词语很多。但从这个例子中我们知道，对于中国学生来说，要想进行英语写作并提升英语写作能力，首先要在用词上多下功夫。可以说，用词准确是写作的基本功，因为词汇是语言的基本要素，是语言赖以生存的基础，所以文化差异在词汇方面表现得最为突出。

②造句。

英语句式多为句尾开放的树式结构，语义重心在前；汉语句式为句首开放的竹式结构，语义重心在后。西方人习惯于先开门见山，通常是主句在前、从句在后的语序。中国人习惯于先介绍外围信息进行铺垫，再层层逼近主题，倾向于偏句在前、正句在后。

再者，英、汉句子中，成分与成分或分句与分句之间的连接方式是不同的。英语句子多靠形合，非常注重句子的结构完整，外在逻辑形式严谨规范，句间连接依赖于各种语言形态手段，因而句子显得紧凑有序，其关联照应手段是多样的；汉语句子多靠意合和悟性，句间连接主要靠语义和内在的逻辑关系，连接标记的有无关系不大，句子的形态会显得很松散，其关联照应是隐示的。

③文体。

首先应该指出，汉语和英语写作有相同之处——深刻地了解主题，周密地考虑内容，慎重地选择材料，真诚而简洁地表达思想。但是二者之间也存在一些差异。这主要包括两点内容：首先，在叙述与描写时，与英语文体相比，汉语文体中常因过多使用形容词而显得矫揉造作。当然，一篇好的文章里要有形容词，它们可以使文章生色，人物栩栩如生。但是如果使用不当，效果则相反，读者会失去兴趣，感到厌烦。英语文体则直截了当。

（3）多元文化对英语写作教学的启示。

①文化导入。

为了尽量减少汉语对学生英语写作的负面影响，在英语写作教学中，教师应鼓励学生通过多种渠道掌握中西文化差异以及这种差异带来的英汉写作上的不同，提升学生实际运用语言的能力。

中国学生的英语学习处于汉语文化环境中，思维、表达、写作无不受到汉语文化影响，这对于学生了解和使用英语思维写出地道的英语作文而言是十分不利的。因此，在英语写作教学中，教师可以利用图片、音频、视频等教学手段为学生创造有利的英语学习环境，让学生多了解英语文化背景；还可以安排学生和外籍教师、学者等沟通交流，了解英语文化的各个方面。通过多种渠道的了解和接触，学生开阔了视野，加深了对英语的感知力，提升了英语使用能力，久而久之，逐渐学会用英语思考、表达和写作，避免使用中国式英语。

②英汉写作对比分析。

文化差异使英汉语篇写作各具特色。对此，教师不妨有意识地剖析与演示英汉语篇的遣词造句、文章结构等方面内容，使学生了解二者之间的差异，并在写作时有意识地避免受到汉语思维影响，写出更符合英语表达习惯和英美文化的作文。例如：在精读教学中，教师通过细致地分析课文，使学生了解和掌握各种题材和体裁文章的写作技巧、注意事项，如课文是如何发展主题、组织段落、完成连贯的，帮助学生对正确的英语语篇结构形成一个立体的、综合的认识。

另外，教师在批改作文时应指出学生写作中不符合英语表达习惯的语句，并将其和地道的表达方式进行对比，使学生更清楚地看到差别，并在不断修改的过程中逐渐学会用英语进行思考，形成正确的表达。

③读写结合。

俗话说："读书破万卷，下笔如有神。"可见读和写有着密切的关系，读是写的基础。作为语言输入的一种方式，读能够为作为语言输出的写积累语言材料，不仅能够使学生知道写什么，还能使学生知道如何去写。在英语写作教学中，教师应让学生通过阅读大量题材广泛、体裁各异的英语材料来了解英美人士的思维方式、思想情感、价值观念、道德标准、社会文化、历史传统等内容，为英语写作积累素材，培养语感，学习名家写作技巧和经验等。

第八章　跨文化交际思维下的高校英语教学

第一节　高校英语教学中的跨文化交际思维理论建构

一、跨文化英语教学的理论建构

语言变化与社会发展同步进行，外语教学作为一门应用型学科，必须以社会发展的需要和学习者个人进步的需要为出发点，以帮助学习者适应社会的政治、经济及文化发展为己任。跨文化交际成为当今世界交流的时代特征，跨文化交际能力成为学习者适应这一时代发展需要的必备能力，跨文化外语教学在这种背景下应运而生。

1. 高校英语跨文化教学理论基础

（1）语言与文化——语言教学与文化教学的关系。

语言与文化之间密不可分的关系已经得到广泛认可。传统外语教学的基础学科——语言学也从单纯的语言形式研究的禁锢中解放出来，衍生出社会语言学、语用学、心理语言学等分支学科，学者们进行了大量跨学科研究，使语言与思维、社会、文化和交际之间千丝万缕的联系逐渐被认识。任何一种语言的产生和发展都依赖于该语言群体及其赖以生存的社会文化。语言不仅具有表情达意的交际功能，还是感知和思维的表现系统，前者是语言的外显功能，以语言输入和输出为形式；后者是语言的潜在功能，属于认知心理活动，两者相辅相成，构成语言使用的全过程。

任何人与人之间的交际都是从个体对外界环境进行选择性地感知开始的，这个感知活动受个体的语言、文化和经历影响。通过各种身体器官感知结果，然后经过大脑活动转换成概念或思想，这两个过程构成语言表达的第一阶段，即输入、内化阶段。要让对方知道自己的思想，还必须借助语言系统外化自己的感知结果和思想，这就是语言使用的外化、输出阶段。这一过程首先是将已经形成的概念和思想转换成能用的外化的一个新的符号系统。这不是真正意义上的语言学习，在这种情况下，学习者学到的只是一套脱离了原来赖以生存的文化内容的符号系统，学习者只能用它来表达自己本族文化的一些思想内容，却无法将其作为与目的语群体进行交流的工具，因为离开了该语言所反映的社会文化现实，这一新的符号系统就好像一个没有血肉的、僵化的躯干，失去了原有的活力和价值。

外语学习的目的多种多样，但是就正规的学校外语教学而言，提升学生的外语交际能力是最重要的目的。外语交际能力的提升必然要求学生了解目的语反映的文化意义系统，通过将目的语文化与本族文化进行对比，调整和修改自己的认知图式和参考框架。只关注语言符号和语言形式，忽视语言使用中的文化内涵的教学显然是毫无意义的，英语教学应该与文化教学有机结合。

跨文化交际能力这一概念将跨文化交际学和外语教学两门学科联系起来，使两个原本独立的学科开始相互渗透、相互借鉴，外语交际能力作为跨文化交际能力的重要组成部分，逐渐受到跨文化培训人员的重视；文化与语言血肉相连，文化知识的学习和跨文化交际能力的培养理应成为外语教学家族中的成员。

（2）跨文化外语教学是外语教学发展的需要。

外语教学是一门极其复杂的应用型学科，涉及学生的认知心理、教师的教育观念、社会的政治经济环境等方面，因此外语教学理论的建立需要借鉴很多不同学科的研究成果。而且，由于外语教学的宗旨是为社会和学生个人发展服务，培养社会发展需要的人才，所以随着社会的飞速发展，外语教学工作者也应及时更新观念、调整教学大纲和教学方法，以跟上时代发展的步伐，这就是外语教学为提高学生综合素质所做出的贡献。

跨文化外语教学无论从语言与文化的关系和外语教学的需要来看，还是从社会发展的外部环境来看，都是十分必要的。一方面，文化作为外语教学的有机组成部分，为语言学习提供了真实而又丰富多彩的语境，使语言学习与真实的人和事物联系起来，从而刺激了学生学习外语的积极性，加强了学生的学习热情，因此有利于促进外语语言教学，提高教学效果；另一方面，将语言教学与文化教学结合起来符合跨文化交际能力培养的需要，因为不学习目的语、不通过交际实践，只通过媒体等渠道了解目的语文化，只能是一种间接的文化学习，学生不可能获取跨文化交际的亲身体验，因此很难在情感和行为层面达到跨文化交际能力的要求。在外语教学中进行跨文化培训可谓一箭双雕，既满足了语言学习的需要，又促进了跨文化交际能力的提升，从而充分发挥了外语教学的潜力。

到现在为止，我们的讨论还只停留在对跨文化外语教学的必要性和先进性的探讨上。理论说明固然重要，跨文化外语教学如何实施的问题具有更实际的意义，如何在大纲和课堂教学中体现跨文化外语教学的思想，是教师和学生更加关心的问题。

2. 跨文化外语教学的目标和内容

确定目标和标准是教学计划和教学实践的第一步。近二十年来，跨文化外语教学在欧美等国家发展迅速，但跨文化外语教学这一术语的使用目前并不统一。这里所指的跨文化外语教学，是指在吸收这些理论思想的基础上，将跨文化外语教学思想又向前推进了一步，形成了具有中国特色的跨文化外语教学框架的教学方法。确定教学目标和界定教学内容是这一框架的两个重要环节。

（1）跨文化外语教学的目标。

跨文化外语教学的总体目标是提升学生的外语交际能力。跨文化外语教学是交际法外语教学的延伸和发展，如果说提升外语交际能力是交际法外语教学的最终目的，那么，它只是跨文化外语教学的一个部分，是促进跨文化交际能力培养的一个重要手段。这并不意味着外语交际能力培养应该附属于跨文化交际能力的培养，或者是一个次要的教学目标。

实际上，在跨文化外语教学中，两个目标的实现同等重要。外语交际能力以目的语和文化的学习为核心，以语言交际能力和阅读能力的提升为重点，是外语教学实用的语言文学目标。跨文化交际能力的培养作为外语教学的高级目标，是通过进行文化对比，增强跨文化意识，学习普遍文化知识，培养多视角的、灵活的、立体的思维能力和与不同文化群体进行交际的技能，来发挥外语教学对于学生个人素质和综合能力培养所具备的潜力，这是外语教学的社会人文目标。虽然在一定程度上外语交际能力是跨文化交际能力的前提和基础，但是跨文化交际能力的培养过程同样可以促进外语交际能力的提升，因此它们之间是一种相辅相成、相互渗透、共同发展的关系。

对外语交际能力的研究经历了一个发展完善的过程，基本上已经形成一套相对稳定、成熟的理论体系，这些理论在外语教学实践中得到了检验和充实。同样，跨文化交际能力作为跨文化交际研究的主要课题之一，也受到许多研究者的重视。由此可见，跨文化交际能力在外语教学和跨文化交际两个学科领域之间起到桥梁作用。尽管外语交际能力和跨文化交际能力都已在各自的领域得到极其充分的研究，但是跨文化外语教学的目标和内容并非两者的简单相加。由于语言与文化教学的有机结合是跨文化外语教学的本质特征，因此一个相互渗透、融为一体的语言和文化教学框架才是我们追求的目标，语言与文化的有机结合应该从确定教学目标开始，贯穿外语教学的其他环节和整个过程。

教学目的和标准的确定基本上属于一种政府行为，一般是由政府教育机构发起，委托数名专家组成项目组进行调查研究，提交报告，最后再由教育部门审定和颁布并监督实施。这说明教学目的和标准的确定受社会文化和政治经济等客观环境影响，虽然跨文化外语教学的本质特点适用于任何国家和地区，但是其教学目的和标准以及教学方法在美国和欧洲可能有所不同。同样，在中国的国情下，跨文化外语教学也应该具有自己的特色，不能一味模仿、全盘照搬西方国家的做法。

①知识层面。

语言意识，即知道语言的基本特点和功能，理解语言和语言使用与社会文化之间的关系；文化意识即知道文化的基本概念和特点，理解文化与语言之间的相互作用；目的文化知识包括了解目的文化的交际风格，了解目的文化的非语言交际特点，了解目的文化的社会习俗，了解目的文化的社会结构，理解目的文化的价值观念，了解目的文化的历史、地理和环境，了解目的文化的文学和艺术。

②能力层面。

外语交际能力包括语言能力、非语言交际能力、社会文化能力、交际策略。跨文化交际能力指的是能够分析和观察文化现象，能够将目的文化和其他文化与本族文化进行比较，能够反思并更好地理解自己的民族文化和个人文化参考框架，能够接受文化差异，将文化差异与不同的价值、意义系统联系起来，能够根据交际场合和交际对象调整自己的言行，能够以跨文化的人的身份参与跨文化交际，做一个文化协调员，能够采用灵活的、多角度的立体思维方式，意识到不同文化没有好坏优劣之分，只有异同的存在。以上跨文化外语教学的目标框架以培养学生外语交际能力和跨文化交际能力的总目标为宗旨，从认知、行为和情感三个层面对教学目标和目的进行了描述，为教学内容的选择、教材的编写、教学方法的设计、教学测试和评估以及教师培训等环节提供了依据和参考。

（2）跨文化外语教学的内容。

跨文化外语教学的目的包括知识、能力和态度三个层面，因此教学内容也应该全面考虑学生这三方面的需要。下面对所列出的教学内容进行分解。

首先，跨文化外语教学内容由四个模块构成：目的语言、目的文化、其他文化和跨文化交际能力。目的语言和目的文化这两块内容与我们现行外语教学的内容基本吻合，通过这两方面内容的学习，学生能够掌握目的语知识，并能使用该语言与目的语群体进行有效交际，这就是外语交际能力。值得一提的是，在这两个模块中分别增加了“语言意识”和“文化意识”两项内容。将语言意识列为教学内容是希望学生通过学习目的语，反思自己的母语，了解语言的普遍规律，尤其是了解语言与社会和文化之间的关系。同样，培养学生的文化意识是为了让他们了解文化的构成、文化的作用、文化的发展规律等文化相关知识，文化意识是跨文化意识和跨文化交际能力培养的基础。此外，文化交流作为目的文化教学内容的组成部分，指的是学生本族文化和目的文化之间的交流，即学生在学习目的文化知识的同时，不断寻求机会，或由教师创造机会，去体验目的文化，并且反思本族文化，将目的文化与本族文化进行比较，以增强对文化差异的敏感性。值得注意的是，文化交流与语言使用应该属于同一个内容范畴，因为它们通常是相伴而行、同时进行的，文化是交流的内容，语言是交流的手段。

外语教学内容的第二模块是其他文化的教学，这是跨文化外语教学不同于其他以文化为基础的外语教学的特点。如果说外语交际能力是以目的语和目的文化的掌握及应用为目的，那么，跨文化交际能力就是一种以学习者母语和本族文化以及目的语和目的文化的学习、交流、反思和体验为途径，同时兼顾学习和了解其他语言和文化的特点，进而超越各种具体文化束缚的一种灵活的交际能力，是以与来自世界各种不同文化的人进行有效交际为目的的能力。

二、跨文化英语教学的原则与方法

1. 跨文化外语教学的原则

一般来说，教师是教学的主要执行者，是教学的主体，韩愈所说的“传道授业解惑”就是对教师的主导作用的精辟描述。但是在跨文化英语教学中，教师的主体作用获得了不同的阐释，学习者的中心地位凸显出来，英语教学也因此呈现出不同的特点。这些特点集中表现为以下几条教学原则：

（1）以学习者为中心，以引导学习者进行自主学习为主要教学模式。

学习者是教学过程的真正主体，教师的教学、教材的编写以及教学方法的设计和选择都必须围绕学生的实际需要进行。在跨文化英语教学中，不仅学习者的英语语言学习需要受到应有的重视，在整个教学过程中，对母语和本族文化的体验和理解，对目的文化和其他文化的态度，个人综合素质的提高，包括立体思维方式的形成和跨文化交际能力的培养，甚至对整个人生的态度等很多与学习者的过去、现在和未来密切相关的主题都是教学设计和教学活动考虑的因素。就教师而言，引导学习者进行自主学习是主要任务，虽然知识的传授和规则的讲解仍然必不可少，但是教学的中心应该转向学习者自主学习能力的培养。这一点对于跨文化英语教学来说非常重要，原因之一是当今世界信息爆炸，知识不断更新，培养终身学习的思想和学习习惯，掌握独立学习的方法，成为教育界普遍关注的一个趋势；另一个原因是跨文化英语教学的目标和内容相对于传统的外语教学而言扩大了无数倍，而教学时间基本不变，不可能有大幅度增加，因此学习者在校期间，有很多教学内容无法接触和学习，教师只有通过“授之以渔”

的方法，才能确保教学目标的最终实现。这也是将学校学习之后的英语和文化学习也纳入整个教学体系的原因。以学习者为中心、以学习为中心的思想在后面几个原则中也都有所体现。

（2）语言教学与文化教学有机结合。

语言和文化在跨文化教学中互为目的和手段。英语发展成为国际通用语的动因之一，跨文化交际日益频繁，来自世界各地、各民族、各文化群体的人们需要这一通用语作为沟通和交流的媒介，因此英语学习的目的之一就是进行有效的跨文化交际。而且，由于英语语言学习本身涉及文化的学习，所以我们完全有理由说，英语语言的学习是文化学习的手段，文化学习和跨文化交际是英语学习的目的；反过来，文化学习为英语语言学习提供丰富多彩、真实鲜活的素材和环境，大量文化材料引入英语教材和课堂，不仅使英语学习生趣盎然，而且是英语交际能力培养的重要保证。总之，跨文化英语教学包含语言教学和文化教学两个相辅相成、不可分割的方面。

所以，在教学设计和课堂教学中，语言教学和文化教学必须有机结合。这种结合体现在外语教学的各个阶段、各个环节。虽然根据学习者的认知水平和学习需要，在不同阶段和不同课程中，语言与文化各有侧重，但是在跨文化英语教学中没有单纯的语言课或文化课，只要具有这种意识，总能找到两者的结合点。

（3）从实用主题过渡到间接、抽象的意识形态领域。

不同年龄层次的学习者在认知水平、情感发展和经历、经验上都有很大的差别，这些差别必然导致教学内容和教学方法的不同。一般情况下，对于年龄较小的学习者来说，与他们的生活和学习息息相关的、具有可比性的、具体的、直观的教学材料较为合适。随着学习者认知水平的发展、心理承受能力的增强和人生体验的增加，语言和文化教学内容的深度和广度逐渐扩大到一些间接的、复杂的、需要进行抽象思维的意识形态领域。

就文化教学而言，这种相关性和适合性的原则至关重要。跨文化交际能力的培养是一个漫长而复杂的过程，在这个过程中，由于学习者对母语的理解与体验是学习过程中不可缺少的一部分，学习者在学习外国文化的同时，还一直处于一种自我认识、自我反省、自我批评、自我完善的状态之中，所以任何与他们的经历和认知能力相距甚远的教学内容和方法都将背离以“自我”与“他人”比较对照的文化学习原则。

2. 跨文化外语教学的常用方法

近年来，随着跨文化培训和外语教学的蓬勃发展，文化教学方法和文化与语言结合教学方法层出不穷，下面先介绍几种常用的文化教学方法，然后对如何在实际教学中将文化教学与语言教学有机结合进行探讨。

（1）文化教学的常用方法。

文化教学方法大多是由跨文化培训专家通过实践，结合社会学、文化学、教育学和心理学的相关理论研究开发出来的。目前广泛使用的方法，归纳起来有以下几种：

①文化讲座。

讲座作为传授知识的一种有效手段，对于文化教学来说是必不可少的。跨文化交际能力的培养需要学习者了解和掌握相关文化知识，如文化的本质特点和功能、文化包含的内容和范畴、不同文化的价值观念和习俗规范等都可以通过讲座的形式传授给学习者，不同文化主题构成一系列文化知识讲座，有利于学习者进行系统文化知识的学习。但是，文化讲座提供给学习者的大多是间接的经验，而且大量冗长的讲座通常会使学习者感到厌倦，所以我们在设计讲座时应力求简明扼要、生动有趣，而且要辅以其他方法来强化讲授内容。

②关键事件。

关键事件法是通过分析实际跨文化交际中发生的、具有典型意义的失败案例来说明跨文化交际中误解产生的原因，帮助学习者了解两种不同文化在某个方面的不同期望和表现。具体做法是：先对来自不同文化背景的交际双方产生的误解及情境进行描述，然后给出四个解释误解产生原因的选择，让学习者根据自己的理解进行选择，如果一次选错，就请他们再选，直至选对为止。由于这些案例通常来自真实的交际，对于学习者来说非常有趣，而且因为这些案例具有代表性和启发意义，能够刺激学习者在阅读案例和选择答案时进行思考，有利于跨文化敏感性的培养。

③模拟游戏。

这是一种亲身体验式的活动，旨在挑战假想，扩大视野，促进能力的提升。通过模拟游戏，学习者可以感受到一些自己尚未经历过的情境，从中获取经验和认识，这对于文化学习者来说至关重要。

以上各种方法虽然以跨文化能力培养为主要目的，但是经过变通和再设计，也可以与外语教学有机结合，成为跨文化外语教学的方法。

（2）文化教学与语言教学有机结合的方法。

除了以上文化教学的各种方法之外，我们还可以在促进教师和学生改变教学观念的基础上，通过对传统外语教学方法和手段进行改革，开发出一些将文化教学与英语语言教学有机结合的方法。

①通过文学作品分析来进行文化教学。

文学作品分析是语言教学的一个常用手段，中国很多英语教学活动都是通过分析和欣赏文学作品来进行的。文学作品中蕴含着丰富的文化内容，语言形式和文化内容在此得到完美结合，因此在文学作品分析的过程中同时进行语言教学和文化教学不仅是可能的，而且是必要的。实际上，传统的语言教学在分析文学作品时并没有避而不谈文化内容，只是教师没有将文化教学列入教学目标，文化内容的讲解服务于语言教学的需要，处于一个从属的、次要的地位。要改变这一现状，我们必须在确定教学目的和目标时考虑文化教学的需要，使文化教学内容和语言教学内容并列成为教学关注的对象，教学时，可以利用语言和文化完美结合的优势进行，即利用文学作品进行跨文化外语教学。

②词汇教学与文化教学的结合。

任何语言的词汇都承载着丰富的文化信息，每个词包含的文化内涵是任何词典都无法穷尽的，如“早饭”一词在汉语、英语和法语中不仅表达形式和发音不同，而且文化所指也不尽相同。此外，不同语言中的词汇还反映说话者不同的价值观念。正因为词汇及词汇的使用具有浓厚的文化特点，我们在进行词汇教学时才不能只停留在词汇的意思和用法上，还应该介绍词汇包含的文化内容，尤其是要呈现词汇在真实文化语境中具体使用的情况。就目前的外语教学而言，词汇教学中文化教学的潜力没有得到充分挖掘，教师通常呈现给学生的都是从词典下载的词义解释，很少能将词汇蕴含的文化意义介绍给学生。另外，学习者在学习生词时通常处于被动接受的状态，这就导致他们所学的词汇成为一组僵化的符号，无法在真实的交际活动中运用。

我们在对词汇的本意、比喻意义和文化内涵进行全面介绍的基础上，还应该将它们置于真实的文化语境中进行操练，让词汇知识转换成词汇使用能力。例如：我们教授学习者描写人物的形容词时，除了介绍词义之外，还可以选择一些来自母语文化或目的文化的真实的历史或当代人物，用这些形容词进行描述；也可以让学习者用这些形容词来描述自己。这样做，学习者既可以学会这些形容词的词义，也能了解它们的文化内涵，还有机会接触不同文化背景下的历史人物故事。显然，这种词汇教学方法将词汇教学与文化教学有机结合，不仅使词汇学习变得生动有趣，而且将文化学习落到实处。

③阅读教学与文化教学的结合。

阅读教学被认为是最容易与文化教学联系起来的教学活动之一，因为只要我们选择那些包含文化内容的阅读材料，就可以实现语言教学与文化教学的有机结合。然而，事实并非如此。目前很多阅读教师并不能很好地利用阅读教学的这一优势进行有效的文化教学，或是因为受传统的以语言形式为中心的教学思想影响，或是因为对目的文化知之甚少，阅读教师在致力于提高学生的阅读速度和阅读理解能力的同时，关注的是语音、语法、词汇、句型和翻译等语言学习的内容，在很大程度上忽视了阅读篇章中蕴含的文化信息，即使谈到相关文化的某些内容，通常也不是以提升学生的文化能力为目的，而是帮助学生更好地理解篇章本身。总之，目前外语阅读教学并没有将文化教学列入教学目标和内容，因此有关文化的讨论也不是真正意义上的文化教学。

要真正实现阅读教学与文化教学的有机结合，必须在确定教学目标和教学内容时考虑文化教学的需要，在实际教学中，可以通过设计读前和读后任务将学习者的注意力吸引到篇章内容上，进行相关文化的讨论和学习。例如：在阅读一篇关于美国饮食文化的英语文章前，我们可以提出一系列有关学习者本族文化中饮食习惯的问题，让他们进行读前热身，然后建议他们在阅读文章时注意美国饮食文化与自己的饮食习惯的异同，读完文章后，学生在回答有关美国饮食文化的相关问题的同时，可以进行文化对比。教师对语言点的解释可以插入到讨论中，也可以在这些文化教学活动结束之后，但不能让语言形式的学习压倒篇章内容的理解和文化内容的讨论。

语言与文化在教学中有机结合的方法不限于以上方法，随着跨文化英语教学思想的不断深入人心，相信会有更多更好的方法被开发和应用。然而，在此必须强调教师和学生转变教学观念的重要性，要真正做到语言教学和文化教学的有机结合，教师和学生必须认识到外语教学应该承担双重任务：既要促进学习者外语交际能力的提升，又要帮助学习者培养人文素质，形成立体多维的思维方式，成为跨文化的人。只有在这一前提下，我们才能确保跨文化外语教学思想得到有效贯彻和实施。

3. 民族文化学的参与观察法在跨文化外语教学中的应用

民族文化学的研究方法俗称参与观察法，是文化人类学和社会学经常采用的研究方法，近年来，在其他社会科学领域也得到广泛应用。简而言之，这是一种实地考察的方法，研究者与研究对象同吃同住，对他们进行参与性的观察，从“圈内人”的视角来分析描述某一群体的社会和文化活动。随着跨文化交际研究和跨文化英语教学思想在美国和欧洲的兴起和发展，这种方法逐渐被应用到跨文化培训和外语教学中，拓宽了跨文化外语教学的渠道，成为一种语言与文化学习和个人综合能力培养的有效方法。

（1）民族文化学参与观察法的特点。

作为一种文化研究方法，参与观察法主要有这样一些特点：研究者既是参与者，又是观察者；与研究对象之间既亲密无间，又保持一定的距离。正是这种特殊的身份使他们能够完成对目的文化各个层面或某些层面的研究；它是一种具体的从实践到理论，而不是抽象的从理论到实践的研究方法。研究者置身于目的文化群体之中，与人们进行广泛深入的交流，自然而然了解目的文化，得出关于目的文化的某些结论；它以具体文化为研究对象，属于具体文化研究，而不是文化普遍理论研究。

（2）民族文化学参与观察法对外语教学的作用。

参与观察法被引入外语教学的直接动因和先决条件是文化作为外语教学有机组成部分的地位得到普遍认可，外语教学的目的既是提升外语语言能力，也是增强跨文化意识和跨文化交际能力，同时还是培养学习者独立学习和立体思维能力，提高综合素质。在这一前提下，以参与观察为主要形式的民族文化学的研究方法在外语教学中就展现出其得天独厚的优势。

总之，跨文化英语教学与传统的英语教学在教学目标和教学内容上的不同决定了其教学原则和方法的不同。跨文化英语教学既关注外语教学的语言文学目标，又重视外语教学的社会人文目标，它在教学原则和方法上与传统外语教学最大的区别在于以下几点：

①语言教学与文化教学有机结合，语言与文化互为目的和手段。

英语语言的学习是文化学习的手段，文化学习和跨文化交际是英语学习的目的；文化学习为英语学习提供丰富多彩、真实鲜活的素材和环境，是英语交际能力培养的重要保证。语言教学与文化教学的结合贯穿外语教学的各个阶段、各个环节。

②自主学习能力的培养和文化学习方法的探索是跨文化英语教学的重要内容。

语言的学习和文化的学习都是一个终身学习的过程，学习者不可能永远依赖教师进行学习。跨文化交际能力的培养尤其需要学校教育与社会实践相结合，因为学习者离开学校进入社会后，有很多继续学习和亲身实践的机会，这些机会很好地弥补了学校实践教育的不足。只有在学校教育期间帮助学生提升自主学习能力，让学生掌握文化学习的方法，学生才可能在离开学校后利用各种学习和实践机会进一步提升自己的跨文化交际能力。

③充分利用各种教学手段多层次、多渠道地进行教学。

跨文化英语教学特别重视调动学生的各种学习潜能和机制，充分利用各种教学手段多层次、多渠道地进行教学。跨文化交际能力的培养过程就是学习者的认知、情感和行为不断变化的过程，它需要学习者积累知识，转变态度，调整行为，发展技能。这种学习要求只有通过开发和应用多种教学手段才能得到满足，日益发展的多媒体网络技术为此开辟了新途径。

三、跨文化英语教学中的教师与学生

1. 外语教师与文化教学

在外语教学中进行文化教学已经有很长的历史，文化教学对于外语教师来说并不陌生，他们或是因为自己的认识和感悟，或是迫于教学大纲等外部环境的要求和规定，都有意无意地以不同方式从事着文化教学活动。然而，即使在文化已在大纲中被明确确定为外语教学的内容和目标之一的国家和地区，文化教学的现状也令人担忧，其他国家和地区的状况就更不乐观。这种担忧主要体现在教师对文化教学的态度、理解和实践等都无法满足跨文化外语教学的需要，来自不同国家和地区的一系列调查研究报告有力地证明了这一点。

大多数调查都发现了这样一个有趣的现象：很多外语教师对文化教学的理解和认识与他们实际的教学有很大的不同。他们对文化教学表示强烈的支持，而且认识到文化教学有很多好处，愿意采用各种手段和材料进行文化教学，但是在实际教学中，他们却似乎完全抛弃了这些认识和理解，仍然按照传统的教学观念和教学方式进行语言教学。

2. 跨文化外语教学对教师的要求

跨文化外语教学的目标是在提升学生外语交际能力的同时，培养学生的跨文化意识和跨文化交际能力，进而培养学生多视角、立体的思维能力和综合素质。其基本特点是充分挖掘外语教学的文化教学功能，将外语教学与文化教学有机结合、融为一体。显然，这样扩大了的教学目标和教学内容，对教师提出了新的要求和挑战。一般来说，外语教师除了具备良好的外语语言功底之外，还应该掌握三个方面的知识和能力：外语学习理论、外语教学法、课堂教学实践。

外语学习理论是关于外语学习的本质、过程和规律的内容，是指导教师进行教学的理论基础。外语教学法知识帮助教师理解教学目的和内容，了解各种教学法的优劣，是学习理论与课堂实践之间的桥梁。课堂教学实践则是对教师具体教学活动安排和实际课堂组织能力等方面的要求。

由于跨文化外语教学增加了文化教学层面的内容，强调跨文化意识和跨文化交际能力的培养，所以以上对外语教师的要求显然不够。除了这些条件之外，跨文化外语教学还要求教师具备其他教学素质，下面就从知识、能力和态度三个方面来逐一阐释。

（1）知识层面。

从知识层面来说，教师应该掌握普遍文化知识，即文化的基本概念、构成特点及其对社会和个人的作用；掌握一定的具体文化知识，即了解目的语文化、本族文化和其他文化群体的特点和彼此之间的异同；理解语言与文化和社会之间的相互作用，特别是目的语在不同社会文化背景中的使用情况；理解跨文化交际能力的概念和意义，了解导致跨文化交际困难和失败的因素。

（2）能力层面。

就能力而言，外语教师应该做到：在课堂和课外其他跨文化交际场合，用目的语言进行恰当有效的交际；合理利用教材和其他真实的语言文化材料，引导学生关注文化内容，刺激他们对文化问题的思考；善于设计和组织课堂活动，将学生自己的文化体验与教学内容结合起来，创造更多的体验式学习机会；采用多种不同的文化教学方法和手段，全面、深入地传授文化知识，培养文化能力；将外语教学与文化教学有机结合，通过教学材料的选用、教学活动的设计有意识地引导学生既注意语言能力的提升，又关注文化能力的培养；以培养能力为主，引导学生摸索学习方法，掌握独立学习的能力，促进学生自主学习。

（3）态度层面。

从态度层面来说，外语教师应该具备这样的素质：敢于面对挑战，尝试新的教学思路和方法；愿意像学生一样，不断学习和探索外国文化，反思本族文化和自己的文化参考框架及言行；愿意与学生分享自己的学习体验和跨文化交际体验，即便是失败的经历；尊重学生，对不同文化行为和思想不妄加评判，永远保持一种宽容、理解和移情的态度。

3. 文化教学培训

培养一名合格的外语教师并非易事，他（她）不仅需要具备良好的语言功底和交际能力，而且要懂得学生的认知心理、情感特征和教学规律，同时最好具有丰富的教学经验。这一切不可能在短短的几天、几周或几个月内完成。实际上，一名教师的培养过程从他（她）外语学习的第一天就开始，经过学校教育的不同阶段，一直持续到他（她）走上讲台前的业务培训，甚至延续到上岗后教学经验的积累和各种在岗培训。就基础教育对于教师培养的作用来说，我们稍加反思就会意识到我们目前采用的教学模式和方法或多或少受到了以前我们自己的英语教师的影响。中国外语教学之所以长期以来一直无法摆脱以语法和词汇为中心的传统教学方法，在一定程度上是因为这种方法得以代代相传，从一开始就被教师根深蒂固地植入学习者的脑海里。由此看来，基础教育是培养合格教师的关键，我们必须从现在开始让学生接触新的教学思想和教学方法，同时鼓励他们不断创新，只有这样才能改变因循守旧的陋习，为他们日后成为教师并接受新观念、探索新方法打好基础。

（1）培训目的和内容。

由于培训可分为岗前培训和在岗培训，教学方法培训和教材使用培训，短期培训和长期培训等不同类型和不同内容的培训，所以我们不能指望教师经过某一次培训就能完全掌握教学要领，对教师的培训应该定期、有系统地进行。培训不是针对某一具体的教学环境和教师群体，而是以文化教学为主要考虑因素。

（2）教师文化教学培训的方法。

①文化意识和文化教学意识的培训。

文化教学培训的一个根本特点是“使隐含的东西明确化”。这就是说，文化、文化差异以及外语教学的文化教学潜力都已经客观存在，现在最重要的是让教师意识到它们的存在和作用，即要提高教师的文化敏感性和文化教学的意识。在这样的敏感性和意识的基础上，教师的文化知识积累和文化能力以及文化教学能力的提高升会突飞猛进。

②文化知识的培训。

就文化概念和知识的学习而言，文化人类学提供了最为全面、科学的阐述，理应成为外语教师培训的一门必修课。文化人类学是一门历史悠久、理论基础雄厚的社会科学，它无论是在文化理论研究和具体文化的描述上，还是在文化研究的方法上，都已形成较为完善的体系，是外语教师获取相关文化知识的可靠来源。当然，外语教师学习文化人类学不是为了成为人类学家，因此就没有必要穷尽其所有内容，他们只需要利用文化人类学的部分研究成果，以获取对文化相关概念更清楚的理解，对相关文化群体更全面、深入的了解，同时借鉴其中的一些文化研究和探索的方法。对文化人类学研究成果的筛选和选用应该由来自不同领域的专家，如外语教学研究者、文化学家、跨文化交际研究者、教师培训专家等合作完成，综合各方的意见，选择那些教师需要掌握的理论和信息作为培训的内容。

③文化能力的培训。

相对而言，文化能力的培训比文化意识和文化知识的培训更为复杂和困难，因为它不仅涉及教师的认知心理，更与教师的情感和行为有关。这里所说的文化能力，包括教师的跨文化交际能力和文化学习探索能力。

（3）反思教学和课堂教学研究。

近年来，反思教学和课堂教学研究成为外语教学和教师培训研究文献中出现频率较高的术语，它们作为教师培训和教师自我发展的方法已经受到越来越多教学研究者和教师的重视。对于跨文化外语教学来说，课堂教学研究的作用更是不可低估。

课堂教学研究也是促进教师教学水平提高和教学效果改善的一种方法。华莱士将其定义为“为了改善教学的某一领域而进行的系统的资料收集和分析活动”。教师针对自己教学中遇到的问题，利用自己所掌握的教学理论知识，根据自己的经验，通过自己的努力，寻找解决问题的方法，在此过程中，记录自己的体验，反思自己的态度和做法，并与其他同行进行交流。

由于这样的教学研究与教师的教学实践联系紧密，因而具有很大的实用价值。对于接受岗前培训的教师来说，进行课堂教学研究培训有利于他们培养反思教学和课堂教学研究的意识，掌握反思教学和课堂教学研究的方法，从而使他们获取一套不断提高业务水平的、灵活高效的方法，增强他们对今后教学工作的信心。一旦他们正式走上讲台，在学校及教育管理者的支持和帮助下，他们就可以充分利用课堂教学研究和反思教学来提高自己教学的效果，同时促进其所在区域整体教学水平的提高。所以，课堂教学研究应该成为教师培训的一项重要内容。

第二节　高校英语教学中的跨文化交际思维的实现

教育也属于传播学的研究领域。教育传播是由教育者按照一定的目的和要求，选定合适的信息内容，通过有效的通道，把知识、技能、思想、观念等传给特定的教育对象的活动，是一种以培养和训练个人素质为目的而进行的信息传播活动。也就是说，教育是一种有目的、有意识地对人进行的信息传播活动。因此，英语教学与跨文化传播密不可分。接触和了解英语国家的文化有益于对英语的理解和使用，有益于加深对本国文化的理解与认识，有益于培养世界意识。我们在多年的教学活动中已经逐步认识到了跨文化传播教学的重要性，也总结出了一系列行之有效的教学方法。

一、进行跨文化传播教学的原因及目的

随着社会科技和经济的发展，教育逐步走向国际化，国家间的教育交流与合作日益频繁。世界各国相互交流，相互竞争，共同促进国际教育的发展。国家的发展主要依靠教育，各国综合国力的竞争和发展主要依靠国际型人才，国际型人才的培养和竞争成为教育国际化的核心。培养高素质、具有创新精神和创新实力的人才也成为我国教育的重心和目标。

在我国传统的学校教育中，教师是权威的掌控者，把知识教授给学生，

学生是被动的接受者，学习缺乏积极性和主动性。文化差异是跨文化交流的障碍，克服文化差异造成的交流障碍已经成为整个世界共同面临的问题。

二、英语跨文化传播教学的理论基础

1. 认知建构主义理论

建构主义也称为结构主义，该理论研究者皮亚杰认为，智慧本质上是一种对环境的适应，智慧的适应是一种能动的适应。一定的刺激只有被主体同化于认知结构之中，主体才能做出反应。

在皮亚杰的理论基础上发展而来的认知建构主义学习理论认为，知识不是通过教师传授得到的，而是通过学习者在一定的情境下，借助其他的帮助，利用学习资源，通过意义建构的方式获得的，教师只是活动中的指导者与参与者。

建构主义学习理论的基本观点包括三点：第一，学习是一种有意义的学习过程，知识的获得是学习个体与外部环境交互作用的结果。第二，学习是一种协商活动的过程，由于每一个学习者都有自己的认知结构，对外部世界的理解局限于自己的经验解释，因而不同的学习者对知识的理解不完全一样，从而导致有的学习者在学习中获得的信息与真实世界不相吻合。此时，只有通过社会“协商”和时间的磨合，才有可能达成共识。第三，学习是一种真实情境的体验，在真实世界的情境中会使学习变得更为有效。学习的目的不仅是要让学生懂得某些知识，还要让学生能真正运用所学知识去解决现实世界中的问题。

学生对知识的建构是受社会性相互作用影响的。学生之间的相互交流会影响学生的知识构建。因为每个人的已有经验和学习情境不同，对知识的理解会存在一定的差异。这就是说，学生对知识的理解是多元的。相互交流能促使每个学生从多个角度来建构知识。在英语教学的过程中，教师进行跨文化的传播，学生可以通过对不同语言和文化的吸收来建构自己的知识体系、文化体系和价值体系，并通过对不同真实情境的模拟教学来掌握正确应用英语的能力。

2. 探究式学习理念

探究式学习是适用于各科的学习。它要求教师在教学过程中以问题为载体，创设分析问题和解决问题的情境和途径，让学生通过探究主动获得知识并运用知识。在跨文化传播的英语教学中，探究式学习理念表现为学生获得他国文化信息并处理这种信息的能力，在探究中要学会如何应用所获得的信息正确地处理自己面临的问题，尽量消除跨文化交流中的文化障碍。

3. 人本主义理论

人本主义教学观是在人本主义学习观的基础上形成并发展起来的，现代教育理论主要从心理学的角度来探讨外语教学，认为教育的真正意义在于发现人的价值，发挥人的潜力，发展人的个性。人本主义教学理论就突出了这一概念。人本主义教学法的核心是对学习过程中的完整的人的充分尊重与重视。由此，真正的学习涉及整个人，而不仅是为学习者提供事实。

人本主义教学法着重于教学过程。人本主义教学法认为，关注过程就要从学习者的角度考虑课程或大纲内容是如何被传授和学习的，考虑怎样把学习内容与学习者的生活联系起来，大力倡导教育的中心要从“教”转变为“学”，教师的任务不是决定学生应该学什么，而是去发现并创造一种有利于学生自主学习和成长的氛围。人本主义教学法主张以学生为中心，注重情感因素。

三、高校英语的认知建构主义理论

传统的课堂教育沉闷无趣，学生很难产生学习兴趣，缺乏创新能力，难以适应社会的要求，传统的教育显然已不适应教育国际化的要求，难以为国家输送优秀的国际型人才。因此，我们需要一种新型的教育理论和教育方式来替代。从20世纪90年代开始，一种新型的理论——建构主义理论开始逐步代替了我国传统的教育理论。建构主义是认知学习理论的一个重要分支，是认知学习理论的再发展，从认识论的高度揭示了认识的建构性原则，强调了认识的能动性。建构主义理论在国际教育领域的理论和实践中起着举足轻重的作用，是新一轮课程改革的现代教育理论依据之一，是对传统教育理论的挑战。建构主义认为，知识不是教师传授而得，而是学生主动构建而获得，提倡以学生为中心，教师只是组织者和帮助者。建构主义的知识观、学习观和师生观对教育理念具有重要的指导作用和实践意义，引发了教育工作者的不断思考和探索。

第三节 高校英语教学中的跨文化传播

一、进行跨文化传播教学的原因及目的

文化差异是跨文化交流的障碍，克服文化差异造成的交流障碍已经成为整个世界共同关心的问题。一个企业若想让自己的产品打入国际市场，一个跨国公司若想在众多国家和地区创造高效益，不仅需要高超的经济和技术手段，而且需要深入了解对象国的文化。在现代社会中，一个企业的成功不仅是经济成功，而且是跨文化交流的成功。

了解文化知识是学习语言知识的关键，不懂得文化的模式和准则就不可能真正学习语言，不掌握文化背景就不能教好语言。语言既是文化的载体，又是文化的一个重要组成部分。然而语言受到文化的深刻影响，又反映了某种文化的独特之处。离开了特定文化背景的语言是不存在的，如果不了解目的语的文化，我们就很难理解某些词语项目的意义。

一般认为，成功的跨文化交流应当既有很好的听、说、读、写能力，又有跨文化交际能力，共包括以下五个方面的能力：①语言能力，指较好地掌握母语和外语的语言知识，如语音、语法和词汇。②知识结构，指常识性知识。③策略能力，指有良好的心理素质并能在各种交际场合运用语言和非语言技能应对和修复交流渠道。④使用能力，指适时地使用各种语言形式的能力。⑤行为能力，指一个人运用外语与异域文化人交流时表现出来的合适的语言和非语言行为。

目前我们国家学生以英语为普及外语，在过去的英语教学中，我们把训练学生的听、说、读、写作为首要目标，极少考虑语言的文化内涵和使用环境。我们的英语教学长期以来固守一个模式，那就是片面强调语言能力，围绕书本讲语法、背句型，而不太注重语言环境的教学，这是学生在真正的跨文化交流中发生语用错误的症结所在。近几十年来，这种情况有所改变。许多外语教师认识到，在语言使用时，除了结构规则，即语音、词汇和语法等起作用外，还有一种规则——使用规则在起作用。为了提升学生在外语学习中的综合素质，真正达到外语学习目的，进行跨文化传播教学是十分必要的。进行跨文化传播教学的基本目的有以下三个方面：

1. 培养学生对不同文化的积极理解的态度

文化是有差异的，学习者通过发现对方的不同点，可以反过来加深对自身文化的理解，从而做到客观地把握各自的文化特性。在理性分析的过程中了解异域文化中重要而细微的特点，并接受文化差异。

2. 培养跨文化接触时的适应能力

学习者初次与不同的文化接触时，往往会受到文化冲击，从而产生某种不适应感，要使交际继续下去，必须设法减缓冲击，提升适应能力。

3. 培养跨文化交际的技能

随着对外开放的进一步扩大，走出国门或留在国内参与跨文化交流的人越来越多，他们都需要学习、掌握与不同文化背景的人打交道的技能，以适应国际化社会发展需要。

二、跨文化传播中的网络英语教学

1. 网络英语的跨文化传播

在教授学生的过程中，即使是专门开设的文化教学课，也不可能涉及所有方面，英语课堂的文化传播主要为学生起到示范引路作用。文化的内容包罗万象，单靠教师在课堂上介绍不可能全面。文化的学习不应只限于课内，课堂外的文化教学是一个很好的延续和补充，它能为学习者提供一个从量变到质变的过程。网络英语具有极强的实效性，网络对于文化的反应非常快，新事物和新情况一旦出现，传播最快最广的渠道必然是网络。由于网络的开放性，各种风俗时尚和社会热点总会以最快的速度在网络中得到体现，开放性保证了网络各种文化的新陈代谢，给了网络无限的生机和活力。网络上的英语异化情况更为突出。如果我们不了解现代文化，不了解网络英语出现的背景，我们就不能理解这种英语所要传播的信息。在网络中，大量的口语化英语登上了英文网页，口语不断侵入书面语。学过英语的人都知道，英语有正式、非正式、书面语、口语、方言、俚语之分，然而当今它们之间相互渗透的现象越来越普遍。

2. 网络环境下的英语教学

计算机网络技术的发展给人类的传播方式带来了一场革命。计算机网络从最先为美国政府拥有的、为军备竞赛而发展起来的小计算机网络，迅速发展成世界性的信息资源网络。哪种教材的更新速度都赶不上网络的与时俱进，哪种异化英语的传播方式都比不上网络流传的范围广泛，哪种文化跨越都没有网络文化的多样性和复杂性。

（1）网络环境下英语教学的优点。

①优化英语课堂教学结构。

优化英语课堂教学结构，有利于调动学生多种感官、情感参与教学过程，提高学生的注意力，使英语教学更加生动活泼，教学效果更佳。在网络环境下，我们的英语教师不再需要吃力地翻看字典编写教案，“金山词霸”能非常轻松地查找英文单词，自动给出发音以及中英文对照的例句及同义词和反义词。国际互联网上有众多的英语教学网站和丰富的英语教学资料。在进行文化教学时，网络上更是资源众多，几乎所有的文化现象都可以在网上找到，只要使用网络搜索工具，就可以很轻松地把资料找出来，网络环境下的英语教学使知识的传播和更新同时进行。

②网络的互动性是英语教学的最大便利。

网络聊天工具能把世界各地的人们的空间距离拉近，使学生能在电脑上和外国人面对面练习英语对话，感受地道的英语氛围，从而解决学生多而外教少的矛盾。教师也可以通过网络和每一个学生进行交流，帮助学生挑选适合自己的英语学习资料和方式，以适应每个学生的学习进度和学习特点。

③网络英语教育素材丰富，其中不乏很多对于学生来说生动有趣的资料。

学生可以挑选他们感兴趣的东西，变被动学习为主动学习，不断丰富文化知识。网络可以把世界联系在一起，拉近人与人、文化与文化之间的距离，这是其他任何课堂都无法比拟的优势。

（2）网络环境下英语教学的缺点。

网络环境下的英语教学有它的优点，也不可避免地有它的缺点。

①弱化主流文化的影响。

任何信息都可以在其中得到广泛传播，一些不良思潮很容易扎根。

②网络交流的热衷化和现实交流的冷漠化。

因为网络内容的选择具有很大的主动性，会使得学生更愿意在网上进行交流，而不愿意进行在现实生活中不能完全由自己把握和控制的人际交往。在多年的英语教学中，我们一直注重语法教学，但是网络英语为了迎合网络交流快捷、便利的特点，常会出现一些不规则的英语，这会使得学生对英语语法系统产生怀疑。

（3）网络环境下英语教学需要注意的问题。

要解决网络环境下英语教学的缺点问题绝不是某一节课就可以做到的，但我们可以注意以下几点：其一，在利用网络资料做教学方案时，教师应注意把握选择教学材料，尽量使教学内容有利于学生文化素养的提升，网络只能作为辅助教学手段被引入课堂。文化传播中还是要以人为本，鼓励学生之间进行交流；促进人际关系融洽，同时提高自身的口语水平。其二，在作文和说话时，除了吸收网络英语新词汇和新表达方式，还要尽量使用规范英语。

第四节 高校英语教学中跨文化交际能力培养

一、跨文化交际能力培养

1. 跨文化交际能力的界定

在过去的几十年间，对于跨文化交际能力，学者们从不同方面给出了自己的解释。陈国明将跨文化交际能力定义为：“在特定环境中有效、得体地完成交际行为以获得预期回应的能力。”胡文仲则指出，尽管不同学者对跨文化交际能力的阐释包含的要素观点不一，但从他们所列的要素中可归纳出共同的部分，即认知、感情（态度）和行为。

促进跨文化交际的途径就是减少交际中的不确定性。跨文化交际能力是个体具有的内在能力，是能够处理跨文化交际中的文化差异、文化陌生感及心理不适的能力。对跨文化交际能力的界定更加强调“跨文化能力”，即处理文化差异的能力，没有涉及交际行为的过程是否得体和交际结果是否有效。

学者们对跨文化交际能力的界定虽然角度不同，但存在一定的共性，即交际场景的跨文化性，交际行为的得体有效性。语境是交际发生的环境、场景或场合，交际要在一定的场景中进行。交际者的社会角色、交际角色和交际目的直接影响交际行为，不同文化背景下的交际对象对行为模式、行为规范、社会角色有不同的认知，对对方在某一场景中的交际行为期待不同，对交际行为是否得体也有不同的判定。由于交际对象的交际行为与自身的交际行为规范不符，从而产生厌恶的情绪，交际知识的缺乏和负面情绪的影响从行为上表现出来，就会导致跨文化交际失败。通过梳理，笔者认为跨文化交际能力即跨文化交际语境中，交际者得体、有效地实施交际行为的能力。

2. 跨文化交际能力的内容

各学派对跨文化交际能力应包含的内容问题所持观点并不统一。语言学界一般认为，其内容包括语言能力和社会文化能力。语言能力包括词汇、语法、语音系统等，各家观点基本一致。社会文化能力由处事能力、沟通能力、知识体系和运用能力构成。这里的知识体系指的是文化参照体系，运用能力指整合处事能力、沟通能力和知识体系的能力。

跨文化交际学认为，跨文化交际能力包括基本交际能力系统（语言和非语言行为能力、文化能力、相互交往能力和认知能力）、情感和关系能力系统、情节能力系统、策略能力系统。

跨文化交际能力要视情况而定，由于同一行为在不同文化语境中意义不同，有跨文化交际能力的人的行为一定会得体、有效，跨文化交际能力需要足够的知识、合适的动机和交际技巧。在此基础上，他们提出跨文化交际能力的基本要素：表达尊重的能力，包括以言语和非言语形式表达尊重的能力，但需要注意的是，不同文化背景对尊重的要求不同；知识定位能力是人们用来解释和定义自身和身外世界知识的能力，个性化的解释是有定位能力的表现；关系角色行为能力是指主体能够与其他人保持和建立关系的能力；描写、解释和评价能力指对所观察的事物进行客观描述的能力、做出解释和赋予意义的能力以及在解释中做出评价的能力。

由上可见，人们对跨文化交际能力内容的表述虽不尽相同，但大多都涉及语言、认知、情感和行为等方面的能力。

二、高校英语教学中跨文化培训的冲突调适

跨文化培训既是跨文化交际学形成的土壤，又是跨文化交际学研究的主要内容和目的之一。跨文化培训是一种高度专业化的教学形式，目的是帮助人们在异国他乡、在陌生的环境中高效地工作，愉快地生活，与来自不同文化的人们友好相处。为了满足跨文化体验对于学习者的要求，跨文化培训的专业人士在理论研究、课程开发和教学方法设计上下了很大功夫，大大丰富了跨文化交际学的内容，促进了跨文化培训的实践探索。

跨文化培训在很大程度上取决于对培训对象、文化调适过程、跨文化培训本质、跨文化交际环境和培训方法等问题的理解和研究。

跨文化培训的目标是大量需要旅居国外的学生、外交官、商务管理人员等，他们对跨文化培训的要求具体而实用，希望在保持自己本族文化身份的同时，学习目的文化，了解两种文化的异同，提升在目的文化中的交际能力，以便更快更好地适应新环境，为自己的学习工作和生活打好基础。

三、跨文化交际意识培养

20世纪中叶以来，越来越多的外语教学和研究人员意识到了将语言教学与文化教学有机结合的重要性和必要性，在外语教学中培养学生的跨文化交际能力，要求外语教师必须寓文化教学于语言教学之中，在传授英语语法规则和句型操练的同时，要重视目的语文化背景的教学并采取相应的对策培养学生的文化意识。

1. 在外语课堂上进行文化教学的必要性

语言与文化密不可分，事实上，我们一直在讨论的文化与语言之间的关系使得文化本身成为任何外语学习课程必不可少的一部分，正如兰格认为的那样，学习某种语言而不去了解其文化只不过是一种无谓的尝试。简言之，对于大多数学生来说，这样的学习只会变得枯燥乏味，这样的学习只会退步为词汇和句式的学习；对于许多学生来说，尤其是对于那些出于融入目的文化动机而学习的学生来说，能够赋予语言以生命力的恰恰就是文化学习。

对于外语学习者个人而言，不断深入对文化的理解能够增强其个人学习语言和文化的兴趣。通常情况下，外语学习者懂得越多，他们想要了解的就越多。

从更为广泛的意义上讲，文化习得是创造世界和平、保障经济合作的迫切需要。对于某些民族成员生活方式的了解，有益于我们了解世界上相互冲突的价值观体系。就像一个联合国大会的缩影一样，跨文化交际的课堂强调文化间的相互理解与包容，身处其中，学习者会了解到不同的文化通常呈现出不同的发展态势和特点，只有学会理解并接受不同文化的特点以及不同文化中人们不同的行为模式，我们才有可能恰当地处理好不同地域、国家和种族人群之间的关系，促进其间的交流。

2. 文化意识形成的不同阶段

在习得目的文化的过程中，学习者从起初的持有文化定式到最终达到真正的移情，需要经历文化意识形成的不同阶段，事实上，由于文化学习者个体存在差异，其最终所能达到的层次也不尽相同。

事实、定式和不足在第一层次上，学习者感受到的文化信息，包括学习者认为的目的文化事实、对目的文化及其中的人群持有的文化定式和学习者所认为的目的文化具有的“不足”。这些文化定式在不同程度上都会对学习者真正地了解目的文化产生阻碍。

浅显的理解在第二层次上，外语学习者会发现更多有关目的文化的细微特点并且有时可能会感觉到失望或沮丧。在这一时期，学习者对他们观察到的事物只表现出浅显的理解，而非深入的理解。

深入的理解在第三层次上，外语学习者开始从文化载体本身的参考框架的角度来理解文化现象。这一层次包括学习者对文化深入的理解和对文化接受的程度。这一层次的学生开始掌握能够与目的文化礼貌传统相结合的主观防御机制，进而能够理解来自目的文化的人传递给他们的某些混杂的信息。

3. 文化教学的课堂活动

对于目的文化的学习并不是简单的理论堆砌，这样的学习方式无疑会使学生逐渐丧失学习目的语及其文化的兴趣，跨文化交际意识的培养也就无从谈起。事实上，学习目的文化除了通过丰富学生理论知识的方法之外，我们还要从具体的课堂教学环节设计入手，通过生动的跨文化交际课堂活动，让学生去真正地了解和体会目的文化以及目的文化当中人们的行为模式，这样学生的跨文化交际能力才会有真正意义上的提升，跨文化交际课程的设置才会真正具有意义。

第九章 “三教”改革背景下信息技术与英语教学整合

第一节 信息技术与英语教学整合概述

一、信息技术与课程整合的背景

由于信息技术的飞速发展，多媒体和网络技术的日臻完善和普及，中小学信息技术教育水平不断提高，软、硬件环境不断完善，加之深化教育改革，全面推进素质教育，培养具有创新精神和实践能力的高素质人才和劳动者的社会需要，教育信息化得到了各阶层的重视，我国的信息技术教育发展进入快速发展时期。特别是在近几年新课程、新教法的基础教育改革中，受到先进的教学理念、以学生为中心的教学方式、各种形式的教师信息技术能力培训等因素综合影响，信息技术教育的发展应用跃上了一个新台阶——信息技术与课程整合。广大教育工作者的观念从认为信息技术是计算机课程教育飞跃到更高更深的层次，即信息技术必须融入教学中，必须和学科课程相整合。

迄今为止，我国基础教育信息化的发展十分迅速，教育信息化基础设施初具规模，教师、学生的信息素养教育得到广泛重视。对于信息技术与课程整合的课题研究，各教学研究部门和有条件的学校都投入了较大的力量进行实践并取得很多可喜的成果。信息技术与课程整合是当前教学改革的新视点，将信息技术作为改革传统课堂的有效手段，将其和学科课程教学融为一体，优化教学过程和学习过程，促进学生的全面发展、个性发展，构建数字化的学习环境，实现数字化的学习成为信息技术与课程整合努力的方向。但是这个过程不可能一蹴而就，需要广大教育工作者逐渐积累成果。在这个积累的过程中，粉笔和黑板的作用逐渐淡化，多媒体和网络的应用逐渐普及；在这个积累的过程中，普遍采用的传递—接受的主流教学形式将与多元化教学形式共存，教师和学生的角色要被重新定位，单纯性的教师讲学生听、教师问学生答的教学局面将被改变；在这个积累的过程中，学生学习的主体性地位将不断提升，学生主动学习，协作学习，发展个性。

二、信息技术与英语教学整合

信息技术与学科课程整合是信息技术运用于教育的核心，信息技术与学科教学整合应从教育观念、学习内容、教育形式、教学手段和方法、教育资源等方面实现。

整合（integration），在英语中的主要含义是综合、融合、集成、成为整体、一体化等。最早将其作为专门术语使用的是英国哲学家赫伯特·斯宾塞，以后，整合就成为生理学、心理学、人类学、社会学、物理学、数学、英语、哲学等学科共用的专业术语。而在不同的学科中，整合都具有独特的含义。

整合是相对于分化而言的。从系统论的角度说，“整合”是指一个系统内各要素的整体协调，相互渗透，使系统各要素发挥最大效益。我们可以将教育、教学中的整合理解为教育教学系统中的各要素的整体协调、相互渗透，以发挥教育资源的最大效益。

课程整合的概念：从理论上来讲，课程整合是对课程设置、各课程教育教学目标、教学设计、教学评价等要素做系统的考虑与操作，也就是要用整体的、联系的、辩证的观点来认识、研究教育过程中各种教育要素之间的关系。

“课程整合”是使分化了的教学系统中各要素及其各成分形成有机联系并成为整体的过程。

比较狭义的课程整合，通常是指考虑到各门原本分裂的课程之间的有机联系，将这些课程综合化。相对广义的理解是：课程设置的名目不变，但相关课程的课程目标、教学与操作内容、学习手段等课程诸要素之间互相渗透、互相补充，当这些互相渗透和补充的重要性并不突出，或者已经非常自然，到了潜移默化的程度时，就没有必要提出整合；反之，就需要强调整合。

信息技术与课程整合是国内外计算机学科教学与应用长期探索、实践、反思的结果。信息技术对教育教学有重要的作用，这已成为世界普遍认同的公理，各学校也都大量地投入资金进行了信息化环境的建设，计算机却始终游离于教学的核心之外，这种客观现实的存在成为不争的事实。显然，为了使计算机的优势真正被教学所利用，在它们之间的补充、渗透没有达到自然融合的时候，强调信息技术与课程的整合是非常必要的。经过专家、学者、教师们长期的理论与实践探索，信息技术与学科课程整合的概念逐渐清晰和明朗起来。

信息技术与课程整合的概念有不同的表述方式，现列出以下几种：

陈至立在报告中的定义是：在开好信息技术课程的同时，要努力推进信息技术与其他学科教学的整合，鼓励在其他学科教学中广泛应用信息技术手段，并把信息技术教育融合在其他学科的学习中……技术与课程的整合就是通过课程把信息技术与学科教学有机地结合起来，从根本上改变传统教和学的观念以及相应的学习目标、方法和评价手段。

何克抗教授认为，信息技术与课程整合的本质与内涵是要求在先进的教育思想、理论，尤其是主导—主体教学理论的指导下，把以计算机及网络为核心的信息技术作为促进学生自主学习的认知工具与情感激励工具、丰富的教学环境的创设工具，并将这些工具全面应用到各学科教学过程中，使各种教学资源、各个教学要素和教学环节经过整合、组合，相互融合的过程，在整体优化的基础上产生聚集效应，从而促进传统教学方式的根本变革，达到培养学生创新精神与实践能力的目标。

李克东教授则指出，信息技术与课程整合是指在课程教学过程中把信息技术、信息资源、信息方法、人力资源和课程内容有机结合，共同完成课程教学任务的一种新型的教学方式。

信息技术与课程整合是指信息技术与指导学生学习的教学过程的结合，在课程教学过程中把信息技术、信息资源、信息方法、人力资源和课程内容有机结合，共同完成课程教学任务的一种新型的教学方式。

信息技术与英语教学整合，就是以英语学科为中心，把信息技术与学科教学有机结合起来，从根本上改变传统教和学的观念以及相应的学习目标、方法和评价手段。具体来说，就是要将信息技术与英语教学的教与学融为一体，追求信息技术在促进教师教学、学生学习和学生全面发展方面的实效，发挥信息技术优势，弥补传统教学模式的缺陷和不足，革除传统课程教学中的弊端。

在信息技术与英语教学整合的实践活动中，教师应以以人为本的课程理念和教学思想为导向，通过教学设计，以符合学科特点和学生学习需求的方式高效益地应用信息技术，追求信息技术在促进教学、学习和学生全面发展方面的实效性。

第二节 信息技术与英语教学整合的发展与特性

一、信息技术与英语教学整合的发展

根据我国学者戴正南、黄正光的研究，我们把信息技术与英语课程整合的发展分为四个时期：萌芽时期、发展时期、深入时期和网络化时期。

1. 萌芽时期（19 世纪末—1939 年）

我国学者普遍认为，教育信息技术辅助教学的萌芽阶段始于 19 世纪末。那时，“直接教学法”的倡导者推出了“魔灯”（实际上就是一种多光源的光学投影仪），学生一面看图像，一面跟着教师说英语，这就是今天的实物投影仪，它开创了现代教育技术辅助外语教学的历史。

2. 发展时期（1939 年—20 世纪 70 年代末）

20 世纪 70 年代，电子通信技术的发展为教育信息技术辅助英语教学奠定了更为先进的物质条件：各种不同类型的录音机、录像机、卫星传播、计算机等为英语教学创造了更为丰富的教育手段和教学环境。

3. 深入时期（20 世纪 80 年代—20 世纪 90 年代中期）

20 世纪 80 年代到 90 年代是以计算机、多媒体为核心的现代教育信息技术的纵深发展时期。计算机语言与信息技术的发展大大提高了教育效果，并改进了教学模式。这有助于个别化教学与探索式学习，有利于人机交换的智能型教学模式的开展。

1985 年，美国启动了一项著名的“2061 计划”，1989 年正式公布报告。该报告特别强调学生应具有善于将自然科学、社会科学与信息技术三者结合在一起的思想与能力。“2061 计划”将现行中小学 12 年应学会的科学文化知识重新归纳分类。在这些新分学科中，每一科都力图渗透“自然科学、

社会科学与信息技术”三者结合的思想。这是最早的信息技术与各学科相整合的思想。

4. 网络化时期（20世纪90年代后期至今）

20世纪90年代后期至今是信息与英语课程整合发展的网络化时期。在这个时期，教育信息技术发展强调人与教育技术的整合，强调科技以人为本。教育技术的发展重心是如何使技术更接近或模拟人的大脑，模拟人的智能。而信息技术与英语教育课程整合的发展轨迹和运用趋势是：从单媒体到多媒体的运用；从过去的听或说转变为视听说；从视听说到英语的阅读、写作、翻译等课堂教学；从“打开机器、对对答案”的教学模式到学生自定学习步骤的个性化、智能化、交互式、合作学习；从视听说教师转变为学生的指导者、辅导者、合作者；从原来的语言实验室教学到校园网教学；从本土化的教学、大国际的网络教学到全球一体化教学；等等。所以说，现在是信息技术与英语教学整合范围更为广阔的创新发展时期，也是一个以现代化、网络化、数字化、智能化、系统化、多元化和一体化为主要特征的新时期。

二、信息技术与英语教学整合的特性

1. 整合的可能性

从教师方面看，计算机知识正在教师队伍中普及，其中英语教师具有先天优势；从学生方面看，信息技术课已被列入基础教育的必修课程，信息技术的基础知识已逐渐被学生掌握。从学校的硬件设施看，很多学校已拥有多媒体教室、网络教室，办公也是自动化的，并且计算机的数量在不断增加。走在前列的学校已办起校园网，接通了互联网，甚至每间教室都成了多媒体教室，每个办公室都成为课件制作室，这些硬件设施为信息技术与英语学科的整合提供了可靠的保证。现代化的教育设施为开展教育现代化打下了扎实的基础，以教育信息化带动教育现代化，这是教育改革的核心任务。

2. 整合的必要性

传统的英语教学模式是以教师为中心，知识的传递主要靠教师对学生的硬性灌输，学生的主动性和积极性难以发挥，不利于创造性人才的培养。信息技术为英语教学注入了新鲜的血液并带来了活力。信息技术能将抽象的内容具体化，使晦涩难懂的内容变得生动，很容易实现情境教学。信息技术已经在英语课堂上起到了至关重要的作用。在英语教学中，有些教学环节运用多媒体技术可以达到事半功倍的效果。比如，进行词汇、语法练习时，多媒体呈现的速度更快，容量更大；又如，背景介绍、听力练习，多媒体课件图文并茂，加上声音、动画、影像，可使学生更直观地获得感性认识和文化信息。信息技术与英语学科的整合既成功地导入了新课，优化了教学过程，又增强了学生的学习兴趣，激发了学生的求知欲望。

3. 整合的有效性

信息技术是现代教育技术的重要代表，是英语教与学中的一柄双刃剑，充分发挥着信息技术以及多媒体网络设备的工具性功能和互联网强大的资源共享的优势，使信息技术恰当、有效地融入英语教学中，从而提高教学质量和效率。信息技术与英语教学有效整合，一方面，可以创新教学模式，增大教学容量，突出教学重点，为学生提供真实的语言情境，增强学生学习的实践性、主动性和自主性，从根本上改变传统的教学观念和模式，优化教与学的过程；另一方面，这种整合也有利于学生形成合理并有效地利用信息技术进行学习和应用英语的策略，培养学生的创新思维和实践能力，以及获取信息、处理信息、传输信息、运用信息的能力。外语教学目标通常有听、说、读、写等方面要求，相应的教学内容应包含文字、语音和视频等不同媒体的信息。但是在传统的印刷教材中，有关语音和活动影像的内容无法与文字内容组成一体化教材，只能以教科书、录音带、录像带三者各自独立的形式呈现，束缚了教师的手脚，限制了学生的思维，与超文本方式组织的图、文、音、像并茂的丰富多彩的电子教材不可同日而语。

4. 整合的协作性

整合的协作性，首先，体现在学生互相学习、师生互动、生生合作，从而得到团队的帮助和启发，共同参与完成学习任务。要强调信息技术的普遍应用，充分发挥信息技术的优势，为学生的学习和发展提供丰富多样的教育环境和有利的学习工具。其次，以多媒体计算机技术和网络技术为主的信息技术具有交互性、超文本性和网络化等特性，使个别化学习、协作式学习和发现式学习得以结合，极大地拓展了英语教学的领域，培养了学生的创新精神和实践能力。

5. 整合的开放性

整合的开放性体现在探索和构建新型的教学模式上。这种模式实现了整体教学与个体指导相结合、知识传授与教学信息反馈相结合，能够真正实现“因材施教”。这种模式将英语的学科知识、需要的跨学科知识建成资源库，学生经过简单处理就能很快应用。为了方便学生到更广阔的知识海洋中去寻找知识宝藏，这种新教学模式利用网络搜索引擎检索、收集相关信息，充实、丰富、拓展课堂学习资源，提供各种学习方式，让学生学会选择、整理、重组、再应用这些更广泛的资源。这种对网络资源的再组织，有力地促进了学生的自主学习。

第三节　信息技术与英语教学整合的内容与模式

一、信息技术与英语教学整合的内容

1. 信息技术与教师的整合

信息技术的迅速发展和广泛使用丰富了教学资源和教学手段，从而对

英语教师提出了更高的从业要求。因此，广大英语教师必须实现教育教学意识的现代转换，构建复合的知识结构，完善人格品质。

（1）展现人格魅力。

不论信息技术如何发展，始终都无法代替教师作为领路人的作用，代替不了教师的人格影响。在知识传授渠道极大丰富以后，教师的价值更多地体现在人格影响方面。因此，英语教师必须树立崇高的职业理想，不断增强自我意识和使命感，要像诗人一样富有灵性、悟性和冲动，以鲜活、旺盛的创新精神和创造能力去面对每次不同主题、不同内涵的教学活动。一个人的自我评价高低往往是其事业是否成功的重要标志，每个教师都要善于认识自己、发现自己，追求成功。此外，教师还必须树立团队意识，善于合作。教师人格魅力的影响对于学生而言是潜移默化的，教师之间必须在竞争的基础上进行合作，在合作的基础上进行竞争。

（2）更新教育理念。

教师应树立以学生发展为本的观点，在教学过程中以学生的身心发展特点和成长规律为出发点，采取有效的方式或手段，把沉睡在每个学生头脑中的潜能唤醒，培养学生正确的治学态度、科学的思维方式和高尚的道德情操。教师要重在激发学生的学习与研究兴趣：作为学习的组织者和指导者，英语教师要树立学生主体的观念，充分尊重学生主动学习的权利，为学生提供学习的条件和机会，帮助学生主动参与，鼓励学生自己发现课题、收集资料、处理信息、思考问题。在教学过程中，教师应发挥在认识问题的方法和理解问题的系统性方面的优势，培养学生的探索精神、创新精神与求异思维。在信息技术迅速发展和广泛运用的社会中，学生的学习以创新性学习为主要特征，教师被学生问倒的现象并非偶然发生。因此，教师也要向学生学习。只有确立先进的教育民主化观念，改变传统师生关系上的领导与被领导、管理与被管理的状况，建立科学、民主、平等的新型师生关系，才能更好地适应形势发展的要求。现代教育思想就是要运用现代教育理论和现代信息技术，通过对教学过程和教学资源的设计、利用、评价和管理，实现教学优化的理论和实践。英语教师作为课程的领导者和组织者，必须树立现代教育思想观念，克服传统的教育教学观念，运用现代教育技术探索、构建新型教学模式，通过构建新型教学模式，促进现代教育技术环境和资源的开发，建设现代化教学体系，优化教学全过程，提高教育教学质量，为社会培养新型人才。

（3）优化教学方法。

增加课堂信息容量，优化课堂教学方法，是课堂教学的中心任务。实践证明，学生英语能力的形成，靠的是自己的英语语言实践。运用教育信息技术，能充分调动学生的主动性和积极性，发挥学生主体参与作用，融教法、学法于一体，加快课堂节奏，增加课堂信息容量，加大语言输入量，尽量为每个学生提供更多的语言实践机会。在教学 Speaking 时，我们可把重点、难点，即情景对话、图片、板书要点都设计制作成课件，这样能大大节省讲解和板书时间。教师可以精讲多练，加快课堂节奏，环环相扣；并且，在进行阶段性或总复习时对之前学过的众多知识进行系统的整理和归纳，存入电脑，或制成可供学生自学、复习的学法指导或资料库。利用计算机的网络性功能，学生可随时随地调用所需要的资料，只需要在很短的时间内便可形成一个完整的知识网络，这样就优化了教学方法，大大提高了课堂教学效果。

信息技术与英语教学的整合是一次革命性的教学观的转变，随着它在教学中的不断渗透和深化，教师的角色也由权威的指导者、知识的给予者转变为学习的促进者、协调者和监控者，教师既是学习资源的组织者，本身也充当一种资源。这种角色的转换需要教师善于创设平等、自由的学习气氛，以促进师生之间、生生之间充分地交流、讨论；需要教师帮助学生对自己的学习状态和学习策略进行有效的监控和调节；需要教师探索更为适宜的评价方式，全面评估学生的学习过程和结果，及时地给予反馈和鼓励。

（4）提高技术水平。

信息技术作为一种技术手段和学习资源运用到英语教学中，能对学生的学习起到一举多得、事半功倍的作用，而正确高效地运用这些信息技术也对教师提出了更高的要求。英语教师需要将素材资源库与制作平台相结合，根据教学实际，充分利用现有条件下的教学软件，并从中选取适合教学需求的内容编辑制作使用的课件；需要灵活运用Office系列软件，如Word文档处理，PowerPoint幻灯片式图文展示，Front Page编辑制作网页等。这些最基础的信息技术手段对于一线的英语教师来说还有一些难度，他们需要不断地接受培训和自学。信息技术在教学中的应用重在信息的获得、筛选与运用，技术还是获得和加工信息的工具。

要实现课程整合，重要的是教育观念的革新。课程整合将信息技术看作各科学习的一个有机组成部分，它主要在已有课程（或其他学科）的学习活动中结合使用信息技术，以便更好地完成课程目标。但整合不等于混合，它强调在利用信息技术之前，教师要清楚信息技术应用于课堂的优势和不足，以及学科教学的需求，设法找出信息技术在哪些地方能提高学习效果，使学生完成那些用其他方法做不到或效果不好的事，使信息技术成为一种终身受用的学习知识和提高技能的工具。

如何将信息合理地展示给学生，将对学生的英语学习产生很大影响。集图形、声音、动画、文字等信息功能于一体的教学资源，可以全方位、多层次吸引学生，增加信息获取量，使课堂英语教学更为生动活泼、趣味盎然，让学生如身临其境，使学生自始至终都保持强烈的兴趣，从而易于接受、记忆新的语言材料和学习内容。信息技术与英语教学有效整合的关键，在于教师能否认真钻研教材，依据学科特点和教学实际开发出适宜课堂教学实际的CAI课件，真正发挥现代化教学设施的效益，为整合提供有力的技术支持，切切实实地提高课堂效率和教学质量。CAI课件的设计，必须结合教学实际，根据学科教学目标与教学任务，因材制作，因人施教，灵活运用。作为英语学科，CAI的设计应从着重培养学生的听、说、读、写的综合能力出发，创设语言情境，激发学习动机，启发、引导学生对所学内容的正确理解和运用，并且突出重点、难点，提升学生的综合语言运用能力。

（5）加强理论素养。

在日新月异的信息社会里，教师必须不断“充电”才能顺应科技的进步和社会的发展。从这个意义上说，教师也要做终身学习者。作为一种新的课程设计思想和教学模式，信息技术与课程整合有着很深的理论背景，据研究，主要包括心理学、知识论、社会学和教育理论。对课程整合有重要影响的心理学理论有发展心理学、多元智力理论、成功智力理论等。20世纪后期，科学技术飞速发展，信息传播快速广泛，知识更新加快，人类社会的生活方式随之迅速变化，使得人与人之间的理解和合作更加重要。社会的民主化、多元化和经济的市场化都要求学校课程采用新的内容和新的组织形式来适应这些社会变化，满足学习者个性发展的多元化需求，这些构成了课程整合的社会学基础。同时，课程整合的理论基础还应包括建构主义学习理论。建构主义学习理论主张，学生是学习的中心，是信息加工和意义的主动建构者。所有这些都为信息技术与课程整合的进一步发展提供了理论指导。教师是实现整合的关键，要不断学习这些新理论，努力做好教育教学。现代教育理论认为教师不再是传统意义上的课堂教学的主宰，而是教学的组织者，学生的指导者、合作者、学习的促进者。因此，教师与技术的整合是教学中的首要问题。教师要勤于学习现代教育理论和教育技术，熟练运用各种教学所需的软件与多媒体技术，并积极自觉地运用网络获取最新信息，追踪英语教育理论与实践的前沿研究成果，提高自己的理论研究水平，丰富自己的教学资源，并将这些运用到课堂教学中，为学生学习知识和锻炼语言运用能力创造条件。由于学习资源的极大丰富，教师在筛选学习资源、组织学习资源、传递学习资源方面的主导性作用特别重要，教师就是网络知识海洋中的“导航者”。

（6）提升科研能力。

教师应在教学之余通过互联网搜集各类有关英语学习和教学的网站，积累教学和学习素材，丰富课堂教学材料，同时要通过较好的英语教学研究网站进行网络在线学习，拓宽自己的教学研究视野，提升自己的专业水平和业务能力。比如，基础教育英语教学与研究网站、中国计算机辅助语言教学研究网站、教育技术通讯网站、人教社英语网站等，这些都是专业的英语学习和信息技术结合的网站，学生一定能从中获益良多。在利用信息技术整合英语学习和教研的过程中，师生能够教学相长。许多学生掌握一定的计算机技术，能够帮助教师解决信息技术运用中的相关问题，从而提高课堂教学效率。教师一方面向学生学习技术和应用，学生也在应用中巩固提升技术和利用技术学习的能力，增强了英语学习的兴趣，教学相长，又能增进师生的关系。对于英语教师来说，建好、用好英语网站不仅是为了共享教学资源，方便自己的教学，而且要利用英语网站发布信息，在全国乃至全球范围内交流教学经验，开展合作研究，交换学术成果。英语教师可以通过互联网上的网络讨论组（USenet）组织学术讨论活动，召开英语教学研讨会把最新的教学成果推出去，让更多的英语同行和英语学习者受益。他们还可以把自己的优秀教案、课件等放在学校的网站上共享，扩大影响。

（7）提倡终身学习。

英语教师作为课程的设计者和开发者，要让自己适应形势发展的需要，就必须不断地学习。不仅要具备普通教学的基本素质，还要具备计算机技术、视频技术、音频技术、通信网络技术、影视技术、编导理论等方面的基本知识；必须掌握多媒体网络化教育环境下进行多媒体网络教学、利用多媒体技术进行教学设计的知识技能，必须密切追踪当代科学技术、社会人文领域的最新研究动态和成果，具备基本的科学人文知识，强化网络意识和网络文化适应意识；应具有敏锐的职业洞察力、卓越的教学监控能力，高效率地解决教学过程中的各种问题。由观念适应到知识适应、技术适应乃至文化适应，教师应全方位地提升自身适应信息化生存环境的能力，成为信息化教育中的行为主体。

2. 信息技术与学生的整合

学生是教学的中心，是学习的主体。信息技术和多媒体技术特有的集声、光、色彩、图片、动画和影像等于一体的影音效果，使学生接受多种途径的感性刺激，有利于学生对知识的记忆。而通过网络获得的有益于教学的信息是传统教学所无法比拟的，因此它能激发学生的学习兴趣，并能充分发挥学生的主体性。通过信息技术，学生可以将所学知识与信息技术结合起来，进行探究和发现式学习。比如，为学习一个课题，学生可以利用搜索引擎在互联网上搜索、筛选、选择和分析相关信息以及相关音像资料。还可以跨学科学习同一课题，拓宽视野，培养创新精神。这样，学生从传统的知识的被动接受者转变为主动的发现者、建构者，并养成自主学习的习惯。信息技术成为学生的认知助手和培养研发能力的工具，成为辅助学生学习英语的助手。

（1）培养和发挥学生的主体性。

学生在教师的指导下，利用教师提供的资料或自己查找信息，进行个别化和协作式相结合的自主学习；在利用信息技术完成任务后，师生一起进行学习评价、反馈。在整个教学过程中，学生能够发挥主体性，发展个性。教师在整合教学中发挥主导作用，以各种形式、多种手段调动学生的学习积极性，帮助学生实现学习目标。这样的教学十分有利于学生的主体性的发挥和问题解决能力的培养。信息技术和课程整合在国内刚刚开始，它有利于学生的学习和成长。但是，信息世界也不是一块净土，如网上有许多不健康的内容，学生上网也有不能自控的失范行为，对此教师要善于引导学生，发挥网络的积极作用，促进英语教学。

（2）培养学生的探究精神。

信息技术成为辅助学生学习英语的助手，学生通过网络了解外国的社会环境、风俗习惯、民族心理、历史文化等，对英语学习有很大帮助。教师可以根据英语教学内容，对学习材料进行收集、加工、分析、处理，整理成多媒体、超文本的学习资源，为学生创设一种直观形象、生动有趣、便于理解记忆的语言环境和语言交际情境，让学生在这些情境中进行探究，从而使学生自主地发现问题，动手操作，提出解决问题的方案与办法。这样做有助于学生理解学习内容和提高学习能力，进一步培养学生的探索精神。

3. 信息技术与学习的整合

信息技术与学习的整合主要体现在教师对学生进行学习策略指导和学生的自主学习上。通过信息技术学习英语是一条全新而有效的途径。在以学生为主体的英语学习中，教师对学习策略的指导尤为必要：一方面，是对英语语言学习规律的把握；另一方面，是如何运用多媒体技术和互联网辅助学习。在学习中，教师可以通过课堂教学和课外学习中的讲座、讨论指导学生认识英语学习规律，还可以把平时在互联网上收集到的有益于英语学习的网站分类整理提供给学生，帮助学生自主学习和运用网络学习英语。

4. 信息技术与教材的整合

与当前英语课本及其相关的练习和阅读材料相比，信息技术与互联网提供的资源是超乎人们想象的。信息技术和互联网已经打破传统课堂教学模式，教师和学生可以借助网络收集和整理相关课题的资料作为教材课题的拓展学习资源，可以通过文本阅读讨论，或以幻灯片形式学习，也可以在学校主页上建立链接进行网络学习；还可以由教师把经过认真筛选的相关网址提供给学生，让学生自主学习。这种方式的学习使教学信息得到极大扩充，知识范围广泛拓展，课堂更趋于开放。同时，学生的视野得以开阔，思路更加开阔，有利于创造力的培养。在传统教学中，课本就是世界，而今世界成为课本，学习资源可以随时随地选取，这是信息技术与教材整合的优势。

5. 信息技术与课程评价的整合

信息技术在教学评价中也大有作为，信息技术的应用丰富了评价内容，使评价更加全面，更加科学。首先，信息技术使评价和反馈变得简单，如在网络课堂上教师可通过留言板监控学生的学习进程。其次，信息技术拓展了评价内容。信息技术本身就可以作为一项标准来评价学生的电子作业，如幻灯片、网页等。学生评价的重点可以是课题研究计划的可行性、研究方法的有效性；学生的参与程度、协作意识；作品是否切合主题，内容的丰富性、合理性、创新性；技术的应用程度……教师还可以通过英语学科题库进行测评，为评价提供参考数据。条件许可时，可以在线课堂测试检验学生的学习效果。这些都为教师反思和调整教学内容、手段和步骤提供了必要参考。教师还可以利用办公软件和校园网络对学生的所有数据进行电子化管理，如学生的各种测试的成绩、行为记录和学期评价等。利用信息技术，教师的工作效率明显提高，评价内容更为丰富，教育管理更加科学有序。

二、信息技术与英语教学整合的模式

信息技术与英语教学整合，应该借助信息技术的信息集成技术、超文本技术、网络技术等优势。信息技术作为教师的英语教学辅助工具和学生英语学习的认知工具，能够构筑数字化英语学习资源，使学习者实现英语学习方式的变革，从被动接受式学习真正转变为自主学习和有意义地学习。信息技术与英语教学的整合将带来英语教育观念的转变，将形成新型的教学结构，从以教师为中心的讲授转变为学生探索发现式的自主学习、协商讨论和意义建构。

1. 英语教学的辅助工具

在这种整合模式下，首先，教师根据教学目标对教材进行分析和处理，并以课件或网页的形式把教学内容呈现给学生。学生接受了学习任务以后，在教师的指导下，利用教师提供的资料（或自己查找信息）进行个别化和协作式相结合的自主学习，并利用信息技术完成任务。最后，师生一起进行学习评价、反馈。教师和学生在信息技术的帮助下，分别进行教学和学习。在整个教学过程中，学生的主体性和个别化得到较大的体现，这样的教学氛围十分有利于学生的创新精神和问题解决能力的培养。同时，教师通过整合任务，发挥了自己的主导作用，以各种形式、多种手段帮助学生学习，进一步调动了学生的学习积极性。

原来的信息技术教学应用更加关注辅助教学，而且将信息技术孤立于课程目标之外，不能作为教学结构的有机元素来看待，结果不能取得良好的教学效果。信息技术与英语课程的整合，并非忽视信息技术作为英语教学工具的功能，而是把其作为信息技术与英语教学整合的一个侧面来看待。信息技术作为英语教师的教学辅助工具，主要是作为知识呈现工具、师生通信交流工具、测评工具以及情境展示工具等。信息技术作为英语教学工具，将更加关注其教学设计的合理性，从英语教学的目标出发，真正地把信息技术整合于英语教学之中。

2. 学生学习的认知工具

信息技术与英语教学的整合和辅助英语教学的明显区别，就是信息技术可以作为学生强大的认知工具，信息技术成为学生学习与认知的有效工具，并且根据英语学习目标，学生能够合理地选择信息技术工具。信息技术主要作为英语学习内容和英语学习资源的获取工具，作为协商学习和交流讨论的通信工具，作为知识构建和创作的实践工具，作为自我评测的反馈工具。学习者必须根据学习环境和目标以及预期结果选择合适的信息技术工具，作为自己的英语学习工具。

3. 学习环境的构建工具

信息技术应该构建一个有效的英语学习环境。通过信息技术，教师可以呈现给学生一个真实的或者虚拟的学习环境，让学习者真正在其中体验，学会在环境中主动建构、积极建构，构筑自己的学习经验。信息技术构建学习环境，可以通过其网络通信功能以及虚拟功能等方面体现，营造学习者有效的英语学习环境。

三、信息技术与英语教学整合模式应用的环境

1. 基于多媒体教学软件的英语教学

基于多媒体教学软件的英语教学具有以下两种类型：

（1）创设情境型——创设学习情境，激发学生的学习兴趣。

英语学习需要一个良好的语言学习和使用环境。多媒体教学软件具有形象、生动的特点，可以提供声情并茂的情境，丰富学生的学习素材，激发学生学习英语、运用英语的积极性。运用多媒体教学软件进行英语教学，出发点之一就是力争使用多媒体教学软件创设出良好的语言学习环境，为学生提供运用英语进行听、说、读、写的全方位训练，从而提高学生学习英语的兴趣，有效地培养学生听、说、读、写的能力。

（2）学习资料型——提供学习资料，开阔学生视野。

使用具有丰富学习内容的多媒体教学软件，可以为学习者提供大量的学习资料，而教学软件的图、声、文字的结合，可使学生在学习时兴致盎然。利用这种学习资料型的英语教学软件进行学习，不仅可以使学生的听、说、读、写能力得到训练，而且学生在练习英语基本功的同时开阔了视野。这种学习资料型的英语教学软件，可以是教师自行开发的，也可以是从市场购买的；学生对这类软件的使用，可以是在课堂上使用的学习材料，也

可以是课后的学习辅助材料。

2. 基于网络资源的英语教学

在网络环境下，网络自身就是一个生动丰富的背景课堂，它不仅为每个学生提供个性化的学习空间，让学生能动地自主学习，而且教师可以利用网络资源为课堂教学创设形象逼真的环境。网络英语教学具有以下特点：

（1）学习环境的形象性。

多媒体英语教学课件可以为学生提供逼真的视听环境，通过视觉和听觉的组合优势提升教学效果。网络英语教学则更上一层楼，它无须人为地创设一个多媒体环境，网络本身就是一个真实的多媒体世界。学生能够进入到自然真切的情景中进行身临其境的英语学习，而且学习效果可以获得即时反馈。

（2）学习过程的创造性。

网络英语教学选定互联网的某一站点或校园网的某一资源库作为学生取舍的素材来源，而对素材的选择、组拼、融合、消化、转换，则是由学生发挥想象力和创造力来完成。

（3）教学模式的先进性。

网络英语教学是一种以学生为主体，以教师为主导的全员参与的“双主”模式，事先没有固定的教材，在教师的引导下，每个学生都将教师精心挑选的素材个性化地加工成一篇短小的课文。也就是说，学生自己学习，自己利用网络环境和资源“编制”成“教材”。毫无疑问，学生对自己成果的偏爱和认同是任何统编版教材无法比拟的。因此，网络英语教学使学生对所学内容产生强烈的认同感，学习积极性和学习兴趣空前高涨。

（4）学习资源的开放性。

网络具有很大的开放性，它本身就是一个无比丰富的资源库。和教师事先编制的课件或印刷的课本相比，它能为学生提供更全方位的学习资源。首先，网上的学习资料是动态的，处于即时更新的状态。其次，网上的资料丰富多彩，涵盖了社会的方方面面，为师生双方提供了很大的选择余地，有利于培养学生的自主学习能力。最后，网上的资料形象生动，图文声并茂，很容易吸引学生的注意力，激发学生的学习兴趣。因此，网络英语教学将教室扩大到有信息海洋之称的互联网上，网络成为学生学习英语的一个组成部分，这是一种真正意义上的开放性英语教学。

第四节 信息技术与英语教学整合的重点

现代信息技术与英语教学的整合是目前英语教育教学改革的制高点、突破口。首先，要在以多媒体和网络为基础的信息化环境中实施英语教学活动，是指学与教活动要在信息化环境中进行，包括多媒体计算机、多媒体课堂网络、校园网络和互联网络等。学与教的活动包括在网上实施讲授、讨论学习、协商学习、虚拟实验、创作实践等环节。其次，要对课程教学内容进行信息化处理，并使之成为学习者的学习资源。即教师开发和学生创作，把课程学习内容转化为信息化的学习资源，并提供给学习者共享，而不仅是教师用来演示。同时，可以把课程内容编制成电子文稿、多媒体课件、网络课程等，教师用来进行讲授或作为学生学习的资源。充分利用全球性的、可共享的信息化资源作为课程教学的素材资源，如数字处理的视频资料、图像资料、文本资料等，作为教师开发或学习创作的素材，整合到课程内容相关的电子文稿、课件之中，整合到学习者的课程学习中。还可以利用共享的信息化资源与课程内容融合到一起，直接作为学习对象，供学生进行评议、分析、讨论。最后，利用信息加工工具让学生知识重构，利用文字处理、图像处理、信息集成的数字化工具对课程知识内容进行重组、创作，使信息技术与课程整合不仅向学生传授知识，让学生获得知识，而且能够使学生进行知识重构和创造。

一、整合的目标

整合的目标是促进英语学科教学质量提高，促进英语学科教学目标实现。也就是说，整合追求的是提高英语学科教学质量，提高学生学习英语的效果和效率，而不应是技术方面的目标。英语课程的总体目标是培养学生的综合语言运用能力。综合语言运用能力的形成建立在学生语言技能、语言知识、情感态度、学习策略和文化意识等素养整体发展的基础上。对学生的基本要求为：有较明确的英语学习动机和积极主动的学习态度；能听懂教师有关熟悉话题的陈述并参与讨论；能就日常生活的各种话题与他人交换信息，并陈述自己的意见；能读懂相当的读物和报刊，克服生词障碍，理解大意；能根据阅读目的运用恰当的阅读策略；能根据提示起草和修改小作文；能与他人合作，解决问题并报告结果，共同完成学习任务；能对自己的学习进行评价，总结学习方法；能利用多种教育资源进行学习，进一步增强对文化差异的理解和认识。而整合就是要将信息技术的应用“毫无痕迹”地融合到课堂教学中，促进更好更快更多更省地完成上述任务和要求。只有在此基础上，才能追求发展性的培养目标（培养和提升学生的信息素养，不仅限于技术操作），将发展性目标统一到基础性目标的实现过程中，并与之协调发展，而不能本末倒置。

二、整合的前提

整合要结合英语学科特点和学生的心理特点。要想更好地完成上述目标，在整合的过程中，要依据英语学科的特点和学生的生理、心理特点剪裁和组合信息技术，安排课堂内容结构、教学策略和设计活动等。首先，英语教学是学生通过英语学习和实践活动，逐步掌握英语知识和技能，提升语言实际运用能力的过程，其中听、说、读、写是一个有机整体。因此，在课堂中，我们应该改变传统的过分重视语法和词汇知识讲解的做法，采用任务驱动的途径，把听、说、读、写和译的各种技能结合起来，并把它们统一到具体的问题和任务中，让学生“在做中学，在做中用”。还有，根据英语学习认知过程的分析，设计课堂教学的各个环节、步骤和活动。利用信息技术激发学生的兴趣，用任务调动学生的探究热情，用个性化的学习让学生独立思考，用协作学习让学生进行交流、运用和建构。当然，我们还要根据学生爱说、爱动，善于模仿，记忆力强，有强烈的竞争意识和表现欲，喜欢尝试把学到的语言材料随时进行对话、叙述和表演的特点，来设计开展丰富多彩的课堂交际活动，便于学生边学边练，学用结合，使所学语言材料能够在运用中获得巩固和提高。

三、整合的条件

整合是需要条件的，要在以多媒体和网络为基础的信息化环境中实施。它不同于过去研究的视听技术支持下的多种媒体在教学过程中优化组合应用的整合，而是指学与教的活动要在信息化环境中进行。当然，这不是为了用技术而用技术，而是在现有的条件下充分发挥信息技术的优势，为学生创造出理想的学习环境，促进教学方式、学习方式和教学结构等的一系列转变。实践证明，信息技术在英语教学中有以下优势：

1. 语言学习环境自然、真实

信息技术能够创设自然而真实的语言学习环境。集成性是多媒体技术的关键特性之一，它可以将文字、声音、图形、动态图像有机地集成在一起，并把结果综合地表现出来。与课本、录音带等教学媒体相比，多媒体计算机能提供更为真实、更接近自然的语言输入，提供情境性更强、更生动活泼的语言教学，从而激发学生的兴趣和学习动机。多媒体技术与网络的结合，不仅可以提供来源和表现形式多样化的英语输入量，而且可以为学习者创造丰富、自然的目标语环境，让他们在真实的环境中学习和接受挑战性的学习任务，促进学习形态由低投入（被动型）转向高投入（主动型）。这对于学习者发现语言规律，建构自己的语言系统是非常重要的。

2. 丰富的资源有利于学生自主学习

多媒体与网络能够提供丰富的教学资源，引导学生自主学习。借助多媒体计算机和网络的海量存储，每一个学生都会很容易得到比以前任何时候都多的信息。各种新型教学资源补充、扩展了传统的教学资源，使学生获得了更多的学习机会。不仅如此，很多计算机软件能够提供友好的交互界面，针对语音、听力、词汇、阅读、写作等语言技能提供练习任务，并给予相应的反馈和指导。通过人机对话的方式，学生可以自主地探究学习。这样，一方面，可以扩大课堂的信息容量，从而增大训练的广度、密度和深度；另一方面，也有利于因材施教和个别化教学，更有利于培养学生的学习兴趣，以使其找到获取知识的最佳途径，获得最佳的学习效果，这是传统的课堂教学所不能比拟的。

3. 更好地体现了素质教育

计算机和网络使素质教育在英语教学中得到更好的贯彻和体现。在计算机和网络所创设的真实、自然的语言学习环境中，学生不仅满足了个人兴趣，在生动活泼的氛围中感受和体验到了特定的语境和标准的语音、语调，从而更好地把握所学内容，并且陶冶情操，开阔视野，了解了外国的风土人情和文化，进而提升跨文化交际能力。在和同伴的直接交流中，可以发挥创造思维能力和合作能力，让学习者充分地学以致用，解决实际问题。另外，英语学习是多种感官的协同学习，掌握一门语言必然是听、说、读、写和译的诸方面能力的综合掌握，计算机和网络不仅可以兼顾这些方面，而且可以达到比传统教学手段更好的效果，从而全面提升学习者的素质。

四、整合的关键

整合就是要建立一种新型的教学结构。在整合中，不仅是把信息技术作为辅助教或辅助学的工具，而是强调要利用信息技术营造一种理想的教学环境，通过教师——学生——信息技术——教学资源有机融合和持续互动，建立起教师主导—学生主体的新型教学结构，以实现一种能充分体现学生主体地位的“自主、探究、合作”为特征的新型学习方式，切实促进英语教学的改革。这是整合的关键。要通过新的师生关系、新的生生关系和新的学习工具，为学生创造大量的学习、实践、思考机会，让学生去发现和利用当前的信息和资源（包括师生、生生、生机之间的互动交流所获得的），并运用所学知识和技能在较为复杂和真实的情境中“开口”和“对话”，让学生实质性地参与教学过程，真正做到“为用而学，在用中学，学了就用”。

第五节 信息技术与英语教学整合的作用

一、信息技术与英语教学有效整合的具体作用

同信息技术一样，教学也是一种手段，信息技术与英语教学有效整合的结果仍然是一种手段，使用这一手段的目的，是充分利用现代信息技术的优势，促使教学任务更好地完成，从而推动素质教育顺利进行。显然，这种整合模式应该成为学生获取信息、探索问题、合作学习、解决问题和构建知识的认知工具。

1. 进行教学演示

这是信息技术与英语教学整合的最初形式，也是最基本的层次。教师

利用教学软件或多媒体素材编写自己的多媒体课件，用动画、影片等营造、创设语言情境，激起学生的学习兴趣，并且可以使教学更贴合实际。信息技术与英语教学的整合，使计算机代替了粉笔、黑板等传统教学媒体，实现了传统模式无法实现的教学功能。

2. 促进主体交流

英语教学过程应该是师生之间、学生之间互动的交流过程。通过互联网、局域网的硬件环境，实现师生之间、学生之间的专题质疑、问题研讨和感情交流。通过师生与外校、外地、外界的链接，实现快速、优质、高效完成学习任务的目的，实现知识获取和能力训练的最大效益。该种整合模式可以实现个别辅导式教学，既能代替教师的部分职能，如出题、评定等，还能较好地实现因材施教，解决因主体个别差异导致的质量失衡问题，并且更有效地提高学生学习的投入性、自觉性。

3. 能增加课堂知识密度

信息技术与英语教学整合可以改变课堂教学模式，加快课堂节奏，增加教学密度，增大课堂知识容量，扩大学生的知识面。同时，能培养学生动手、动脑的能力，促使学生积极思维，形成师生之间、生生之间的互动，激起学生主动学习的欲望，使学生主动参与到课堂教学活动之中。教师在使用信息技术时，应从实际情况出发，制作一些诸如“插播片”“片断片”“素材片”等课件；在具体教学活动中，有效地利用这些课件，使现代信息技术真正起到辅助作用，从而更好地发挥学生的主体作用。现代信息技术与英语教学整合的主题是语言学习，主体是学生，信息技术只是辅助。

在教学过程中，教师是学生学习的指导者和活动的组织者，学生不再被动接受，而是主动参与、发现、探究，教学过程成了探究问题、协商学习等以学生为主体的活动过程。现代信息技术教学主要采用视听手段，在课堂上进行大量的交际练习，学生练习使用英语的机会比传统的教学模式大大增多，更有利于培养学生的听说能力；还可向学生展示一些英美国家的风土人情及相应的背景知识，这样可丰富学生的英语知识，扩大学生的知识视野。

4. 优化课堂结构，突出重点，突破难点

学生获得的知识80%来源于课堂，优化课堂结构显得尤为重要。在英语教学中，经常需要引入各种媒体，教师的备课资料和收集到的信息，包括课文、练习、问题、演示，以及相关的预备知识、补充材料等，在具体教学过程中出现的时间、方式、次数等都是动态和随机的，会受课堂教学中各种因素影响。在常规教学手段下，各种不同的教学信息分别出现在不同媒体中，很难有效地整合到一起。利用超文本的网状非线性信息管理方式，教师可以根据人的思维习惯和教学要求把所有资料链接到一起，极大地方便了教学。信息技术还可以超越时空，逼真地再现教学内容，使抽象的知识变得具体化、简单化、直观化，缩短了实物与学生之间的距离，从而降低了难度，使学生容易接受和理解，获得深刻、清晰的感知。

5. 有利于资源环境的生成

信息技术与英语教学的整合，可以突破书本作为知识主要来源的限制，而不断生成新的、丰富多彩的教学资源环境。如异地景观、背景材料、实物模型、重要数据等，很多是课本不能容纳的，这类材料却能极大地丰富教学的资源环境。以英语学科为例，其信息技术资源包括英语教学中所凭借的信息技术手段及其相应配置，还包括通过信息技术进行数字化的自然、社会、人文等方面无限丰富的资源。这种资源被开发利用，英语教学的手段和条件都将发生巨大变化，类似于尺幅千里、芥子须眉、留声致远、异步对话、心游万仞、思接千载、时空隧道等种种原来属于夸张范畴的内容一旦在英语教学中成为现实，将极大地丰富教学资源，大大提高学生学习英语的主动性和创造性。

6. 提高学习效率

布鲁纳认为:“在学校教育教学中，所有教学计划在很大程度上将依赖于为达到教学目标而采用的教学媒体。”教育心理学研究表明，现代信息技术和英语教学的整合能极大地提高人们的学习效率。人们在学习时通过听觉获得的知识能够记忆15%，通过视觉获得的知识能够记忆25%，如果同时使用这两种传递知识的方式，就能够获得65%的知识。现代信息技术和英语教学的整合就是利用形、声来传授知识，使学生充分利用视觉、听觉接受知识，综合利用各种感官进行学习，以取得最佳学习效果。现代信息技术与英语教学的整合不但使学生使用了视觉器官，而且调动了学生的听觉器官。语言的音、形、义是一个整体，在呈现中不可能将其截然割裂开来。利用现代信息技术进行听说训练，可充分调动学生的视觉、听觉、触觉感官作用，使其互相配合，加大语言信息的刺激量，从而大大提高学习效率。

7. 促进研究型学习的发展

近年来，研究性学习已经突破了课外活动的限制，而被提升为基本课程内容之一。教育部颁布了新课程标准强调通过课程改革加强学生基本素质的培养，通过规范的课程教学把学生培养成学会生存、懂得知识、掌握技能、发展能力的身心健康的新“四有”人才。研究性学习正是课程改革的重要内容之一。在教学过程中，根据英语学科内容，利用多媒体集成工具或网页开发工具，将需要呈现的课程内容以多媒体、超文本等友好交互方式进行集成、加工处理，转化成数字化学习资源。同时，根据英语教学需要创设一定的情境，并让学生在这些情境中探究、发现，这极利于学生对学习内容的理解和学习能力的提升。

8. 培养学生终身学习的态度和能力

受大环境影响，现如今“终身学习”已由人们的单纯愿望变成了具体的行动。时势可以铸造英才，时势也可以淘汰庸人，现实迫使人们产生了紧迫感。学会学习和终身学习是信息社会对公民的基本要求。信息技术与英语教学的整合迎合了时代的要求，在培养学生树立终身学习的态度上有独特的优势。这种整合使得学生具有主动吸取知识的要求和愿望，在日常生活实践中能够独立自主地学习，自我组织、制订并实施学习计划，能调控学习过程，能够对学习结果进行自我评估，这无疑在学习方法上进行了一种革命式变革。

9. 培养学生的适应能力和解决实际问题的能力

新旧英语教学方式的区别，最根本的就在于能力的掌握与否。在信息时代，知识和技术成为第一生产力，是社会生产力、经济竞争力的关键因素，知识本身发生激增、剧变、更新，而且频率加快，周期缩短，同时知识本身的高度综合和学科渗透、交叉，使得人类的一切领域都受到广泛的冲击和影响，在科学技术发生急剧变革的大背景下，适应能力、应变能力和解决问题的能力将变得更为重要。我们必须改革英语教学方式，只有培养学生的上述能力，才能适应社会的发展。由于信息技术和英语教学的整合能够最大限度地开发学生的潜力，调动学生的积极性，学生能力的培养问题将迎刃而解。

10. 有利于培养学生的信息素养

整合可以培养学生的信息素养与信息利用素质。信息技术融入英语教学的过程，使英语教学方式变革了，英语教学视野拓宽了，英语教学内容丰富了，学生对信息的获取、分析、加工和利用成为英语学习过程的主要内容，因而能最大限度地贴近现实生活，融入网络时代，利用信息能力解决问题。

二、整合中应注意的问题

1. 避免直观形象教学与语言教学脱节

信息技术能提供真实的直观形象材料，使学生获得全新的充分的感知。但是，教师必须适时加以适当的提示、强调、总结，予以引导。教师不能只关注直观材料本身，而忽略对学生讲解时展示的视觉材料与教材之间的内在联系，忽略形象材料的辅助性和课文材料文字信息的重要性，造成出现直观形象教学与课堂语言教学相脱节的现象。教师应针对语言教学重点和难点进行教学设计，把握好教学内容的深度，合理使用信息技术，如此才能取得良好的教学效果。

2. 把握适时、适度、适当原则

“适时”就是运用多媒体时要选择有利于学生掌握重点，并使教学达到最佳效果的时机。“适当”就是多媒体要用在“精彩”之处，用在激发学生学习，用在突出重点、突破难点之处，用在利于学生内化教学内容之处。“适度”就是多媒体运用要做到既不喧宾夺主地滥用，也不能因噎废食而全然不用。教师要注重发挥多媒体的特点与功能，找准计算机多媒体与教学内容的切入点，合理使用信息技术，以取得良好的教学效果。要确保发挥信息技术的优势和实效，必须考虑以下问题：信息技术是否适用于当前的教学内容、学习者和教学目标的需要？信息技术在实现当前教学目标方面是否有不可替代的优势，具体体现在哪些方面？应如何通过有效的教学策略使潜在优势转变为教学实效？如何消除当前教学中应用信息技术的不利影响？

3. 把握整体性原则

在整合的课堂教学中，教师应以“以人为本”的课程理念和教学思想为导向，通过教学设计，以符合学科特点和学生需求的方式，高效应用信息技术，追求信息技术在促进教学和学生全面发展方面的实效性。信息技术整合的教学设计是一个结构性系统，教师应把握整体性原则，综合考虑该系统的各个要素和环节，包括教师、学生、教学内容、教学目标、教学媒体和方法等，追求信息技术应用与教学方式变革的相互促进。教师必须明确，在整合的课堂教学中，教学策略起着核心作用。教师应苦苦追求的是每节课或一系列教学活动在教学、学习和学生发展等方面的实效，而不能过多考虑教学中采用的信息技术的多与少，或者所用信息技术先进与否。

4. 信息技术与多种活动方式的综合运用

多媒体网络技术给教育教学带来一次深刻的革命，但它并不是万能的，不能代替学生的操作实践等活动，也不能完全取代教师的地位，它只是一个帮助我们认识世界的好工具。要避免信息技术应用与其他活动方式的对立，杜绝切断学生与社会、生活实践联系的“全盘信息化”，不能为用信息技术而剥夺学生的动手实践机会。课堂活动的主要形式不是人机互动，而是师生之间、生生之间的互动。要充分发挥教师的主导作用和学生的主体作用，让学生自己去加工整理、呈现信息，提高他们的主观能动性，创造良好的教学关系。此外，在充分利用现代信息技术的同时，要注重常规媒体与教学手段的有机结合与渗透，以达到事半功倍的效果。

第六节 信息技术与英语教学整合实践

信息技术与英语听、说、读、写课程的整合

1. 信息技术与英语听力课程的整合

传统的听力教学主要是靠录音机和教师本身来完成的。这种方式方法单一，控制不便，而计算机的应用，已经弥补了这一不足。可以运用多媒体计算机播放听力材料。这种方式集文字、图像、声音于一体，形象生动，可以激发学生的学习兴趣，解决听力中的难点，从而有效提升学生的听力能力。而且，在播放过程中，内容可以任意前进、后退、反复，学生如果某一句或某一段听不懂，可以迅速而准确地找到并重复听，这一点是录音机无法比拟的。最后，可以选择地道的英语听力软件。传统的听力教学，尤其是教师的英语授课是因人而异的，有时，教师语音、语调不准确、不规范，势必对学生的听力提升造成障碍。而好的听力软件播放的语音纯正、

地道，学生听起来是一种享受，可以有效弥补教师的不足。

2. 信息技术与英语口语课程的整合

随着对外开放的逐步加深，培养学生说的能力显得越来越重要，而对说的能力的培养离不开环境。计算机和网络的发展为学生提供了更为广阔而真实的空间。首先，体现在人机对话方面。学生可以选取一种软件来自主地训练自己的语音、语调和表达能力。学生可以对着话筒模仿计算机播放的内容，计算机可以对此进行反馈，因而学生就愿意学、乐学，说的能力在不知不觉中得到提高。其次，是网上交谈。学生可以在教师的指导下，根据各自的语言水平和爱好选择不同的交谈内容和交谈对象，这样教师也变“授人以鱼”的教学方式为“授人以渔”，让学生主动参与到学习活动中，进行自主探索学习。

3. 信息技术与英语阅读课程的整合

阅读是英语教学的核心内容之一，如何有效地提高学生的阅读能力，是英语教学的关键所在。多媒体计算机及网络的应用，会使英语阅读教学跨上一个新台阶。CAl 即计算机辅助教学具有能集成文字、图像、影像、声音及动画等信息功能，因此愈来愈受到欢迎。多媒体技术的运用，可以使课堂教学容量相对增大，为学生提供更多的语言实践机会。多媒体课件形象生动，可以大大提高学生的英语阅读兴趣。利用多媒体网络进行英语阅读教学，是培养学生阅读能力的一条新途径。它可以有效地克服以往英语阅读教学中的许多问题，如阅读题材狭窄，内容陈旧，训练方法单一、呆板等问题，因为网络具有信息丰富、题材广泛且新颖、反馈及时等特点，它可以极大地提高学生的阅读兴趣，激发他们的求知欲望，从而有效提升学生的阅读能力。

选择网上阅读材料时，大体遵循以下五个原则：一是拓展性，即从网上选取的材料是对教材内容的扩展、延伸，而不是简单重复。二是时效性，即所选的材料内容要新，有时代感或是关于一些热点问题的。三是趣味性，即所选材料要符合学生特点，能引起他们的兴趣。四是科学性，即所选材料要真实，如实地反映客观实际。这一点要特别注意，因为网上虚拟的东西数不胜数。五是艺术性，即所选材料要难易适中，适合学生的阅读水平，对一些文章可进行适当改编。

3. 信息技术与英语写作课程的整合

传统的英语写作训练方法比较单调乏味，教师一般是让学生就情景写作，或对课文进行改写，或写英文日记，这些做法都较死板。而计算机和网络的应用，可使英语写作变得生动有趣，丰富多彩。首先，教师可以利用多媒体课件创设情境，让学生观其形、闻其声，然后有所感而写。教师还可以设计一些有趣的练习，让学生掌握一定的词汇用法和句型及语法后，逐步地进行写作训练。其次，教师还可以利用网络优势提升学生的写作能力。教师可以组织学生通过网络搜集相关信息，让学生了解关于写作主题的信息，并且要求学生挑选出一个自己最感兴趣的话题写一段简短的话，发 E-mail 给老师或自己的好朋友，让学生充分体验成功的喜悦，增强学习英语的兴趣和自信心，让学生在交流中不知不觉地提高自己的写作水平。

信息技术为写作教学提供了更丰富的素材、更多更迅速的实现渠道和更多更有效的交流方式。比如，情境写作，多媒体电脑为书面表达中的情境创设提供了最有力的支持，情境呈现——讨论交流——写作——评价是常用的教学流程，教师可利用多种软件设计各种生动的情境；互动写作：教师可以通过校园网将“故事接龙”的样式发到网络上，之后，其趣味性、发展的无限性以及教师与学生、学生与学生之间的交流能达到一个新高度。我们还可以充分利用信息技术，从网络上搜集相关资料，并开辟交流区，内设英语论坛，以交互形式促进学生的英语交流。自主写作：让学生自主从网络上获取阅读材料，读后根据自己的选择和思索进行“吸收 + 创造”式写作，使阅读能力、写作能力和信息素养得到共同提升，将阅读和写作有机地结合起来，还可让学生利用 E-mail 交笔友，和外国朋友用英语交流，从而达到提高写作水平的目的。写作反馈最有效的方式是利用电子邮件，学生可以将自己的习作通过 E-mail 发给老师，老师批改后再发给学生。通过以上这些方式，每个学生都参与到教与学的活动中来，动手操作，亲自开口说，主动思考，既提升了学生的计算机操作能力，又促进了学生英语听、说、读、写的能力发展，达到信息技术和英语教学同步提升的双赢目的。

第十章 “三教”改革背景下英语教师的专业发展

教师是教学活动的组织者，也是影响教学效果的最重要因素。20世纪80年代以来，关于教师专业发展的研究一直是教育研究的重要领域，研究成果也颇为丰硕。本章即从英语教师专业发展的内涵与主要模式入手，进一步对英语教师专业发展的内在要求及其路径做出探析。

第一节 英语教师专业发展的内涵与主要模式

一、教师专业发展的概念

对于教师专业发展概念的界定，国内外学者们的看法不一。国外最早提出“教师专业化”概念的是霍伊尔（Hoyle），他认为专业化是指一种职业经过一段时间发展后成功地满足某一专业性职业标准的过程，涉及两个一般是同时进行并可独立变化的过程，即作为地位改善的专业化和作为职业发展、专业知识提高以及专业实践中技术改进的专业化。但也有人认为专业化是指一个普通的职业群体逐渐符合专业标准、成为专门职业并获得相应专业地位的过程；或是指某一职业群体的专业性质和状态处于何种情况和水平。在教育界，国外普遍认为专业发展是指教师在知识、思想和教学效果方面取得的连续不断的提升，它被看作教师在教学实践过程中采用的各种手段，强调教师的经验和专业知识。但有的定义则强调个人发展方面的因素，如将教师发展看作教师自愿参与的一种不断学习的过程，旨在通过调整自己的教学而满足学生的需求。还有人从人类学和心理学的角度将教师发展视为一种研究教师所想、所感、所为的有意识的选择过程，认为它是有关课堂之外教师内心世界形成的一种探究。

由于目前中国教师职业尚处于一种逐步形成中的状态，离成熟专业的标准还有一定的差距，对于教师专业发展的认识也有待进一步深化，因此学术界对教师专业发展概念的界定至今未达成共识。中国学者对教师专业发展的普遍认同是，教师是发展中的教育教学专业人员，教师成长要经历由不成熟到成熟的发展历程，在此过程中教师的专业素质不断得到提升与完善。

综上所述，关于教师专业发展内涵的理解，大致可以归纳为以下三种观点：

（1）以霍伊尔等为代表的学者持第一种观点，认为教师专业发展是教师专业成长的过程，强调一种状态。霍伊尔认为，教师专业发展是指在教学职业生涯的每一阶段教师掌握良好专业实践所必备的知识和技能的过程。富兰和哈格里夫斯也指出，他们在使用“教师专业发展”这一术语时，既指通过在职教师教育或教师培训而获得的特定方面的发展，也指教师在目标意识、教学技能和与同事合作能力等方面的全面的进步。佩里指出，“从意义上来说，教师专业发展意味着教师个人在专业生活中的成长，包括信心的增强，技能的提高，对所任教学科知识的不断更新、拓宽和深化，以及对自己在课堂上为何这样做的原因意识的强化。从积极意义上来说，教师专业发展包含着更多的内容，它意味着教师已经成长为一个超出技能的范围而有艺术化的表现，成为一个把工作提升为专业的人，把专业职能转化为权威的人”。显然，这种过程突出教师专业发展过程中知识结构等能力方面的动态变化，但是忽略了教师专业发展的途径和原因，不能全面地反映教师发展的全过程。

（2）以利特尔为代表的学者持第二种观点，认为教师专业发展是促进教师专业成长的过程，强调一种动作。他明确指出，对教师专业发展的研究有两种截然不同的路径，其一是教师掌握教学复杂性的过程，这些研究主要关注特定的教学法或所实施的课程革新，同时也探究教师是如何学会教学的，是如何获得知识的，以及如何长期保持对工作的投入等；其二是侧重研究影响教师动机和学习机会的组织和职业条件。中国学者朱宁波对此持相似观点，他认为教师个人在经历职前师资培育阶段、任教阶段和在职进修的整个过程中都必须持续地学习与研究，不断发展其专业内涵，逐渐达到专业圆熟的境界。这种动作说的观点侧重于对教师实施教学改革的动机和具体过程的研究，缺乏对教师专业发展中自身知识和能力提升的关注，因此也不能全面地反映教师专业发展的过程。

（3）持第三种观点的代表人物是威迪恩，他认为教师专业发展是教师专业成长和促进专业成长过程的结合，即状态和动作的结合。他指出：“教师专业发展有五层含义：①协助教师改进教学技巧的训练。②学校改革整体活动，以促进个人最大成长，营造良好的气氛，提高学习效果。③是一种成人教育，增进教师对其工作和活动的了解，而不仅仅是停留在提高教学成果上。④是利用最新的教学成效的研究改进学校教育的一种手段。⑤专业发展本身就是一种目的，协助教师在受尊敬的、受支持的、积极的气氛中促进个人的专业成长。”这种观点将教师专业发展的状态和动作结合起来，较全面地反映了教师专业成长的过程。

二、英语教师专业发展的内涵

英语教师专业发展的研究虽然已在国内外逐步兴起，但是研究成果并不成熟，“英语教师专业发展”这一概念目前尚无统一明确的界定。但是学者们普遍认同英语教师的专业地位，认为想要成为一名合格的英语教师，必须具备专门的英语教师素质结构。因此，已有研究多以英语教师的专业素质结构为出发点，探讨英语教师专业发展的内涵。关于英语教师素质结构的理论研究，尽管角度和侧重点各有不同，但归纳起来，大致包括普通教师所应具备的基本素质、语言教师所应具备的专门素质以及英语学科教学的专门素质三个方面，束定芳认为，合格英语教师的素质应包括专业知识与专业技能、教学组织能力与教学实施能力、人品修养与性格、现代语言学知识、外语习得理论知识和一定的外语教学法知识。吴一安认为，优秀英语教师专业素质包括学科教学能力、职业观与职业道德、教学观、学习与发展观。田式国认为，教师专业素质分为政治思想和人格、外语教育理论、科学文化知识、专业知识、语言功底和应用能力、教学技能与方法、学习和科研能力等方面。

语言教学本身和英语教学的双重特殊性使得英语教师的专业发展具有其自身的特点，但是英语教师首先也是教师，因此英语教师专业发展的概念与一般意义上的教师专业发展具有一致性。所以，在深入探讨英语教师专业素质结构的基础上，国内的研究者们结合教师专业发展的多个维度和中国英语教学的实际要求，初步讨论了中国英语教师专业发展的具体内涵：①英语教师的专业发展，是指英语教师在教师职业专业化背景下，在教师教育机制中，不断学习、反思、发展和成长的动态过程。②在英语教师职业化专业化确立的前提下，英语教师的专业发展概念可以有两个维度，其一是指教师个人在专业教学生涯中的心理成长过程，心理成长的内容包括态度层面（专业信心、态度价值观的增强）、学科知识能力层面（学科知识在“博”与“专”两个维度上的持续更新）、专业教学知识能力层面（教学技能的提高以及为应对教学不确定性而发展丰富的教学策略意识的不断强化，人际交往与同事合作等能力的完善）；其二指在职教师受外在的教育或培训而获得上述方面的发展。③强调英语教师专业发展中教师的主体性，认为“英语教师专业发展”的概念应该界定为“英语教师以自我发展需要为动力，在教师教育机制中，通过不断学习、反思，使自己的专业智能素质和信念系统不断发展、完善的动态过程”。

在总结和借鉴国内学者主要观点的基础上，笔者认为，英语教师的专业发展应该理解为“英语教师内在专业素质结构不断更新、演进和丰富的过程”，其具体内涵应该从教师专业发展的内容和过程两个维度进行阐释。

三、英语教师专业发展的主要模式

1. 学校主导模式

学校主导模式是指教师专业发展由教师所在学校主导，根据学校的实际情况和教师的实际需要，确定有关制度，制定有关方案，组织和开展促进教师专业发展的形式多样、丰富多彩的各项活动。学校主导模式主要具有五大优势：

（1）培训活动与日常工作密切结合，既可以缓解工学矛盾，又有利于克服理论与实际相脱节的弊端。

（2）培训目标明确具体，直接服务于教师的教育教学工作，直接促进教师的专业发展。

（3）培训内容比较丰富，不仅有政策与理论的学习，还有针对教育教学实际问题的观摩与探讨、交流与借鉴。

（4）培训形式灵活，校本培训可以与校本研究结合起来，使培训克服了单纯的知识讲授的方式，在听课观摩、问题讨论、实践反思、观点交流等活动中，教师的专业素质逐渐得到发展。

（5）培训成本较低，因为教师只是在学校场景中参加学习与培训，不需要离开学校外出。

与此同时，学校主导的英语教师专业发展模式也存在一些不足：

首先是培训资源的有限性。仅依靠学校自身的资源来提高教师的专业水平是远远不够的，学校还必须开发校内外培训资源，如与校外专家、教研部门、教师培训机构等建立稳定的、密切的联系，随时关注各种培训和学术会议信息。

其次是专业发展的经验性。校本培训更多的是注重提升教师解决实际问题的能力，对教师专业发展具有较强的针对性和实效性。但是，校本培训也容易使教师专业发展仅停留在实践经验和操作技能的层面，忽视经验的提升和对教育规律的总结与归纳，难以提升到理论层次。

2. 自我指导模式

（1）自我指导模式的内涵。

自我指导模式是指以教师的自我发展、自我指导为主，以教学经验丰富的教师或专家的帮助支持为辅，通过对自己教学活动的反思、研究，对同事教学的观摩、模仿等，总结教学过程中的经验教训，寻找与同事之间的差距，自己探索教学方法、加强与学生的交流沟通，冷静处理课堂突发事故，从而提升自我教学能力的一种专业发展模式。在这种模式中，教师自己的教学发展意愿是决定性因素。2006 年，帕莫拉·埃德姆斯提出了教师发展的三种模式，即理性主义发展模式、行为主义发展模式和建构主义发展模式，自我指导型教师教学发展模式的理论基础是理性主义。

理性主义发展模式认为，教师在理性的指导下，具有自我发展的能力与动力，能够约束改正自己的教学行为，科学而客观地指导自己的发展。理性主义重视严密的逻辑推理和实证在知识生产过程中的重要作用。理性主义认为，教师教学发展的过程主要是专家单向向教师传递知识的过程，而讲授、阅读、记忆等是教师教学发展的典型行为。

（2）自我指导模式的操作方式。

①自我发展理想。在自我指导型教师专业发展中，首先，教师需要对

自己有一个预期，即教师希望达到什么样的教学目标，在学生面前呈现一个怎样的教师形象，同行或领导如何评价自己，着重发展自己的哪一种教学能力。其次，教师要了解为了达到这样的目标，自己需要做哪些准备、克服哪些困难等。通过回答这些问题，教师对自己的教学发展目标有一个清晰的认识。

②自我评价。教师需要进行自我评价，即对现在的自己有一个准确的定位，明确自己在教学中的优势和劣势，如何更好地发挥自己的优点和长处，自己的劣势是什么以及它会带来怎样的危害，应该如何超越现实的自己而实现理想的自己。

③确定差距。在自我指导型教师专业发展中，教师在完成自我预期与自我评价之后，需要找寻二者之间的差距，即要实现教学能力的提升，自己需要在哪方面努力，是课前的教学设计、教姿教态的端正、教学语言的规范、教学方法的改进，还是现代多媒体教学技术的学习？

④制订计划。教师确定了自己的教学理想与现实之间的差距后，需要制订切实可行和科学的发展计划，将自己的教学发展目标付诸实践。教师要明确自己教学发展的现实性和可能性，制订计划时既要考虑到已有的教学经验，也要考虑自己为了达到目标应该学习哪些教学技能和教学方法；既要考虑哪些培训和课程对自己有用，也要根据自己的时间和精力考虑能够参加哪些培训和课程。

⑤实施计划。教师需要实施自己制订的教学发展计划，将计划落到实处，最好能够将目标分解为一个个比较容易实现的小目标，然后逐一实现。教师也需要确定哪些新技术和行为能够为己所用，并在确定后执行。在实施已经制订的教学发展计划时，教师还需要时刻对新观点进行反思。

3. 专家主导模式

专家主导模式是指教师专业发展由专门的学术机构或者专家教授牵头组织和实施的方式。专家主导模式主要有教师发展学校、项目合作研究和民间学术活动三种形式。教师发展学校是大学与中小学共建的新型学校，是由大学提供专业支持，中小学提供实践基地，共同促进教师专业发展的一种新模式，它既可以为中小学培养教师，也可以为大学进行教育探索，为促进学生学习提供平台。项目合作研究主要表现为专家教授领衔的课题研究，吸收中小学教师参与，从而形成专家主导、教师参与的课题研究格局。这种项目合作研究的模式有利于改善教育理论与实践相脱节以及教育研究效益低下的状况，既有助于专家课题研究任务的完成，也带动了参与项目研究的教师的专业发展。民间学术活动是民间力量组织的学术培训或学术会议。这些民间组织包括民办（含事业单位所办）教育机构、民间教研机构以及民间学术团体（如各种学会、协会、专业委员会等）。民间组织围绕教育改革与中小学教师关注的热点问题，组织学术研讨会或培训班，邀请中小学教师参加。教师通过参加这些会议或培训，开阔视野，加强交流，既可以获得专业领域的理论知识，又可以进行现场观摩。

专家主导模式具有三大特点：一是针对性强。无论是项目研究，还是学术会议，都选择某一领域的特定问题为主题，使研究或研讨的主题明确。二是非强制性。专家主导模式并不强求每个教师都要参加，合作研究或参加会议都是教师与专家（或机构）双方自愿的结果，因此教师的主动性较强，参与比较积极，收获也比较明显。三是选择性。教师可以根据自己的兴趣、研究基础以及学校和个人的实际情况，从各种学术信息中选择自己愿意参与的活动。这种模式符合教师专业素质个性化发展的需要。但是，专家主导模式容易受到场所、时间以及经费的限制，大多数教师没有条件参加。各种模式各有优势和缺陷，往往在专业发展的不同阶段需要互补和交叉，也由于教师本身的差异性而对不同的教师有着不尽相同的效果和作用。

4. 松散合作模式

松散合作型教师专业发展是指以教师之间的非正式合作为基本方式的

教师专业发展，它主要通过非正式的交流、借鉴、学习来实现教师的专业发展。松散合作型教师专业发展并不看重教师之间合作的形式，认为只要教师之间的合作是有效的，是能促进教师发展的，都可以看作合作，而且这种合作应该是自然而然发生的。松散合作型教师专业发展的理论基础是帕莫拉·埃德姆斯提出的建构主义。建构主义认为知识往往不是被简单地传递，而是被创造性地建构起来的。知识的建构建立在参与者共同的兴趣之上，广泛的主体共同参与知识的创造，原有的知识和经验被重构，在此过程中也创造了新知识。建构主义认为，教师的专业发展是教师内在地建构自己的教学知识的过程，它重视对话、讨论、研讨会在教师专业发展中的价值，认为在这样的合作中，教师集体共同建构了教学知识。

松散合作型教师专业发展将正式合作与非正式合作混合起来，使教师的教学发展在轻松、安全和信任的环境中进行。教师在获得教学进步的同时，能够享受和谐的人际关系带来的愉悦，因此这种专业发展模式深受教师欢迎。松散合作型教师专业发展的主要方式包括如下几种：

（1）学术午餐会。学术午餐会是松散合作最典型的形式。它通常发生在午餐时间，由教师自愿参加，并以随性发言和自由讨论为主，在相互支持、肯定的氛围中，对教育教学中遇到的问题进行探讨和交流。教师之间是平等的，讨论之后也不需要进行总结。这种形式有利于教师认识更多的同行，思考更多的教学问题。来自不同学科和不同领域的教师之间的交流，还有利于教师教学方法的改进和教学思维的发展。

（2）松散教学团队。学校应该鼓励相邻或相近学科的教师建立亲密的相互交流和互动的教学团队，但这种教学团队是非正式的，教师是自愿组织的。教学团队通过经常性的交流、互动，共同讨论彼此在教学中遇到的问题和困惑，并通过有计划的合作，如交流会、共同备课等调动成员之间合作的积极性和主动性，以改进教学方法，完善教学策略，提高教学能力，教学团队还应该采取措施发展团队成员之间的友谊，在工作或者生活中互帮互助，并通过一些活动来增进彼此的情感。在教学团体内部成员之间建立起合作和交流的文化，促进彼此之间信息的交流和合作活动的开展。

（3）教学咨询。教学咨询是指当教师在教学中遇到困难时，向专家和导师请教的行为，教学咨询人员通常都是相关领域，如教学技术学、教育社会学、教育心理学等方面的专家，他们能就教师提出的教学问题做出专业的分析和指导。教师通常会就教学中遇到的“疑难杂症”，如教学技术问题、与学生的交流互动问题、小组讨论引导问题、教学策略问题等向专家进行咨询，专家通常会根据自己的知识或在查阅资料后对教师遇到的问题进行指导。教师咨询的方式通常是电子邮件、电话或面对面咨询，其中面对面咨询是最有效的形式，这种形式能够使教师准确地表述自己遇到的问题，使咨询能够充分地展开，并且避免误解，而且可以请专家当面示范，使咨询更生动、更彻底。

5. 实践研习模式

实践研习型教师专业发展是指以教师的教学实践为出发点和归宿，以完善和提高教师的教学实践为目标，以观摩教学、教学研究、合作交流和试验实践为基本方式的教师专业发展模式。从发展目标上看，完善教师的教学实践，提升教师的教学能力是实践研习型教师专业发展的目的；从发展方式上看，实践研习型教师专业发展的前提和基础是实践，通过对实践的总结、反思、研究，提高对实践的认识，并通过这种认识来指导自己下一次的教学实践。实践研习型教师专业发展的理论基础是2006年帕莫拉·埃德姆斯提出的行为主义发展模式论。行为主义发展模式认为，教师教学知识的增长和教学技能的获得是能够被控制的，教师可以通过外部的观察与反馈，自身的实践和试误，获得教学发展所需的知识和技能，从而达到教学能力和水平的提升。行为主义发展模式认为，教师评价、教学观摩、教学工作坊、教学示范等是教师教学发展的重要形式，专家指导、同伴交流和重视反馈是教师教学发展的有效方式，教学发展属于一种行为的学习，它虽然需要一定的理论的指导，但归根结底还要从实践中学习。理论是对客观事物发展规律的抽象认识，具体实践却是丰富的，理论必须用来指导实践才会有价值，否则只是空洞的说教而已。而另一方面，实践也是理论的来源。理论是从实践中总结抽象出来的，教师的专业发展必须重视实践的价值和力量，并以实践为出发点和落脚点。

实践研习型教师专业发展模式认为，对教学的认识应该从实践中来，并且运用到实践中去。实践研习型教师专业发展反对简单地告诉教师哪一种教学方式更有效，而是主张让教师自己在实践中发现哪种教学方法更优越，更易于学生接受，从而在实践中发展自己的教学能力。在教师专业发展中，教师应该多与同行进行交流，研究他们的教学法，吸收其中的精髓为我所用；反思自己的教学实践和留心周围的教育现象，善于发现问题、分析问题，从而解决问题；不断根据实际情况改善自己的教学方法；扩展自己的专业知识和能力；及时更新自己的教学理念、教学手段，培养自己的教学创新能力，从而提升自己的教学能力。

第二节　英语教师专业发展的内在要求

一、完善的知识结构体系

1. 扎实的英语学科知识

（1）词汇知识。

①英语词汇的形态结构。了解词的各种构成要素及其称谓。

②英语构词法。英语单词构成有其规律，很好地掌握构词规律，才可以很好、很快、准确地记忆单词。

③词类。词类又叫词性，根据不同的标准，可以进行不同的分类。一

般根据英语单词在句子中的功用分成十大类：名词、形容词、副词、动词、代词、数词、冠词、介词、连词、叹词。

④词义与语境。语境即言语环境，它既包括语言因素，也包括非语言因素。上下文、时间、空间、情境、对象、话语前提等与语词使用有关的都是语境因素。词义即一个词的最初的含义，称作本义。以本义为出发点，根据它所反映的事物或现象的各个特点，词在发展过程中又会产生若干个与本义相关但并不相同的意义，这就是词的引申义。语境对词义的作用主要表现在消除歧义、限定所指、提供猜词线索三个方面。

⑤英语习语。语言是文化的载体，习语又是语言的精华，是一门语言不可或缺的重要组成部分。习语一词的含义甚广，一般指那些常用在一起、具有特定形式的词组，其蕴含的意义往往不能从词组中单个词的意思推测而得。

（2）语法知识。

语法是研究语言结构规律的科学，它说明该语言中词或短语等语言成分是如何结合起来形成句子的。英语语法包括词法和句法两部分，前者是指词的结构、形式和类别的变化，如名词和代词的数、格、性，动词的人称、时态、语态、语气，形容词和副词的比较等级，等等；后者指的是句子中词以上的语言形式的排列组合规则，包括词与词的关系、词的排列、短语和句子的组成以及句子成分等。

（3）阅读知识。

①文体及结构知识。文体一般有四种，即记叙文、说明文、议论文和应用文，在写法上，它们有各自的写作方法和结构特点。

②文化背景知识。文化背景包括政治、经济、社会、科学技术、天气情况、地理环境、人物的性格特点及知识水平等方面。

③生活经验。阅读理解能力一般随着生活经验的丰富而不断提升。

④习语及固定搭配。每一种语言都有自己的习惯用语和固定搭配，一

般情况下，这些用语和固定搭配是不能单从字面意思来理解的，英语也是如此。这就要求英语教师在平日的英语学习与教学中进行广泛的阅读，积累、掌握英语中的习语及固定搭配。

（4）写作知识。

①英语写作训练的目的。在英语教学中，英语写作训练一般包括两方面内容：一是语言基础方面的训练，即语法和句法等方面的基本功。二是写作知识和能力方面的训练，即写作的基本理论和技巧。

②英语的思维方式。中国人用英语写作还面临思维方式的转变问题，不熟悉英语语言思维方式的人，无论有何等“高超”的写作技巧，都不可能创作出优美地道的英文作品。

③英语语言的功底。英语语言的功底指对这门语言中各种语言知识的掌握和运用能力，其中包括用词的准确和精炼、修辞手段的自如运用、时态的准确运用以及语法和句法结构的熟练掌握等。

④汉、英语用词和表达习惯的不同。由于英语、汉语是两种不同的语言体系，词汇的使用和词义在许多情况下会有很大不同。具体来说，同一个汉语词的意义在译成英语时，要使用不同的英语来表达；反之，同一个英语词译成汉语时，也可能有不同的译义。

2. 广博的文化知识

杜威指出，一个人想要成为合格的教师，需要具备两个条件：一是对教材进行深入思考，可以完整地把握教材；二是拥有的知识量一定要比任何教科书或者是教学计划当中规定的要广博。一般来说，中国的英语教师基本上是由大学培养的，因此大学的培养模式直接决定着英语教师的专业素质。中国高等学校英语教学大纲中指出，英语专业技能、英语专业知识和相关专业知识课程构成了英语专业的所有课程。在课程设置比例方面，相关专业知识课程只占15%。同时，在大二和大四分别举办的专业等级考试，关注的只是学生听、说、读、写、译等方面的能力，这势必会造成大学英语专业教育只关注英语专业技能和知识方面的培养的情况。因此，出现大量英语专业的毕业生只懂英语，并且知识结构单一的现象。但是，教师的工作具有人文性的特点，因为教师培养的是符合社会主义建设和发展的人，这就要求英语教师必须具备广博的文化知识，帮助学生更好地理解世界。

二、良好的心理素质

在谈到英语教师的素质时，教师的英语专业水平往往容易受到重视，而教师的心理素质很容易受到忽视。实际上，一名优秀的英语教师应该具备良好的心理素质。心理素质是一个人的情感、意志和性格的总体反映，具有良好心理素质的教师更容易受到学生的爱戴和欢迎，这对于英语教学来说尤为重要。学生很容易产生移情的心理效果，他们很容易会把对一个教师的喜爱转移到这个教师所教授的课程上面。一名优秀的英语教师，首先应该是一个受学生欢迎的教师。

在情感方面，教师首先要热爱英语教育事业，并愿意为之付出心血。青少年是祖国的未来，是21世纪中华民族复兴事业的主要承担者，他们的素质将直接影响中国未来的发展。因此，每个英语教师都要有一种责任感，有高度的责任心，立志把自己的学生培养成有用之才。英语教学本身也是一个值得为之努力的事业。英语是一种丰富、优美的语言，有着令人陶醉的魅力。正如作家王蒙先生所说：“多学一种语言，不仅是多打开一扇窗子，多一种获取知识的桥梁，而且是多一个世界、多一个头脑、多一重生命。”教师应该喜欢自己的学生，因为学生的成长体现着教师的价值，是教师生命的无限延伸。在日常的教学中，尽管学生也有让老师烦心的时候，但是他们的点滴进步都是对老师最好的回报。教师还要热爱自己的每一个学生，对学生要一视同仁。一个班级的学生来自不同的家庭，每个家庭都有自己独特的情况，每个学生也有自己的个性特点，教师要平等地对待每个学生，不偏袒自己特别喜欢的学生，也不歧视自己不喜欢的学生；要对学生充满爱心，以求得融洽和谐的师生关系。

在意志方面，教师要具有克服困难的勇气和决心。青少年在学习英语的过程中会出现各种各样的问题，许多问题是无法从书本中找到答案的，这就需要教师培养自己良好的意志，不断地在教学实践中探索解决问题的方法。英语学习是一个漫长的过程，世界上没有一种所谓的速成秘方能够使学生迅速地学会英语，而需要学生有恒心，也需要教师有持之以恒的意志。这种持之以恒的意志还表现在教师自身的提升方面。一个优秀的教师，需要在教学实践的过程中不断地发现问题，解决问题；不断地通过学习、研究提高自己的教学水平。每个教师都是生活在这个社会中的人，每个人在生活中都有自己的烦恼，教师要善于控制自己，不要把不良的情绪带到课堂中。

在性格方面，英语教师要比较外向，活泼热情，风趣幽默。同时，要沉着冷静，善于组织教学，把课堂教学组织得井然有序、生动活泼。

三、过硬的基础教学能力

任何一门专业都对从业人员有基本的能力规定，这些能力就是该专业的基础性能力。英语教师作为承担英语教学任务的专业人员，从其所面向的对象、工作的场所和内容以及追求的目标等方面来看，至少应该具备三个方面的基础性能力。

1. 沟通能力

现代教育教学理论已经不再把教学看成知识输出和接受的过程，而是师生之间交流和对话的过程。所以，国内有学者提出“教育即交流”的命题，认为教育的过程实质上就是师生沟通的过程。在日常教学中，同一堂课，相同的教学内容，面对相同的学生，有的教师把握起来得心应手，有的教师的课堂却死气沉沉，主要原因是教师沟通能力存在差异，无效或低效的沟通直接影响了教师的教学效能。因此，沟通能力对于教师来说是最基础的能力。

英语教学尤其需要沟通和交流。学生英语能力的习得往往需要师生之间的充分互动，互动的过程其实就是沟通交际的过程。如果教师缺乏此方面的能力或此方面能力不强，教学效果不理想是可想而知的。教师要实现有效的沟通和交流，必须从心底树立以学生可持续发展为本的思想，在教学中充分发扬民主，公平地对待每一个学生，耐心倾听每一个学生的心声。同时，要注意沟通时的语言技巧，让学生乐于沟通，乐于参与课堂学习，进而热爱英语教师，热爱英语学习。充分有效沟通和交流的教学才是有效的教学，具有有效沟通和交流能力的教师才是真正胜任教学的专业教师。

2. 教学设计能力

面对一个特定的教学任务，教师如何组织教材，如何设计教学程序，采用何种教学方法和技术来开展教学显得尤为重要。好的课堂设计可以使课堂教学跌宕起伏、妙趣横生，可以一下子紧紧抓住学生的注意力，激发学生求知的欲望。教学设计能力的高低与操作性知识的多少是密不可分的。但是，操作性知识丰富并不意味着教学设计能力强。英语教师要有意识地加强有关教学设计的研讨，不同的教学设计理念、不同的教学活动的选择、不同的教学媒体的运用都会在很大程度上影响教学效果，影响学生英语能力的习得、巩固和提升。

3. 教学监控能力

一堂课能否顺利展开，能否取得预期的教学效果，不仅有赖于教师的沟通能力和教学设计能力，而且与教师的课堂管理能力密切相关。按照北京师范大学心理学教授林崇德先生的说法，这种课堂管理的能力就是“教学监控能力”。林崇德先生认为，教学监控能力是教师的核心能力。在一个有几十名学生的教学班，没有很强的课堂监控能力要实施有效的课堂教学几乎是不可能的。如何有效地推进各种教学活动，如何确保各类学生在学习过程中都在各自的起点上获得应有的进步，如何确保小组合作学习有效实施等，都需要英语教师有很强的掌控能力。这种教学监控能力其实是一种综合能力的体现，它没有明确的章法可以遵循，运用之妙，存乎于心，但要做到随机应变、游刃有余确非易事。

四、正确的教师专业理念

教师专业理念和教师信念是经常会用到的两个词语，但教师专业理念不同于教师信念，教师专业理念属于教师信念，但教师信念不全是教师专业理念，因为教师信念是“教师深信不疑的观点和看法”，而专业理念是“教师在对教育工作本质理解基础上形成的关于教育的观念和理性信念”，这意味着教师专业理念是经过教师自身的实践和思考建立起来的。叶澜教授在《新世纪教师专业素养初探》一书中提出未来教师要充分认识到教育的社会性、未来性和生命性，从而形成符合时代发展的教育观、学生观和教育活动观。于英语教师的专业成长而言，我们将英语教师的专业理念分为英语课程观、英语教学观和英语学生观。

1. 英语课程观

英语课程观是英语教师对英语课程的认识和看法。传统的英语课程观点有“课程即知识”，如果一个教师持有这样的观点，在课堂教学中就会仅围绕英语知识体系中的听、说、读、写等方面来进行授课。还有一种观点为“课程即教材”，持有这种观点的教师在英语课堂教学中会以教材为中心，教学的过程就是忠实于教材内容。正确的英语课程观应当是，课程不局限于文本课程，课程是师生共同探索的过程，课程是以学生的生活为主导的，课程是无限的。

2. 英语教学观

教学过程是一个人与人互动的过程，教学过程是传承知识、培养能力、涵养品行和助长生命的过程。但在实际的教学过程中，英语教师往往只关注知识和能力的培养，而忽视另外两方面的发展。因此，英语教师要有正确的教学观，在课堂教学中创造条件让学生感受生命：体验生活，让学生真正感悟杜威所说的“教育即成长”。

3. 英语学生观

英语学生观是英语教师对学生的态度和看法。正确的学生观是关注学生的主体能动性，将学生看作课堂教学中不可或缺的主体，在课堂教学中充分发挥学生的主体能动性，让学生积极主动地去探究和创新。关注学生的心理，关注学生的个体差异性，认识到学生是一个有发展潜能和发展需求的人。

五、良好的科研素质

刘润清教授指出：“科研就是用标准的方法进行系统的研究，对问题提出可能的答案。换句话说，科研就是要用国际上公认的程序寻求两个或两个以上变量之间的相互关系。”英语教学中的科研就是找出影响英语学习成绩的那些变量（如教材、教法、教师，学习者的年龄、性别、智力、性格等），以及这些变量与学习成绩之间的相互关系。总体而言，外语教学中的科研对象包括三个层次，最高层次是本体论，也就是哲学层面上的问题。在这个层次上有两个核心问题：一是语言的本质。也就是说，语言作为一种人类特有的现象，区别于动物的交际方式的本质特征是什么；二是语言学习的过程，也就是语言学习理论。这一问题又可以分为两个方面：学习第二语言的心理过程、学习者的个体特征差异。研究者就上述两个方面的问题进行了大量的研究，并取得了丰硕的成果。本体论层次上的这两个问题最为重要，对这两个问题的回答决定了如何回答其他问题。外语教学科研对象的第二个层次是实践论层次，主要研究教学如何实施，包括大纲的制定、教材的编写、各种语言技能的培养、测量和评估等。外语教学科研对象的第三个层次是方法论层次，主要研究具体的教学方法和手段。

一名优秀的英语教师不仅是教学的实践者，还应该是英语教学与学习规律的研究者。如上文所述，中国拥有世界上为数最多的把英语作为外语来学习的学习者，有着世界上最为庞大的英语教学与研究队伍，在我们中国的历史上，从来没有像今天这样重视英语学习。但是，令人遗憾的是，在英语教学理论的探索上还没形成与庞大的学习群体规模相匹配的研究成果。长期以来，中国的英语教学在很大程度上仍然是照搬国外的英语教学理论和教学方法，然而这些理论与方法并不一定适合中国的英语教学。中国的英语教学具有自己独特的语言文化背景，中国的学习者具有自己独特的生理与心理特点，这些都决定了我们在充分借鉴国外的教学理论与方法的同时，要充分考虑中国的特色，通过融合与创新，努力探索具有中国特色的英语教学之路。在这一探索过程中，英语教师的科研素质将起到决定性作用。

六、与时俱进的发展性教学能力

世界是变化发展的，教学也在不断变化和发展。对于教师来说，不存在一成不变的教学知识、方法和手段，教师的知识和能力需要随着时代的发展和变化而不断更新。

1. 合作研究能力

教学专业与其他专业最大的区别在于工作对象的不同：教师面对的不是静止的物体，而是一个个具有主体思维的鲜活的生命，教学的复杂性、艺术性和创造性皆由此而生。看似常规的教学活动几乎没有一点是重复的，教师不断被置于新的教学情境中，不得不面对许多新问题，而这些问题都具有个体性、偶然性和情境性，需要教师自己去反思，去寻根究源，找到解决问题的办法。所以，研究应该是教师工作的一种常态。

培养教师研究能力的第一步是培养教师的批判和反思意识。教师只有摆脱日常经验的局限，对看似平常的教学现象保持批判的态度，才能发现隐藏在教学现象背后的深刻的教育问题；只有通过日常教学反思，才能以敏锐的目光去捕捉那些教学中值得关注而又易于忽略的细微之处。不做研究和反思，简单重复已有的教学经验，是许多教师专业能力退化、教学效能低下的重要缘由。如果一个教师仅满足于已有的经验，而不对经验进行深入的思考，那么，他充其量只是一个“熟手”，永远都不会成为“研究型教师”。因此，只有教师自己才能改变自己，只有当教师意识到自己经验的局限性，并通过反思进行批判、调整和重构后，才能形成先进的教育理念，才能总结出有效的教育方法。

当然，教师的研究不应是一个人的孤军奋战和冥思苦想，它需要与同事的沟通和合作。教学工作的特殊性和复杂性决定了教师仅依靠个体反思难以实现真正意义上的专业发展，教师需要与同事一起合作，共同发现问题和解决问题。因而，合作应该是教师研究的主要方式。培养合作能力需要教师有平等开放的心态，有不耻下问、乐于助人的精神，有不计个人得失，把促进学生发展作为教学唯一目的的教育信念和责任感，实践表明，教师的合作研究能力会在教学中深深影响学生的合作探究能力。这一点在英语课堂教学中表现得更为明显。有合作研究习惯的教师自然会把这种习惯迁移到自己的课堂教学中去，从而使自己的课堂教学更具亲和力和实际效果。长此以往，教师的习惯也会变成学生的习惯，达到潜移默化的教育目的。

2. 创新能力

创新是教学的灵魂，也是教学的最高境界。教师的创新能力是区别“经验型教师”与“专家型教师”的根本标志。所谓创新能力，是指教师能否根据教学内容、情境和对象的变化，创造性地运用教学理论和教学方法以达到教育目标的能力。创新既遵守基本的教育规律，又不被条条框框所束缚，使教学过程的空间得到拓展并富有弹性，充分体现教师的才智。创新能力的培养不仅有赖于教师教育教学观念的更新，更有赖于教师个体实践经验的积累，以及教师对教育教学理论的辩证理解和对教学方法及手段的灵活运用。创新能力的形成，需要教师有扎实的基础性能力作为支撑。脱离基础性能力的培养，没有发展的意识和能力，教师的创新能力也就无从谈起。教师个体实践知识的多少与创新能力的高低有着十分密切的关系。教师要不断丰富个体实践知识，以提升自身的创新能力。

3. 生涯规划能力

当今世界，知识日新月异，学校面临的教育环境和社会环境正变得日益复杂，教学专业面临的挑战也日益严峻。“做一天和尚撞一天钟”的教师已经不能适应教育发展和社会发展的需要，教师必须时时刻刻思考怎样才能做一个胜任工作的好教师。教师要根据时代发展树立明确的、切实可行的专业发展目标，并根据自身所处的内外教学环境的变化，确定并不断调整专业发展的内容和途径。只有对自己的职业生涯做出清晰的规划，才能明确人生和职业的发展方向，才能清楚地认识到自身的价值，抓住机遇，增强自身的职业竞争力和使命感。每位英语教师在工作伊始就应树立自己的职业理想，做好自己的职业规划，确立自己各个发展阶段专业能力的提升目标，并有效地激励自己一步一步地走向成功。有了明确的目标指引和踏踏实实的行动，成为英语教学名师的理想就不难实现了。

七、熟练驾驭英语教材

优秀的英语教师具有很高的驾驭教材的素质，他们能够真正地做教材的主人，而不做教材的奴隶。这主要表现在教师对教材的评价能力和使用能力两个方面。

教师首先要能够对教材的优劣进行基本的评价。英语学习要大量地接触语言材料，除了主教材之外，教师还要为学生选择一种或数种辅助教材，这就需要教师具备基本的教材评价能力。教材的评价一般包括以下几个方面：

（1）教学的指导思想。教学指导思想包括对语言、语言学习和语言教学的认识，评价教材首先要评价教材体现的教学指导思想，要看它是否与语言学及其相关学科的最新研究成果相吻合，从而能够从宏观上把握教材的方向。

（2）所采用的教学方法。教学指导思想从宏观上指导教材的编写思路，而教学方法是教材在内容选择、内容安排和教学活动设计等方面的具体依据和参照。因此，教材编写要体现先进的教学方法。

（3）教材内容的选择和安排。教学方法决定怎么教和怎么学，教学内容则决定教什么和学什么。英语教学的目标在于发展学生综合运用语言的能力，因此教材内容的选择和安排也应该以此为基准。

（4）教材的组成部分。一套完整的教材应该是由学生用书、教师用书、练习册、卡片、挂图、录音带、录像带和多媒体光盘等组成的立体化教材。而且这些组成部分能够构成一个有机的整体，各有特色，各有侧重。

（5）教材的设计。教材的设计指教材的媒介形式、篇幅长短、版面安排、开本大小、图文形式和色彩等。

（6）教材中语言素材的真实性和地道性。语言教学的目的在于使学习者能够使用所学的语言进行交际。因此，学习者学习的语言也应该是实际交际中使用的语言，教材选择或编写的语言素材必须和现实中使用的语言基本一致，必须是真实的、地道的。

在教材的使用能力方面，《英语课程标准》专门对此提出了具体的要求：

（1）对教材内容进行适当的补充和删减。在教材使用的过程中，教师可以根据需要对教材内容进行适当的补充，以使教材的内容更加符合学生的需要和贴近学生的生活实际。在对教材进行适当补充时，教师还可以根据实际情况对教材的内容进行适当的取舍。

（2）替换教学内容和活动。在教学过程中，教师可以根据实际教学需要对教材中不太合适的内容或活动进行替换。例如：教师如果认为某个单元的阅读篇章内容适用，但阅读理解练习题设计得不合理或不适合自己的学生，就可以用自己设计的练习题替换原有的练习题。

（3）扩展教学内容或活动步骤。在某些教材中，教学活动的难度过高或过低的现象时有发生。如果教师认为某个活动太难，就可以扩展活动的步骤，增加几个准备性或提示性的步骤，从而降低活动难度；如果教师认为某个活动太容易，就可以对原有的活动进行延伸。

（4）调整教学顺序。根据学生的实际情况对教材内容的顺序进行适当的调整有利于提高教学效果。比如，现实生活中周围发生了某件重要的事情，教材中有一个内容相关的单元，如果在延续性和难度等方面没有太大的问题，就可以提前学习这个单元。

（5）调整教学方法。由于客观条件的差异、学生现有水平的差异以及具体教学实际情况的差异，有时教材推荐或建议的教学方法不一定适合实际教学的需要，在这种情况下，教师要注意调整教学方法。

（6）总结教材使用情况。教材使用一段时间以后，应该及时对使用情况进行总结分析。

第三节　英语教师专业发展的路径

一、教师自主发展

1. 开展反思性教学

（1）反思性教学的内涵。

孔子曰：“学而不思则罔，思而不学则殆。”反思性教学又称为“反思性教学实践”，这一概念源于杜威的反思性思维概念。他认为，实践者应对支持其行动的任何信念和假定性知识做积极、执着和审慎的思考。美国教育家舍恩在著作《反思性实践者：专业人员如何在行动中思维》中提出，能够促使从业者专业能力提升的并非是外来的研究性理论，而是从业者对自己的实践行动以及内隐其中的知识、观念进行的有意识的思考，并把这种思考的结果回馈于行动之中，使之得以改善。

教师的发展意味着变革，而卓有成效的变革没有反思是相当困难的。教学反思是指教师在教学实践中批判地考察自我的主体行为表现及其行为依据，通过观察、回顾、诊断、自我监控等方式，或给予肯定、支持与强化，或给予否定、思索与修正，将“教学”与“学习”结合起来，从而努力提升教学实践的合理性，提高教学效能的过程。熊川武将反思性教学定义为“教学主体借助于行动研究，不断探究与解决自身和教学目的以及教学工具等方面的问题，将‘学会教学‘与‘学会学习’结合起来，努力提升教学实践的合理性，使自己成为学者型教师的过程。反思可以使教师从冲动的、例行的行为中解放出来，以审慎的意志方式行动；可以使教师从教学主体、目的和工具等方面，从教学前、中、后等环节获得体验，变得更加成熟”。

舒尔曼认为，反思型教师会经常回顾、重建、重现自己的教学行为，并能够对自己的行为表现和学生的行为表现进行批判性分析，而且这些教师总是能够用事实来解释一切。没有教师对自我专业发展过程的反思，就难以实现教师的自我发展。反思性教学是一种可以获得和发展的技能，美国心理学家波斯纳提出了教师成长的一个简洁的公式：经验 + 反思 = 成长。这表明教师的成长与发展需要持续不断地反思已获得的教学经验，反思不仅指通过回顾、诊断等方式给予肯定、强化或否定、修正的课后反思，还包括以下两方面：教学前，认真审视教材，精心设计教学环节，对教学进行预测与分析；教学中，边教学边反思，及时得到反馈，及时做出修正。

（2）反思性教学的特征。

①主体性。主体性是指教学方式的更新和教育理念的获得都是通过教

师自觉的努力实现的。在反思的过程中，教师是反思主体。教师是反思性教学的源泉，教师的责任感和专业发展的积极性是反思性教学的原动力。教师只有关注教学效果，不断进取和更新教学观念，才能主动发现问题、总结问题、分析问题和解决问题。

②情境性。教师每天都面对着不确定的、复杂的、充满困惑的实践情境。反思性教学通过教学反思在变动的教学情境中随时对教学活动进行监控和调节，以达到教学实践的合理性，所以具有情境性。教学情境的复杂多变和不稳定使得现成的教育理论和教学方法往往不能奏效，教师必须通过反思超越自我，创新教学方法和模式，提高教学水平，促进个人的专业发展。

③探究性。实施反思性教学的教师会永无止境地追求教学实践的合理性，能敏锐地发现教学实践中有价值的问题，并针对问题进行剖析。反思性教学是教师自觉地、有意识地探究新问题和寻求新策略的活动，正是反思性教学的探究性特征使得教师成为教学实践的研究者。

④内隐性。反思型教师通过教学反思建构的个人实践知识大多是一些包含个人经验和感受的默会知识，虽然可以通过写反思日志和进行行动研究来呈现反思过程，但更多时候反思只存在于反思者的头脑中。

⑤批判性。反思性教学需要批判型教师，反思性思维本身就具有批判性，在接受和使用专家理论时不是全盘接受和机械照搬，而是以批判的态度辩证地看待问题，去伪存真，取其精华，去其糟粕。

（3）基于反思性教学的英语教师专业发展对策。

①叙事反思。叙事反思是教师通过内隐或外显的方式将所经历的教育事件与相关感受呈现出来，为他们今后的思考提供素材。教师可以采用想象叙事或内隐叙事，将自己头脑中的各种表象通过自己的思维加工构建成各种具有意义情节的事件，如对教学片段的回忆等；也可以采用口头叙事，通过口头言说的方式将自己内心的东西表达出来，如与同事交流反思心得

等；还可以采用书面叙事，通过书面语言将自己所见、所闻、所经历的事件写出来，如教学日志、听课记录等。

②合作反思。合作反思是英语教师反思性教学和专业化发展的重要途径，包括参与式观察和合作教学等方法。参与式观察（教学观摩）是以教师相互听课为主要形式来观察和分析同事的教学活动。合作教学指两名以上教师同时教一个班的学生。英语教学中的合作教学可以促进教师对教学进行反思，既有利于教学合作和教师专业素质的培养，也有利于教师的团队精神的培养。

③资源反思。资源反思主要包括观看教学录像带和利用教师档案袋等方法。观看自己的教学录像可以使教师站在客观的角度考察自己的教学实践，它不仅能反映自己教学的优点和不足，也能把很多自己并未注意到的教学细节呈现出来。教师档案袋是对所有关于学生学习和教师教学过程的记录，还有教师本人对这些事件的评论和解释。它为教师的反思提供了最直接的情境，可以帮助教师反思自己的教学过程，然后教师据此选择最合适的教学策略，促进教师的专业化发展。

2. 加强行动研究

（1）行动研究的内涵。

历史上，人们从不同角度对行动研究做出许多定义。对各种定义进行归纳，大致可分为如下三种：

①行动研究即行动者用科学的方法对自己的行动进行的研究。这种观点强调行动研究的“科学性”，是一种技术性行为研究。这与19世纪末20世纪初兴起的“教育科学化运动”及一些心理学家强调的心理测量有很大关系。

②行动研究即行动者为解决自己实践中的问题而进行的研究。这种观点更关注行动研究对教育实践的改进功能，是实践性行动研究，这是英美最为普遍的研究模式。

③行动研究即行动者对自己的实践进行批判性思考，以“理论的批判”“意识的启蒙”来引起和改进行动。这种观点突出了行动研究的“批判性”，是独立性行动研究。它是实际工作者通过批判性思考及采取相应的行动，使教育摆脱传统的教育理论和教育政策限制的一种研究方法。

尽管学术界尚未对行动研究形成统一的定义，但其基本内涵已被人们逐步认识，即行动研究法是解决实际问题的方法，是将研究者和实践者结合起来解决实际问题的方法。教师专业发展行动研究是帮助教师反思自己的教育实践，解决教育教学领域遇到的实际问题，探讨教育行动的变革，寻求教育实践的合理性，从而全面提高实践质量和教师专业素养的行动与研究合一的活动过程。

（2）行动研究对英语教师专业发展的推动作用。

①行动研究可推动教师对自身实践的研究。过去的教育研究往往表现出研究者和实践者分离的状态，教育研究脱离了教育日常关心的问题，研究者的主要任务是发展理论，而研究的结果作为论文发表后就被束之高阁。这种为了研究而研究的结果对教学实践没有实际意义，不能成为教师改进教育教学实践的参考依据。教师迫切需要有实践取向的教育研究，要求研究者面向学校教育、教学工作实践，深入教育教学第一线，与教师结合，共同探讨、解决教育教学中存在的实际问题，并指导好教师开展研究工作，促进教师对教育教学工作的更好理解及对教育教学工作的进一步改进。而且，教育理论、教育研究者无法满足教育实践发展需要的实际情况也要求教育研究者必须与一线教师结合，研究问题、解决问题，并在这一过程中形成新的理论。一线教师直接参与行动研究，成为研究者与实践者的综合体。有了行动研究这一主线做引导，教师可以更及时敏锐地感知自己周围的教育事件，反思自己的教学行为，从一个更高的视角认识自己的教育教学工作。

②行动研究可提升教师的教学和科研能力。具有科研意识、知识和能

力是所有专业人员的共同特征，因此提高教师的专业化水平，必须强调有关研究能力的要求。教师的研究能力，首先表现为对自己的教育实践和周围发生的教育现象的反思能力，善于从中发现问题，发现新现象的意义，对日常工作保持敏感和探讨习惯，不断地改进自己的工作，并形成理性的认识，这就是对教师行动研究能力的要求。

教师的研究是结合自己的实践工作与对象展开的，因此科研能力也是高质量教育不断发展的必要条件。在进行行动研究的过程中，教师不再只是知识的传授者，他一旦以研究者身份参与各种教改措施和改革方案的制定，就会以比较挑剔的眼光来审视教学，对教学的看法、态度、行为方式都会相应地发生改变，获得对实践情境的新的理解和改进，对教学活动及其本质产生更加深刻的认识。因此，应大力提倡在教学实践中开展教育行动研究。

（3）英语教师专业发展中行动研究的实施步骤。

①发现问题。在英语教学实践中，教师总会遇到一些困难和问题，有些问题已有所了解，有些问题还需进一步发现。

②分析问题。有了足够的资料和数据，就要对英语课堂教学中发现的问题进行分析与确认。比如，这个问题是教学方法问题，还是学生的心理问题、学习动机问题？这个问题产生的原因是环境、文化的影响，还是教学策略的影响？这个问题是否就是费时多、收效低的原因？总之，分析问题就是对问题予以界定，诊断其原因，确定问题的范围，以期对问题的本质有较为清晰的认识。

③解决问题。

解决问题的行动目标与过程计划。计划一般应该包括以下内容：一是计划实施后预期达到的课堂教学目标。英语课程的目标是培养学生运用英语的综合能力。这种能力的形成建立在语言技能、语言知识、情感素质、学习策略以及跨文化交际意识等方面综合发展的基础上。二是设计在课堂教学之中解决问题的教学策略。教师要根据自己的或其他教师的经验，学习有关课程标准和教学大纲，借鉴国内外先进的语言教学理论，设计出解决问题的教学策略。三是设计好行动的步骤和时间安排。行动的步骤设计是行动研究中非常重要的一个环节，由于课堂教学实践受到诸多因素影响，所以行动步骤的安排要有灵活性，并且有暂时性和尝试性。

实施阶段主要包括两个方面：行动和针对行动的观察。行动就是按计划设计的方案、策略、方法实施，进行课堂教学。行动研究的目的就是要解决教学实践中的问题，提高教学质量，由于行动研究有情景性和实践性，因此教师一方面要尽量严格地按照计划、方案实施，另一方面又要根据实施过程中的实际情况进行必要的调整，对计划的调整应当作记录，并说明调整的原因。在实施计划方案的过程中对行动情况进行观察和记录，收集有关资料，以便及时地对行动情况有一个大致的了解，并最终对研究的过程和结果做出比较全面的分析。

反思与修正。反思和修正是行动研究中最重要的特点和步骤，是整个行动研究的核心。从事行动研究的教师应该反思如下问题：问题的界定是否正确？解决问题的行动步骤是否可行且便于操作？计划方案是否周详？是否按计划执行？教学策略如何贯彻？是否产生较好的效果？研究的信度与效度如何？

概括总结。对有关材料进行整理、概括，总结出关于行动与目标、策略与问题之间关系的一般性原则和教学模式。

行动与检验。根据修正的计划方案，再一次进行行动研究，在教学实践中进一步检验这些原则、策略和模式。

提出报告。根据研究结果提出完整的报告。

3. 树立自我发展意识，确立专业发展目标

英语教师专业发展的核心是其自我意识的发展，自主发展的需要和意识是教师专业发展过程中的内在动力和前提条件。教师专业发展的直接动力和专业教学质量的提高离不开教师本人对待专业发展的态度。教师的专业发展是无限的，成熟是相对的，而发展则是绝对的。教师需要不断完善自己的知识结构，把外在的压力与自身的发展紧密结合在一起，把自我的发展与职业的要求结合起来，把教学的成功与持续不断的学习结合起来，并把它们转化为自身发展的动力。教师的自我专业发展需要使得教师在专业发展过程中实施终身教育成为可能。教师必须加强自身的发展，没有教师的发展，也就没有学生更好的发展。

另外，作为成人学习者，教师的学习是自主的学习。教师的学习受自我意识的影响，他们往往自主确立学习动机，自我规划学习目标，而不满足于由他人确定学习的方向。建构主义学习理论强调学习者在学习中的积极作用，强调学习者是认识的主体，是意义的积极建构者，能够自主地对自己的学习进行评价和诊断，而不是从外部来获得反馈。自我管理和规划在教师的自我发展中起着宏观指导和微观调控的作用，因而学习目标不应该从外部、由他人设定，它形成于学习过程的内部，由学习者自己设定。英语教师要获得自主发展，必须在充分意识到自身专业知识、能力等方面存在的问题的基础上自觉设定自我学习的目标和计划，确定发展方向、发展内容、发展策略和方式，并付诸行动，在行动中不断调整、适应、发展，这在一定程度上也会带动英语教师群体的专业化。

4. 重视实践性知识的发展

（1）投身日常教学实践。

日常教学实践是教师开展自我培训、提升自身专业素质以及获得个人实践性知识的最重要和最直接的途径。在教师的职业生涯中，教育教学实践是教师生命的存在方式，是教师生活世界的主要组成部分。教师的日常教学活动主要有教学准备活动、课堂教学、处理教学事件、课后辅导、批改作业、自我学习等，在这些活动中，教师将各种知识结合起来，把教学内容转化成易于学生接受的形式，充分发掘其中的育人因子，努力促进学生的身心发展。通过这些活动，教师将显性的知识内化到自己的知识结构中，即将这些知识和自己原有的知识糅合起来形成指导教师行为的实用性知识或个人实践知识。教学实践是教师的实践知识的来源与归宿，教师可以采用教学日记、教后感、教学叙事、教学事件的分析或评论等形式及时进行记录、积累与思考，通过直觉、省察等方式获取这些经验和常识，并通过与其他教师交流、合作而达到知识共享。

（2）参与校本教研。

校本教研就是基于学校，以教育教学中出现的问题和现象为对象，以教师为主体，以学科组或教研组为依托，以专家为引领，以行动研究和叙事研究为主要方法的一种活动。校本教研不仅是学校长远发展的动力，而且是促进教师专业发展的根本途径。“校本教研赋予了教师研究自身实践的权利，他们不再是被研究的对象、研究成果的纯粹消费者，而是研究自身专业实践的主体。”校本教研有利于教师重新审视自己以往的教育信念，自觉构建新的教育理念并用其指导自己的行为；有利于教师加深对自我的理解和认识，增强反思精神，实现理论和实践的结合、思想和行动的结合；有利于教师实践性知识结构的优化，改变传统上以理论知识讲授为主的培训所导致的偏颇。

就内容与方式来说，校本教研的内容主要包括以下三种：①以“教和学”为基点，以“课例”为载体，通过教学录像、教案、课例、说课、讲课、评课、学生的作品等方式来开展。②以“课题”为中心，遵循科学研究程序和步骤，开展行动研究和叙事研究。③校本课程的开发，教师可以综合运用各方面的知识，依据本地区的特色，开发适宜学生的新课程，以弥补国家课程的不足，同时加深对教学与课程的认识。

（3）参加在职培训。

由于观念更新、知识速增、科技发展等原因，教师的学习已不再是一次性的、终结性的，教师需要不断地“充电”来更新自己的理念和知识结构，以适应社会和教育教学的变化。因此，教师在职培训就成了教师自我发展、自我超越、自我更新的重要途径和方式，其本质是教师重构和更新自己的专业知识，审视自己的专业思想与信念，提升自己的专业认知水平与教学能力，在理论与实践的对话中自觉建构和解读教育教学的本质，形成自己的实用的“理论知识”，进而获得专业成长。

就培训的形式来说，总体上可以分为“引进来”和“走出去”两种。在“引进来”的形式当中，最常见和最有效的方式就是邀请专家学者来学校进行专题讲座以及邀请优秀教师授课进行教学观摩。专题讲座是教师培训的重要形式之一，由于实践性知识具有个体性和不可言传的特点，所以作为培训者，在制订计划、确定专题时应该清楚教师需要了解和掌握哪些知识并对其做出选择，只有选择的知识符合教师的实际需要，才能为教师所接受，并转化为实践性知识，从而具有现实意义。组织教师观摩优秀教师的课堂教学是教师培训必不可少的内容，是教师积累实践性知识最直接的途径。教学观摩的实践性，一方面，源于这种活动本身是一种实践活动；另一方面，因为它是授课教师实践性知识在课堂教学中的自然流露和释放，因此它对教师具有很强的示范性和参照性。所谓“走出去”，最常见的方式就是教育考察。在教师培训的实践性要求中，教育考察占有重要地位，它是教师跳出自己的视域局限和认识局限的重要举措。教育考察一方面可以开阔教师的视野，避免成为井底之蛙，形成多年一贯的教学模式和千人一面的教学现状；另一方面可以带给教师以思想启迪，帮助他们跳出个人经验的范畴。

二、学校优化管理

1. 建立健全保障和制约制度

（1）制定全面的本校教师专业发展纲要。

“没有规矩，不成方圆”，教师专业发展亦是如此，学校应该为教师制定详细的专业发展纲要，使其有章可循。该纲要内容主要包括校内本学期本学科要重点开展哪些形式的活动，活动实施的时间、人员、形式、组织、效果以及需要的人、财、物，如何在活动的过程中进行有效监督使之顺利完成，以及活动成功后对主要负责人员的激励机制，等等。没有激励机制，教师付出了而没有回报，以后就难以有专业发展的激情了。此外，到外地的培训学习，哪些人员有资格去，学习后不能一学了之，而应该将所学信息以某种方式反馈回来（比如，给同行做报告，撰写学习心得供大家分享，根据所学讲一堂公开课展示学习成果，等等），让更多的教师受益，这无形中带给参加学习的教师一定的压力，让其带着任务去学习，效果自然比无果而终要好得多，从而使外出学习的效果最大化。

（2）建立完善的校内“传帮带”活动（导师制）。

校内的“传帮带”活动对于新入职教师或者专业能力和素养偏差的教师来说具有非常重要的作用。一般来说，一位刚从师范院校毕业的大学生，参加工作后，如果没有人帮扶，三五年之内没有大的起色，以后往往会陷入混日子的境地，是很难成长起来的。而部分有上进心但自身专业能力偏差的年轻教师，也需要借力才能发展起来。因此，在本校内，导师制的“传帮带”对于这批人来说是很有必要的。要实施这一点，就不能走马观花，简单设定名单安排下去就完事，而是要制定严格的制度，规定好“师徒”双方的责、权、利。第一步，做好集体备课。每节课都是在导师带领下先集体备课，导师要带领徒弟在充分了解本节课内容的前提下，引导徒弟学会从各方面备课（备教材、备学生、备教法等），其间，导师要为徒弟传授基本的上课要领、注意事项以及本节课授课的目标、重难点等。第二步，导师讲课，徒弟听课。在课程表的安排上，学校要将导师的课全部安排在徒弟之前，这一点非常重要。徒弟听课之后，让徒弟跟导师谈听课感想，然后两人一起总结和反思，这个过程要让徒弟多思、多想、多表达，回头多写，从而让每次听课都有一定的收获。在这个过程中导师也能全方位了解徒弟的进展情况，并适当加以指导。第三步，实践检验学习效果。由徒弟上课导师听课，然后再从头来一遍研讨，加以总结和反思。在整个过程中，如果有其他教师参与并从不同的角度提出建议和意见，那么，效果会更好。经过这种反复的不间断的磨砺，徒弟的成长会很快，效率会很高，一般情况下，三个月以内徒弟就可初步成长为一名能基本独立备课和授课的教师。

（3）建立公平合理的薪酬体系。

马斯洛的“需要层次理论”认为，人的基本需求的满足才能产生高层次的发展需要。激励因素是影响人们工作的内在因素，其本质是注重工作本身的内容，借此提高工作效率，促进人们的进取心。激励因素的存在会给人们带来极大的职业满足，影响职业满意度的因素有成就、认可、工作本身的吸引力、责任和发展。教师职业发展的特点之一是较高的物质需求。在工作中，经济收入和生活条件是教师工作满意度的基础。亚当斯的“公平理论”认为，公平感是人类的基本需要。如果人们在与自己以往比较和别人的比较中感到自己的报酬合理，就会获得公平感。人们的这种对公平与否的判断会影响自己工作的积极性。追求公平是激励的基础，在此基础上可以提高教师工作的积极性。收入水平是影响英语教师职业满意度的基本条件。从某种意义上来说，教师对职业是否满意，关键在于是否公平，因此学校要为英语教师建立公平合理的薪酬体系。

2. 重视英语教师的继续教育

在信息时代，知识更新速度加快，教师在学校学到的知识不可避免地会过时，新理论、新观念也会不断出现。另外，社会永远处于变化之中，教育也总是在发展和变革着。英语教师所教的是语言，语言随着社会和科技的发展而发生变化，英语新词和新的表达方式不断出现。教师在学校接受的专业教育不可能一劳永逸，教师必须不断学习、不断探索，才能不被时代淘汰，才能适应社会变革对教育的要求。教师整体专业素质的不断提升是国家教育事业向前发展的保证，因此学校必须重视英语教师的继续教育。

教师继续教育的培训应充分利用各种教育资源。师范院校、教育学院、具有教师教育优势的综合性大学、教育研究机构和中学应成立教师继续教育联合体，优势互补，资源共享，共同研究教育问题并探索对策。各所学校应制订教师继续教育培训计划，实行轮流培训制，确保每位教师都有接受继续教育的机会。教师继续教育的形式可以灵活多样，如在职攻读硕士学位、到大学进修研究生课程或有关本科生课程、参加有针对性的培训班。英语教师继续教育培训应加强语言教育专业课程，外语教育心理学、外语教学理论与实践、英语教学法、第二语言习得、交际语言教学、跨文化外语教学等都有利于提升英语教师的语言教学能力。教育教学研究能力是现代教育发展对教师提出的要求，所以，教育研究方法和外语教学研究方法也是英语教师继续教育中必不可少的课程。加强对外交流是英语教师继续教育的需要和趋势。语言承载着文化，不了解某种语言所承载的文化，就学不好这种语言。英语教师如果有机会到英语国家生活和学习一段时间，亲身感受异域文化，就能更好地理解和运用英语语言，也有利于培养世界意识。

3. 营造良好的校内外环境

英语教师专业发展依赖于一定的自然环境和社会环境，也必然受到这些因素的影响。健康向上的校园文化氛围，敬业爱岗、关爱学生、严谨治学、为人师表的教风，勤奋好学、创新合作的学风，积极向上、生机勃勃的校风，必定积极推动着英语教师的专业发展。

要想营造良好的校内外环境，学校要从以下几个方面入手：

（1）积极向社会展示学校办学成果，让群众了解学校的办学条件、教师工作成果、学生的进步等，从而赢得社会的支持，改善学校办学条件，形成尊师重教的社会风尚，与社会各界良性互动。

（2）优化学校文化环境和教育环境。广泛开展“我为学校添光彩”活动，强化全体师生树立一流学校的意识；善于总结和提炼教职工先进的思想和优秀的品质，倡导“拼搏、团结、合作、奉献、求实、进取”的精神。同时，学校应着力于营造美观雅致的校园环境、公平竞争的学术环境，改善学校物质条件和教师待遇，使全体教职工在政治上放心、环境上顺心、生活上安心、业余时开心、工作上尽心。

（3）学校要求领导干部和党员经常找教职工谈心，改善干群关系和党群关系；教师要经常和学生交心，改善师生关系。

4. 优化师范院校英语专业课程结构

师范教育是教师教育的基础阶段，师范教育的课程设置是培养专业化教师的重要环节。师范院校英语专业的课程需要在三大类别方面加以强化：英语专业课程、教育专业课程和普通教育课程。

英语专业课程包括综合英语、泛读、视听说等英语语言课程和英美文学、英美概况、语言学、翻译、英语报刊阅读等其他课程。中国师范院校英语专业一直以来都非常重视英语专业课程，重视培养学生的英语语言知识和语言技能。英语专业方面的课程总体上受到重视，其原因是人们有着很强的专业意识，把“英语专业”放在第一位。重视师范生英语素质的发展是应该的，因为优秀的英语专业素质是成为优秀英语教师的首要条件。师范院校英语专业的课程设置充分体现了英语的专业性，但是，从师范院校英语专业的课程整体来看，师范性没有得到足够的体现。

师范院校英语专业的课程设置除了体现英语专业性之外，还应该体现师范性，师范性需要通过开设多种门类的教育专业课程来实现。中国师范院校开设的教育专业课程主要有心理学、教育学、教学法和现代教育技术。英语教学法是英语专业师范教育中一门重要的课程。通过英语教学法课程，师范生了解外语教学的理论和方法，学习英语教学技能。然而，有的学校并没有给予应有的重视，课时安排总共一个学期，每周2课时，并且是大班授课，一百多人的授课班给教师组织课堂活动带来很多困难，学生很难有时间进行教学基本技能的练习。要想使师范生扎扎实实地学好英语教学的理论、方法和技能，必须有足够的课时并实行小班授课。有了足够的课时，才能通过讲解、讨论、观看教学录像、微格教学等方式使学生掌握英语教学法课程的内容。实行小班授课，才能为学生提供练习机会，亲身实践教学方法和技巧，如导入、讲解、提问、组织课堂活动、板书、简笔画等。只有从课程设置方面给予充分的重视，教学法课程才能为教师培养发挥应有的作用。

教育实习是师范教育的重要组成部分。通过实习，师范生获得初步的课堂教学和学生管理体验，学习如何处理常见的教育、教学问题，获得中学教育教学的感性认识，了解教育改革的理念和方向，为将来从事教师工作打下一定的基础。另外，在实习过程中可以发现实习生知识和教学技能方面的欠缺，反映出师范教育的问题，为改进师范院校的教学提供依据。同时，使师范生意识到自己的不足，并明确下一步的努力方向。

三、有效地监督教师专业培训

中国是个人口大国，更是一个人情大国。如果没有详细而严谨的监督机制，再好的培训计划与实施也会流于形式。为避免这一点，要尽量避免不当培训，减少人为因素的干预。每一次培训，都严把质量关，哪个学员如果不达标，就不发结业证书，让这些教师重新自费补修，直到达标为止，从而迫使教师参与培训的积极性与紧迫感增强，使培训的效果最大化。考核过程要由第三方或多方多人参与，互相监督，使人情、关系无机可乘。同时，要对培训者的培训质量进行跟踪调查和有效监控，防止流于形式。这样多管齐下，将可能的漏洞都预先堵死，防患于未然，才能有效落实教师专业发展培训。

参考文献

[1] 龚自娴 . 基于网络平台的高职高专大学英语视听说教学策略 [J]. 海外英语 , 2023(2):3.

[2] 罗丹 . 课程思政在高职英语教学中的实践与研究 [J]. 中国科技经济新闻数据库 教育 , 2023(3):4.

[3] 任俊红 . "互联网 +" 时代大学英语翻译教学创新研究 [J]. 食品研究与开发 , 2023, 44(6):1.

[4] 陆巧华 . 创新创业教育与英语专业教学相融合的路径研究 [J]. 中文科技期刊数据库 (全文版) 教育科学 , 2023(3):3.

[5] 张婷婷 . 在线课程平台在高校英语混合式教学中的作用发挥——评《基于在线课程平台的高校英语混合式教学模式研究》[J]. 中国油脂 , 2023, 48(2):1.

[6] 宋宝梅 , 张晓晓 . "互联网 +" 背景下大学英语教学法创新模式探究 [J]. 食品研究与开发 , 2023, 44(4):1.

[7] 顾菲 . 探讨翻转课堂在高校英语翻译教学中的应用 [J]. 教育研究前沿 : 中英文版 , 2023, 13(1):4.

[8] 夏玉宝 . 高校英语专业语言学课程教学的思考与策略 [J]. 海外英语 , 2023(4):3.

[9] 林蓉 . 高校英语有效教学策略探析——评《大学英语有效教学十讲》[J]. 中国教育学刊 , 2023(1):1.

[10] 程婷立 . 劳创融合的高校英语专业课程教学研究 [J]. 创新创业理论研究与实践 , 2023(1):3.

[11] 郝佳 . 大学英语语篇词汇模式与阅读策略探索——评《英语阅读理解的八个核心策略》[J]. 中国高校科技 , 2023(1):1.

[12] 王俊 ."赛教融合" 在高校英语教学中的应用策略研究 [J]. 海外英语 , 2023(2):3.

[13] 肖玲 , 祝爱华 . 高校英语翻译教学优化策略研究 [J]. 湖北开放职业学院学报 , 2023, 36(3):3.

[14] 张慧清 . 反思教学视角下将社交媒体应用于高校英语课堂教学的策略研究 [J]. 教师 , 2023(3):3.

[15] 鲁勇威 . 情感教学策略融入大学公共英语教学的研究 [J]. 福建轻纺 , 2023(2):3.

[16] 袁亚敏 . 中国文化意识融入大学英语教学的策略研究 [J]. 中文科技期刊数据库 (全文版) 教育科学 , 2023(3):4.

[17] 聂丹 . 基于情景教学法的商务英语微课设计策略研究——以《新理念职业英语高阶 2》为例 [J]. 英语广场 : 学术研究 , 2023(7):4.

[18] 王丽萍 . 新课标背景下高职院校大学英语教学改革策略研究 [J]. 教师 , 2023(6):3.

[19] 朱文凤 . 社会冲突理论背景下高职英语课堂教学现状及策略研究 [J]. 兰州职业技术学院学报 , 2023, 39(1):4.

[20] 彭文婷 . 跨文化背景下高校英语翻译教学的策略研究 [J]. 湖北开放职业学院学报 , 2023, 36(6):3.

[21] 武晓燕 , 施洋 , 金国臣 . 基于翻转课堂理念的大学英语教学方法与策略研究 [J]. 林区教学 , 2023(2):4.

[22] 张莉飞 . 重构与重建 : 大学英语课程建设的跨文化“第三空间”实践路向 [J]. 黑龙江生态工程职业学院学报 , 2023, 36(1):5.

[23] 段婧 , 刘旭 , 王华 . 特色工科专业的大学英语教学改革与实践——以葡萄与葡萄酒工程专业为例 [J]. 中国农业教育 , 2023, 24(1):7.

[24] 马睿昕 . 融入多元文化的校园英语教学方法研究 [J]. 海外英语 , 2023(1):3.

[25] 杨晓慧 . 模因论视角下的大学英语写作教学策略研究 [J]. 学周刊 , 2023(4):3.

[26] 姜雪梅 . 以学生为中心的大学英语分层教学策略研究 [J]. 英语广场 : 学术研究 , 2023(5):4.

[27] 黄爱萍 . 浅谈多元文化交融对高职高专院校英语教学的影响 [J]. 中国科技期刊数据库 科研 , 2023(3):4.

[28] 陈静 . 立德树人理念下高校英语教学策略研究 [J]. 中文科技期刊数据库 (引文版) 教育科学 , 2023(3):4.